외로운 인생
어떻게 살 것인가

Loneliness as a Way of Life
by Thomas Dumm
ⓒ 2008 by the Predient and Fellows of Harvard College
Published by arrangement with Harvard University Press, USA.
Korean translation rights arranged with Harvard University Press, USA
through PLS Agency, Seoul.
Korean translation edition ⓒ 2013 by Dong-Hae Publishing, Korea.

이 책의 한국어판 저작권은 PLS Agency를 통한
저자와의 독점 계약으로 파주북(동해출판)에 있습니다.
신저작권법에 의하여 한국내에서 보호를 받는 저작물이므로
무단전재와 무단복제를 금합니다.

삶 의 의미를 찾는 철학 에세이

외로운 인생

어떻게
살 것인가

토마스 덤 지음 | 이동은 옮김

파주북

목차(Contents)

서문 | 7
프롤로그 | 15

CHAPTER 01 존재 | 45

CHAPTER 02 소유 | 87

CHAPTER 03 사랑 | 147

CHAPTER 04 상심 | 201

에필로그 | 267

주(Notes) | 278

서문(Introduction)

외로움이란 무엇인가

어째서 인생의 많은 시간을 정치학 연구에 바친 사람이 외로움에 관한 책을 쓰려고 하는가? 우리의 정치 상황과 표면적으로 아무런 관련이 없는 주제에 집중하는 것은, 정치적 문제로부터 근본적으로 이탈하는 것이 아닌가? 우리가 외로운가 하는 여부가 우리 정치에 어떤 영향이라도 미치는가?

나는 그것이 상당히 중요한 영향을 미친다고 생각한다. '외로운 인생, 어떻게 살 것인가(Loneliness as a Way of Life)'은 장황하고 때로는 복잡한 지적, 감성적 여행의 산물이다. 하지만 이 책에 대해 생각하고 쓰기까지 지속적으로 나를 이끌었던 핵심적인 사고는, 우리가 살아가는 공동체의 존재 형태, 즉 공사의 구분, 상호 예의를 갖추고 정직하게 살아가는 능력의 부족, 가장 친밀한 관계에서도 가끔 느껴지는 소원함과 고립감, 상호 간의 결속 약화 및 그에 따른 삶 전반의 애착 불안 등 이 모든 것을 이해하는 데 중요한 요소는 현대 사회에 만연되어 있는 '외로움'이라는 것이었다.

우리는 외로움이라는 유산을 물려받았다. 하지만 외로움은 정치 이론에서 통용되는 방법으로 쉽게 묘사할 수 있는 것이 아니다. 이 책을 써 나가면서 나는 외로움이라는 주제가 통상적인 수단인 묘사, 비판, 분석으로는 이해하기 어렵다는 것을 점차 깨달았다. 그것은 내가 '소멸의 페이소스'라 부르는 고립적 특성 때문이다. 나는 외로움이 현대 사회에 미치는 강력한 영향을 탐구하고 이해하기 위해 보충 수단이 필요하다는 점을 깨달았다. 따라서 이 책에서 드러나는 것처럼 점차 사적인 요소와 어조를 사용하게 되었다. 돌이켜 보건대 뭔가 신비로운 이야기를 쓴 것 같기도 하다. 현대적 형태의 외로움의 등장뿐 아니라 이 시대의 공통적 경험으로서의 외로움의 계속적 존재 모두에 관계되는 신비로운 이야기. 이 외로움의 존재를 조명하기 위해 결국 나 자신의 외로운 자아에 대한 연구를 지속함으로써 타인의 외로움에 대한 연구를 보완할 수밖에 없었다.

이 책을 읽고 있는 당신은 그것이 특정 테스트에 부합하는지, 내가 외로움에 대해 묘사한 방식이 진실하게 들리는지를 판단할 필요를 느낄 것이다. 하지만 그것들을 평가하는 데 있어 당신은 유사한 주제의 다른 책을 평가하는 데 사용하는 기준과는 다른 조건을 필요로 할 것이다. 내가 이 책에서 이야기하는 것과 관련해 당신의 자아를 최대한 이끌어내 보라고 권하는 바이다. 의지가 있다면 나를 만나러 오라.

나는 2001~2002학년도 펠로우쉽을 제공해준 구겐하임재단(John Simon Guggenheim Foundation)에 감사한다. 애머스트대학교 이사회(Board of Trustees)에서 두 번의 휴가와 고위 교수 연구 상의 형태로 후원을 해준 덕분에 펠로우쉽이 가능했고, 그로 인해 이 프로젝트에 대해 생각할 시간을 갖게 되었다. 그리고 필요한 경험과 상황을 다시 생각하고 이 책을 탈고 할 수 있었다.

대학 당국에서 외로움이라는 주제에 대한 강연 초청을 해준 것도 이 프로젝트에 대해 생각하는 데 도움이 되었다. 펜실베이니아 주립대학교(Penn State University), 존스홉킨스대학교(Johns Hopkins University), 코네티컷대학교(Connecticut College), 바드대학교(Bard College), 심슨스 락 오브 바드대학교(Simson's Rock of Bard College)에서 나는 친절한 대우를 받았다. 낸시 러브(Nancy Love), 윌리엄 코놀리(William Connolly), 제인 베넷(Jane Bennett), 제니퍼 쿨버트(Jennifer Culbert), 리처드 플래드만(Richard Flathman), 데이비드 큐만 킴(David Kyuman Kim), 줄리 리프킨(Julie Rifkin), 토마스 키난(Thomas Keenan), 앤 라우터바흐(Ann Lauterbach), 노튼 뱃

킨(Norton Batkin), 아스마 아바스(Asma Abbas) 모두가 베풀어준 환대에 감사를 표한다. 러셀 굿맨(Russell Goodman)은 2003년 '에머슨 탄생 200주기(Emerson at 200)'를 맞이하여 여름 국제인문기금(National Endowment for the Humanities) 서머 인스티튜트(Summer Institute)에서 강연을 해달라고 산타페(Santa Fe)로 나를 초대해 주었다. 해당 프로젝트의 보조 감독이었던 러셀과 스테픈 아펠트(Stephen Affeldt)는 에머슨과 개인, 외로움과 관련된 일련의 주제들에 대해 생각해볼 수 있게 해주었다. 당시 강연회에 참석한 모든 청중들은 놀라우리만치 높은 집중력으로 나의 이야기에 귀를 기울였다. 당시 내가 만났던 사람들 중 누구의 이야기라도 이 책 속에서 발견된다면 내가 그 이야기에 귀를 기울이고 많은 것을 배웠다는 긍정적인 신호로 받아들여주길 바란다. 당신의 작은 가르침에 감사를 표한다.

이 책을 저술하는 짧지 않은 기간 동안 지속적인 지지를 보내주었던 친구와 동료들에게도 감사하는 바이다. 작가이자 매사추세츠대학교(University of Massachusetts) 연극학과 교수인, 애머스트(Amherst) 타운의 줄리안 올프(Julian Olf)는 굉장히 중요한 순간에 리어(Lear) 왕에 대한 나의 이야기를 읽어 주었다. 또 다른 친구 제니퍼 미켈슨(Jennifer Michelson)은 원고 초안 작성의 마지막 단계에서 초안의 대부분을 읽고 비학문적 사유가로서 다양한 직관적 사유를 제공해 주었다. 라오스 커피(Rao's Coffee)의 사람들은 내가 그들의 면전에서 글을 쓰는 동안 자신들의 메일을 나와 공유하였다. 다른 친구들 중에서도 하이디 스템플(Heidi Stemple)은 원고를 전체적으로 읽고 전문 작가의 숙련된 시각으로 편집에 관한 신랄한 충고를 해주었다.

  나는 또한 이 작업에 지속적으로 참여해준 애머스트대학교의 동료 김 타운센트(Kim Townsend), 나세르 후세인(Nasser Hussain), 그리고 오스틴 사라트(Austin Sarat)에게도 감사를 표하고자 한다. 또한 이 책을 쓰는 동안 매사추세츠 리뷰(Massachusetts Review)와 관련한 임무를 충실히 할 수 없었음에도 인내심을 갖고 나의 빈 자리를 채워준 동료들에게 감사하는 바이다. 데이비드 렌슨(David Lensen)의 지원에도 감사를 표한다. 칩 터너(Chip Turner), 웬디 브라운(Wendy Brown), 모트 스쿨만(Mort Schoolman), 케넌 퍼거슨(Kennan Ferguson), 앤드류 노리스(Andrew Norris), 리사 디쉬(Lisa Disch), 키티 홀랜드(Kitty Holland), 앤 노튼(Anne Norton), 제인 베넷(Jane Bennett), 피터 러시(Peter Rush), 코넬 웨스트(Cornel West), 앨리슨 영(Alison Young), 밥 구딩 윌리엄스(Bob Gooding-Williams), 래리 조지(Larry George), 엘리자베스 영(Elizabeth Young), 캐롤린 엠케(Carolin Emcke), 테드 로위(Ted Lowi), 마이클 샤피로(Michael Shapiro), 린다 가르만(Linda Garman), 빌 샤로프카(Bill Chaloupka), 알렉스 후크(Alex Hooke), 테드 플림프톤(Ted Plimpton) 모두가 제공해준 남다른 견해들도 이 책에 담겨져 있다.

  이 책은 내가 하버드대학교 출판부(Havard University Press)의 린드세이 워터스(Lindsay Waters)와 처음으로 함께 작업하여 만들어낸

책이다. 린드세이는 나만의 목소리를 찾아야 한다고 강조했고, 그 결과 책이 훨씬 간결하고 직설적으로 만들어져 맨 처음 그의 손에 쥐어졌을 때보다 훨씬 나은 모습으로 세상에 나오게 되었다. 그는 또한 중요한 순간에 책의 제목을 제안해 주었고 나로 하여금 이 책의 주제가 사실상 '살아가는 방법'에 관한 것이라는 사실을 완벽히 깨닫게 해주었다.

나의 형제인 존 덤(Johm Dumm)과 누이 캐서린 도허티(Catherine Doherty), 그리고 내 딸 아이린 브라이트 덤(Irene Bright-Dumm)은 이 책의 원고를 읽고 일부 주제와 관련된 익숙한 상황들에 대해 자신들만의 견해를 제시해 주었다. 이들 모두에게도 감사를 표한다.

내가 글을 쓸 때마다 항상 그 존재를 생각하게 되는 세 명의 친구가 있다. 경이적인 시인 앤 라우터바흐(Ann Lauterbach)는 나의 정교하지 못한 문체를 다듬어 주었다. 언어에 대한 그녀의 열정적인 헌신, 우리의 존재나 앞으로 나아가는 상태에 대해 표현하는 방식은 고무적인 메타포의 세계로 끊임없이 나를 안내한다. 스탠리 카벨(Stanley Cavell)이 나의 철학적 이해에 미친 영향에 대해서는 그의 저서를 읽어본 사람이라면 누구나 알 수 있을 것이다. 그의 말이 끝나는 지점과 내 말이 시작되는 지점이 어디인지에 대한 나의 의문은 그의 영향에 대한 걱정이라 할 수 있을 것이다. 그가 내 앞에 있을 때면 그러한 걱정이 줄어들고 행복감이 더해진다는 점은 빼고 말이다. 나를 그의 친구로 인정해준다는 사실이 곧 깊은 감사의 원천이다. 마지막으로 수십 년 동안 나의 대화 상대가 되어준 빌 코널리(Bill Connolly)는 항상 나에게 분에

넘치는 격려를 해주었다. 수년간 나에게 베풀어 준 친절에 대한 작은 감사의 표시로 이 책을 그에게 바친다.

이 책의 몇몇 장에 등장하는 소재들은 이전의 저작들에서 다른 형태로 사용된 바 있다. 그러한 소재들을 다시 한 번 사용할 수 있게 허락해 준 출판사에 감사를 표한다. 프롤로그의 일부는 앤드류 노리스 저《대화의 요구: 스탠리 카벨과 정치철학에 관한 에세이(The Claim to Community: Essays on Stanley Cavell and Political Philosophy)》(스탠포드: 스탠포드대학교 출판부, 2006) '코딜리아의 미적분: 카벨의 리어 읽기에 담긴 사랑과 외로움(Cordelia's Calculus: Love and Loneliness in Cavell's Reading of Lear)'와 같은 형태로 제시된 바 있다. 핍(Pip)과 이스마엘(Ishmael)의 정체성에 관해 서술하고 있는 제2장의 몇 페이지는 매사추세츠 리뷰 2005년 11월호에서 '이스마엘은 누구인가?(Who Is Ishmael?)'라는 제목으로 등장한 바 있다. 마지막으로 제4장의 듀보이스(Du Bois)와 에머슨(Emerson)의 논의는 제이슨 프랭크(Jason Frank) 및 존 탬버니노(John Tambernino)의 저서《정치이론의 소명(Vocations in Political Theory)》[미니애폴리스(Minneapolis): 미네소타대학교 출판부, 2010] '패배자들의 정치이론'이라는 다른 형태로 나타난 바 있다.

프롤로그(Prologue)

코딜리아(Cordelia)의 미적분

아버지 리어 왕은 왕권을 이양하겠다고 선언했다. 코딜리아의 두 언니는 재산을 얻고자 온갖 수사를 동원하여 아버지에 대한 사랑을 맹세하고 연로한 아버지를 찬양한다. 이제 왕은 막내딸에게 조정의 신하들 앞에서 사랑을 입증할 말을 하도록 시킨다. 우리는 그녀의 답에 따라 왕국의 미래가 달라질 것이라는 사실을 짐작할 수 있다.

올바른 말로 사랑을 표현하면 그녀는 재산을 물려받을 것이다. 만약 올바른 표현을 하지 못한다면 나쁜 일이 벌어질 것이다. 그녀의 언니들이 신임을 얻지 못할 것이라는 사실은 그녀들이 내뱉은 답, 즉 위선을 드러내는 아첨 가득한 대답을 통해서 확인된다. 부분적으로는 아버지에 대한 사랑을 주장하는 언니들의 대답 때문에 코딜리아의 입에서 아버지가 바라는 답이 나오지 않았을 수도 있다. 그것은 그녀가 아버지를 사랑하지 않는다는 의미가 아니다. 그녀로서는 스스로 위선이라 느끼는 것을 이야기할 수 없기 때문이다.

어째서 그녀는 위선적이라는 느낌을 받는가? 무엇보다 그녀는 재산을 물려받기 위해 자신이 느끼지 않는 사랑을 고백하는 언니들과는 다른 사람이기 때문이다. 코딜리아의 문제는 무엇인가? 그녀가 궁지에 몰린 이유는 무엇인가? 그리고 그녀의 아버지가 이렇듯 사랑을 입증할 것을 요구한 이유는 무엇인가? 군주로서의 리어 왕은 자신의 왕국에 있는 여타의 인간들과는 다른 존재이다. 하지만 왕권을 이양하는 순간부터 그는 권력이나 보수에 대한 확신을 할 수 없으며, 심지어 폭풍우를 피할 은신처도 없는, 그야말로 아무것도 가지지 못한 상태로 전락하게 된다. 그럼에도 그는 어쨌든 권좌에서 물러나기로 결심하고 결과에 대한 계산도 없이 권력을 포기한다. 그가 그렇게 하는 이유는 무엇인가? 그것은 그가 딸들을 사랑한다는 사실과 상당한 관련이 있다. 그들은 이 세상과 그를 연결해주는 마지막 증거이며 어떠한 미래를 꿈꾸던 그 미래와 자신을 연결해주는 유일한 끈이다. 하지만 여기에서 우리는 집권자로서의 책임에 대한 요구에 반하는 아버지로서의 사랑 이외에 주목해야 할 것이 있다. 딸들에 대한 리어 왕의 사랑에는 심오한 슬픔이 내포되어 있다. 살아오면서 딸들이 겪었던 끔찍한 고통에 대한 인식, 그가 보상해줄 수 없는 상처, 그럼에도 딸들이 겪은 상실에 대한 보상으로 자신이 줄 수 있는 것이라면 모든 것을 주고 싶게 만드는 고통이 묻어있다.

셰익스피어(Shakespeare) 원작의 〈리어 왕의 비극(Tragedy of King Lear)〉은 이미 오래 전 신화적인 지위를 얻었고 우리 모두의 가슴

속에 깊이 각인되어 있다. 해롤드 블룸(Harold Bloom)은 셰익스피어가 자신의 희곡과 시 속에 인간의 의미가 무엇인지를 담아내었다고 주장해 왔으며 〈리어 왕〉이야말로 셰익스피어의 작품들 중 가장 인간적인 면모를 담고 있는 작품이라고 이야기한다. 〈리어 왕〉 이야기 속에 담긴 중요한 쟁점들이 인구에 회자되고 있기는 하지만 그 상처의 핵심은 쉽게 표현되지 않는다. 이 희곡에서 가장 중요한 것들은 모두 아직까지 – '언제나 아직까지'라고 표현될– 분명치 않은 상실감과 관련이 있다. 이 비극은 상실의 이야기이다. 왕국은 갈가리 분열되고 왕은 미쳐버리며 그 가정은 파괴된다. 선한 남자는 눈이 멀고 많은 이들이 죽게 되며 사랑이라는 개념은 어리석은 것으로 판명된다. 이 모든 것의 원인은 무엇인가?

물론 리어 왕 본인에게 문제가 있다. 그는 괴물 같은 사람이자 치열한 영혼의 소유자이며 세상에 맞서 싸우고 심지어 자기 자신에 맞서 싸울 만큼 거대한 존재이다. 그가 미쳐갈 때–우리는 흔히 미칠 수밖에 없게 몰아간다고 표현하는데 과연 누구에 의해 그렇게 몰리게 되는가?–우리는 그가 얼마나 두려운 모습을 하고 있으며 그의 심리적 파워가 얼마나 저지 불가능하고 해결 불가능한지를 보게 된다. 그는 은신처를 거부하고 폭풍우가 몰아치는 곳으로 나온다. 그리고 재산을 물려받은 이후 자신을 그토록 모욕했던 두 딸들에 대한 나쁜 생각들로부터 그 광적인 상태가 자신을 보호해주길 희망한다. 그의 투쟁은 육체적이며 그의 몸은 영혼에 반기를 든다.

리어 왕: 넌 피부까지 침투하는 이 거센 폭풍이 대단하다고 생각하겠지. 너에 겐 그렇겠지.

그러나 큰 병을 앓고 있으면 작은 병은 느껴지지도 않는 법. 넌 곰을 보면 도망 치겠지.

하지만 그 도망치는 길에 포효하는 바다가 놓여 있으면,

넌 그 곰에게 정면으로 맞설 게다. 마음이 편안할 땐,

육신이 고통에 민감하지만, 마음속에 폭풍이 몰아치면

모든 감각이 사라지지, 그곳에서 고동치는 고통을 제외하고는.

배은망덕한 것! 이건 마치 음식을 입에 넣어주는 손을 입으로 물어뜯는 것과 같지 않은가? 하지만 난 철저히 복수할 것이다.

아니야, 난 더 이상 울지 않을 것이다. 이런 밤에 날 쫓아내?

계속 퍼부어라. 난 견딜 것이다.

이런 밤에! 오 리건, 거너릴!

관대한 마음으로 모든 것을 준 늙고 친절한 아버지를-

오, 그게 나를 미치게 하는구나. 그런 생각은 그만 해야겠다.

그건 그만 해야겠다.

note1

리어 왕의 입과 손은 그의 딸들과 자기 자신을 대변한다. 그의 몸은 하늘의 폭풍우에 맞서 견딜 수 있지만 자신의 머릿속에서 휘몰아치는 폭풍우는 이겨내지 못한다. 권력 이양과 함께 시작된 폭풍우, 자신의 딸

들에 대한 분노는 잠재우지 못한다. 그의 격노한 마음은 그의 섬세한 몸을 압도한다. 그것은 그의 모든 감각을 빼앗고 육체를 텅 비게 하여 강력하고 고통스러운 생각, 즉 풍요로운 유산을 물려받은 두 딸들이 자신을 거부했다는 생각에 집중하게 한다. 그는 온몸으로 그 마음에 맞서지만 결국 투쟁으로 갈가리 찢기게 된다.

데카르트가 이야기한 육체와 영혼의 분리가 이곳에서 엄청난 규모로 구현된다. 그러한 분리는 군주들에게는 삶의 현실인 것이며 그것은 중세의 교훈인 '왕의 두 몸(King's Two Bodies)'에 잘 묘사되어 있다. 그것에 따르면 하느님으로부터 선택받은 군주만이 유한한 몸과 불멸의 몸 모두를 소유한다. 리어 왕의 불멸의 몸은 폭풍 속으로 달아나버리고 그의 유한한 몸은 부서진 채 만천하에 드러난다. 그는 우리들 중 그 누구보다도 더한 인간이 된다. 형체로나 규모로나 굉장히 익숙하면서도 놀라운 모습으로. 우리는 권위가 떨어진 권력자의 모습을 보게 되고 그는 사람으로 남는다. 그러나 솔직한 모습으로 분노를 터뜨리고 거대한 힘에 고통을 받으면서도 그는 여전히 그의 심장을 이토록 뛰게 만드는 것이 무엇인지에 대해 거짓말을 하고 있다. 그가 자신의 모든 재산을 리건(Reagan)과 거너릴(Goneril)에게 주기는 했지만 그것을 줄 때 그의 마음이 진실하지 않았기 때문이다. 만약 그의 마음이 진실했다면 그는 딸들로부터 거짓 사랑이건 그 어떠한 기대도 하지 않았을 것이다. 따라서 리어 왕은 자기 자신, 자신의 부끄러움, 그리고 자기 자신의 악행에 대한 공포로부터 벗어나기 위해 폭풍우 속으로 들어간다. 자신을 거짓으로 사랑한 딸들에게 모든 재산을 넘겨주고 자신을 진정 사랑한 딸을 추방했던 자신의 악행으로부터 벗어나기 위해 그리고 자신의 분열된 왕국으로부터 벗어나기 위해 그는 국경으로 간다. 하지만 그는 자기 자신으로부터 도망치지 못한다. 그러기 위해서는 자신이 미쳐야만 한다. 그리고 그것조차도 종국엔 충분하지 않다.

  그의 부끄러움에 뒤따르는 이 분노의 성격은 무엇인가? 광적 상태로 전락하는 리어 왕이나 그의 회복에 대해 생각함에 있어 리어 왕의 성격을 이해하게 하는 핵심적인 단서는 이 사람이 결국 자신의 물질적 재산과 권력적 파워를 모두 포기하려 한 사람이라는 사실에 있다. 권력 이양은 부모에 대한 헌신이라는 측면에서 리어 왕을 실패로 이끈다. 그는 자식들에 모든 것을 주고자 한다. 하지만 그는 군주이기에 사랑에 대한 증명을 대가로 요구한다. 군주로서 양위의 조건을 기술해야만 하기 때문이다. 따라서 사랑에 대한 자신의 요구에 진심이 아니라 거짓 진술을 한 것이 그에게는 가장 행복한 답이었을 것이다. 그로써 그는 딸들이 자신을 진심으로 사랑하는 것인지 알 필요 없이 위안을 얻을 수 있을 것이기 때문이다. 코딜리아가 자신의 요구에 부응하지 않았을 때 그녀는 그 뒤에 숨겨진 허구를 드러낸다. 리어 왕은 자신을 사랑받게 해줄 것이라 여겼던 말들을 구술하게 함으로써 가볍게 내뱉은 사랑의 표현을 갈구한 것에 대해 부끄러움을 느낀다. 그의 부끄러움이 드러나면서 비극이 시작된다. 리어왕은 부끄러움에서 시작해 우선 진실을 말한 코딜리아에게 분노하고 그 다음으로 거짓을 말한 거너릴과 리건에게 분노한다. 그들의 거짓은 그들이 리어 왕을 거부할 때 드러난다. 그들의 거부는 리어 왕을 추방하여 자신이 물려준 왕국으로부터 축출 당하게 함을 의미한다.(그러나 이것은 완전한 추방은 아니다. 그가 사람들의 눈에 띈 채로 여전히 왕국 내에서 방황하고 있지만 왕국 밖으로 쫓겨나지는 않기 때문이다.) 권좌 위에 있을 때, 리어 왕은 거짓 사랑을 원했지만 이제 권좌에서 물러난 그는 진정한 사랑을 원한다. 진정한 사랑을 찾을 수만 있다면 말이다.

하지만 정말 진실한 사랑이 있었던가? 왕국과 사랑의 구분, 사랑과 상실의 구분, 그리고 분열된 사랑과 상처받은 사람들의 구분 속에서 어느 것이든 진정한 사랑을 닮은 것을 발견할 수 있는가? 리어 왕의 재위 기간 동안 거너릴과 리건은 권력 이양의 대가로 아버지에게 거짓 사랑을 선사한다. 그런데 그들이 권력을 갖게 된 상황에서 은신처를 제공해달라는 아버지의 요구를 자신들이 내뱉은 거짓 표현에 대한 새로운 요구, 불쾌한 요구로 받아들여서는 안 되는 이유가 무엇인가? 에티켓은 제쳐두고 리어 왕이 이제 그들에게 내보일 수 있는 것이라곤 위협뿐이며 그들은 그것에 준하여 그를 대하게 될 것이다. 그들의 계산은 간단하다. 리어 왕이 자신들에게 행하기 전에 자신들이 먼저 그에게 행하는 것이다. 그러면 코딜리아는 어떠한가? 우리는 그녀의 사랑을 이해할 필요가 있다. 그녀의 사랑이 얼마나 진실한 사랑에 근접했는지, 그리고 그것으로부터 얼마나 멀리 떨어져 있었는지에 대해 생각해볼 필요가 있다.

폭풍우에 대해서도 마찬가지다. 거너릴로부터 거부당할 것을 예견한 리어 왕은 그녀의 성을 떠나면서 변장한 하인 켄트(Kent)를 신임을 얻고 있는 또 다른 딸 리건에게 보내 자신의 예기치 않은 방문을 알리도록 한다. 리건의 성에 도착한 후 리어 왕은 자신의 사자인 켄트가 사로잡힌 것을 보게 된다. 거너릴이 자신의 수하인 오스왈드(Oswald)를 리건에게 보내 리어 왕이 온다는 것을 알렸기 때문이다. 리건의 손아귀에서 극심한 대우를 받고 있는 켄트를 보게 된 후 리어 왕은 분노한다. 엄청난 분노가 치미는 순간 리어 왕은 마음속에서 광기가 치미는 것을 스스로에게 경고한다.

> 리어 왕: 오, 울화통(mother)이 치밀어 오르는구나!
> 화병(Hysterica passio)이, 치미는 슬픔아, 내려가라.
> 네 자리는 저 아래다. – 이 딸은 어디에 있는가?

이 절규는 리어 왕이 처음으로 자신의 광기를 분명히 인정한 것이다. 이 특별한 순간 이 희곡 속에 담긴 수많은 주제들-사랑, 상실, (잘못된) 인정, 부끄러움, 통치권, 허무주의 등 모든 것-을 아우르는 한 단어 'mother'라는 표현이 등장한다. 〈리버사이드 셰익스피어(Riverside Shakespeare)〉에서는 이 문단 안의 'mother'라는 단어가 '히스테리(hysteria)'를 의미하며 그리스어의 husterikos(자궁의)와 관련된다고 분석한다. 《옥스포드 영어 사전(Oxford English Dictionary)》에서

'mother'라는 단어를 찾아보면 14세기 말에 나타나는 일련의 정의들에서 유관한 의미들이 나타내는 환유(換喩)의 사슬을 발견하게 된다. 그에 따르면 'mother'라는 단어의 여러 정의들 중 자궁이라는 정의가 확인되며 인체의 이 기관이 몸 전체를 의미하는 것으로 나타난다. 자궁 부조(不調, disorder)라고 할 때 그 부조란 '울화통(mother)이 치밀어 오름(질식, 팽창), 히스테리'로 묘사된다.note2

엄마(mother)의 히스테리는 리어 왕의 몸 상태와 그에게 허용된 가장 깊은 은유적 힘을 연결하며 그의 광기에 있어 중요한 역할을 담당한다. 일련의 성(gender) 전이를 통해 상상이 구체화된다. 이 비극의 중심에는 드러나지 않는 이중성이 있다. 궁극적으로 왕 자신을 상실하게 하는 왕좌의 상실, 즉 리어 왕의 양위는 무대에 드러나지 않는 비극, 즉 여왕의 딸인 코딜리아의 상실로 이어지는 엄마인 여왕의 상실(아마도 양위가 촉발된 근원적 상실이라 할 수 있을 것이다)과 평행구조를 이룬다.(코딜리아는 이 여왕의 딸일 가능성이 아주 높다. 왜냐하면 세 딸 중 코딜리아가 막내이기 때문이다. 그리고 만약 리건 및 거너릴의 탄생이나 혈연적 단절의 문제가 이 비극 속에 드러났다면 우리는 그녀들의 엄마 역시 그 여왕인지에 대해 충분히 의문을 가지게 되었을 것이다.)

사랑과 상실. 희곡 〈리어 왕〉 속에 엄마는 어디 있는가? 우리는 이 시작점, 이러한 상황을 만들어내는 양위의 중요한 순간으로 계속해서 돌아오게 될 것이다. 우리는 리어 왕이 어째서 모든 순간들 중에서 이 순간을 양위의 순간으로 골랐는지 알지 못한다. 양위에 대한 그의 결정은 무대 밖에서 이루어지는 것으로 희곡의 도입부는 그의 첫 번째 행위에 대해 침묵한다. 오인과 부끄러움. 리어는 이 엄마 없는 아이들에게 스스로 엄마로서의 역할을 하고자 시도하는 것인가? 이것이 그의 부끄러움의 원천인 것인가? 만약 리어 왕의 히스테리가 아이들의 엄마가 되고자 하는 자신의 불가능한 꿈의 표현이라면 이것이 자식들의 진정한 사랑이 아니라 단지 사랑의 신호만이라도 받고자 하는 그의 욕구를 설명해주는 지도 모른다. 왜냐하면 아이들이 엄마에 대해 가졌던 사랑을 그가 받기에는 그의 준비가 부실하기 때문이다.

리어 왕의 증오가 가장 격하게 드러나는 순간 이러한 생각이 신빙성 있는 것처럼 보인다. 여전히 광적인 상태에 있는 리어 왕은 에드가(Edgar)에 이끌려 도버(Dover)의 낭떠러지로 가는 글로스터(Gloucester)를 만난 직후 눈이 먼 글로스터가 자신의 목소리를 알아채자 이렇게 대답한다.

리어 왕: 그래, 어느 모로 보나 왕이지.
내가 한번 노려보면, 모든 사람들이 얼마나 떠는지 봐라.
저놈 목숨을 살려주겠다. 네놈의 죄목이 뭐였더냐? 간통?
널 죽이지 않겠다. 간통 때문에 죽는다고? 아니야,
굴뚝새도 그 짓을 하고, 금빛으로 빛나는 작은 파리도
내 눈앞에서 음란한 짓을 한다.
얼마든지 성교하라. 글로스터의 사생아가 합법적으로 태어난

내 딸들보다 제 아버지에게 더 친절하게 대하였다.

호색아, 멋대로 놀아라. 난 병사가 필요하니까.

저기 저 여자를 보라.

가랑이 사이에 있는 얼굴에는 눈이 내리고 고상한 척 잰걸음을 하고, 쾌락 이야기를 들으면 고개를 흔든다.

족제비도 살찐 말도 더 방탕한 색욕으로 그 짓을 하진 못한다.

그들은 허리 아래로는 켄타우로스(Centaurs, 그리스 신화에 나오는 반인반마의 괴물), 허리 위쪽은 여자의 모습.

허리까지는 신들이 소유했지만, 허리 아래는 모두 악마의 영역. 그곳에 지옥(hell)과 어둠, 유황불이 이글거리는 구덩이가 있네. 태우고, 끓어 오르고, 악취가 진동하고, 부패한 곳. 퉤, 퉤, 퉤! 파, 파! 사향 1온스만 주어라, 착한 약제사야, 내 상상력을 달콤하게 하련다. 너를 위한 돈이 저기 있다.

간통을 범했으나 용서받을 수 있다는 리어 왕의 왕다운 생각은 이러한 문제들을 끔찍한 맥락에 올려놓는다. 이 문단은 위대한 악마(great evil)라는 표현이나 상스러운 용어 속에 드러나는 보스(Bosch, 1450년 경~1516, 네덜란드 화가) 같은 성격으로 인해 여성의 성에 대한 시각을 가지고 보지 않을 수가 없다. 리어 왕은 불륜의 사랑으로 얻은 결실이자 글로스터의 서자인 에드문드의 악함에 대해 에두르면서도 위압적인 비교를 한다. 에드문드는 그의 아버지 글로스터의 눈이 멀게 한 장본인이

자 코딜리아의 죽음에도 책임이 있는 자이다. 리어는 여성의 하반신을 동물로 간주해야 한다고 이야기하며 탄식을 시작한다. 그는 곧이어 엘리자베스 1세 시대 때 여성의 생식기를 뜻하는 말로 사용되었던 'hell'이라는 속어를 사용하며 여성들의 몸에서부터 뿜어져 나오는 사악한 타락의 힘이 있으며 그것은 동물을 넘어서는 깊고도 악취를 풍기는 썩은 악을 지닌 무언가라고 이야기한다. 리어 왕에게 있어 합법적인 아내의 악마적 기운에서부터 딸들이 나왔다는 것을 생각하는 것은 고통이다. 그 모든 것들이 이 외침 속에서 차별, 특히 사랑과 단순한 성욕 사이에서 나타날 수 있는 차별을 경감시키는 여성에 대한 혐오로 나타난다.

리어 왕은 이 광적인 혐오를 어떻게 극복할까? 이처럼 가장 여성 혐오적인 문단에서 가장 깊은 페이소스는 아마도 '내 상상력을 달콤하게 하련다.'라는 구절에서 드러난다. 이 끔찍한 연설에서 리어 왕은 여성에 대한 혐오 이상의 것을 표현한다. 즉 여성에 대한 그의 혐오가 죽음 자체나 삶과 죽음 사이의 복잡한 상호 작용, 삶에 대한 해악에 대한 자신의 두려운 분노를 가린다. 권좌 위에서 불멸을 경험하고 있는 왕보다 죽음의 해악에 대해 더 정확히 아는 자가 누가 있겠는가? 그 다음 구절에서 리어 왕은 자신의 손에 키스해줄 것을 요청하는 글로스터에게 "먼저 그것을 닦게 해주게. 죽음의 냄새가 나는군."이라고 대답한다. 리어 왕은 그에게서 풍기는 악취, 죽음의 악취를 극복하고자 한다. 하지만 바로 이전에 그가 언급했던 여성의 성기에 대한 감상을 고려할 때 그의 말은 탄생에 얽힌 악취에 대해서도 언급하고 있는 것임을 떠올릴 수 있을 것이다. 이렇듯 권력자의 말 속에서 드러나는 삶과 죽음의 상호 얽힘은 우리에게 맞닥뜨릴 수 있는 가장 최악의 재난을 대변한다. 그것은 고통을 견뎌낼 가치가 없는 것이라 여기고 인생을 포기하도록 하는 유혹으로 우리를 이끌어갈 만큼 강력한 트라우마(trauma)이기도 하다. 그리고 우리가 그러한 재난에 맞설 때 우리는 스스로가 원하는 모습을 좀 더 완벽하게 갖출 수 있게 된다.

스탠리 카벨(Stanley Cavell)은 리어 왕에 관한 중요한 에세이 〈사랑의 회피(The Avoidance of Love)〉에서 셰익스피어가 리어 왕의 자기 이해를 드러내 보이고자 한다고 이야기했다. 이 희곡에서 사랑 자체가 본질적으로 질이 떨어지는 이유는 리어 왕의 권력 때문에 자신이 사랑받고 있는지 여부를 알 길이 없어서라는 것이다. 리어에게 있어 이 질 떨어진 사랑에 대한 생각은 "미치게 하는 생각이지만 진실보다는 여전히 더 위안이 되는 것이다. 어떤 이들에게는 사랑을 물릴 수 없다는 사실을 알면서 사랑받는 것은 가장 심각한 정신적 고문이다."note3 이 질 떨어진 사랑은 자신이 살고 있는 세상에 구체화되어 있는 자아와의 관계를 넘어서 표현될 수 없으나 리어 왕의 임무는 다소 현실을 초월하는 것이기도 하다. 어쩌면 그의 가장 깊은 사랑은 자신의 죽은 엄마에 대한 것이며 이 사랑은 세상을 넘어서는 것이기도 하다.

그가 느끼는 공포는 실패한 아버지 역할에 관한 것인데, 그 이유는 자신이 엄마 없는 아이들을 위해 엄마 역할을 할 수 없기 때문이다. 그것은 그에게 너무 어려운 일이다. 모성이 일어서게 하는 것은 자신의 광기에 항복하는 것이기 때문이다. 이러한 방식으로 그의 광기는 그를 광기로 몰아간다. 리어 왕은 자기 자신을 바라보지 못한다. 그랬다가는 사랑이 부재한 심연을 보도록 강요받게 될 것이고 그로서는 그것을 감당할 수 없기 때문이다. 폭풍우 속에 벌거벗은 상태로 내던져진 그의 모습은 벌거벗겨진 인생을 대변한다. 그것은 또한 자신의 존재에 직면하여 여전히 꾸려가야 하는 인생이기도 하다. 어떤 면에서 그는 스스로를 탄생시켜야 하며 엄마 없이 이러한 탄생에 관여해야 한다는 점에서 그는 부끄러움을 느낀다. 우리는 질 떨어진 사랑을 밧줄이 끊어진 매트릭스, 떠오르는 엄마라 여길는지도 모른다. 리어 왕은 엄마가 되기는커녕 아무 것도 아닌 상태가 되었다. 그러나 리어가 우리 모두의 엄마가 되려는지도 모르는 것이다.

 엄마를 상실한 상황에서 이렇듯 내면으로 시선을 돌리고 자아를 투영함으로써 우리는 현대적인 세계의 한복판에 놓이게 된다. 이 순간 부끄러움은 죄의식으로 전환된다. 우리는 한때 왕과 여왕의 몸에서 확인할 수 있었던 통치 권력을 내면화한다. 리어 왕은 부끄러움을 느끼기 시작하고 자신이 부끄러움을 느낀다는 사실을 인정하면서 수치스러움을 느낀다. 그의 부끄러움은 코딜리아에 대한 처치에서 드러나기 시작한다. 코딜리아는 아버지를 사랑한다. 아버지의 양위는 그녀에게 이익이 아니라 상실이 될 것이다. 하지만 엄마의 죽음이 아니라면 무엇이 그를 권력 이양으로 이끌겠는가? 슬픔에 빠져 있지만 통치권을 가진 왕은 죽을 수밖에 없는 운명이라는 평범한 한계는 이미 넘어서 있다. 하지만 권력을 이양한 후 그는 평범한 존재의 문턱 아래까지 떨어져 다른 모든 사람들과는 달리 아무것도 없는 상태로 추락할 수 있다는 위험을 안고 있다. 그는 자신의 모든 요구 사항들을 포기하고 나서야 자신의 고투를 세상에 드러낸다. 코딜리아는 뭔가 다른 것을 제시한다. 그리고 리어 왕의 비극은 그녀의 사랑이라는 사실뿐 아니라 그녀가 제시해야만 했던 사랑을 제대로 알지 못했던 그의 실수로 파악된다.

리어 왕이 양위에 대해 생각하면서 잃어버린 엄마를 생각했다고 상상하며 권력 이양 장면을 그리고 있는 희극의 첫 번째 장면으로 돌아가 보면, 코딜리아가 자신의 사랑을 표현하는 것이 우리를 얼마나 감동시키는지 분명히 확인할 수 있다. 아버지가 자신의 딸들에게 상속의 부담과 기쁨에 대해 이야기할 때만큼 잃어버린 엄마가 더 현현히 드러나는 때는 없다. 아버지와 딸 사이에서 양측 모두의 마음을 안정시키고 양측 모두가 수렁에서 빠져나올 수 있는 길을 제시하기 위해 엄마라는 존재는 무슨 말을 하고 어떤 방식으로 중재를 했을까? 우리가 알 수 있는 것이라곤 지금 그녀가 할 수 있는 말은 아무것도 없다는 사실 뿐이다. 코딜리아는 그녀를 흉내내려고 하지만 실패하고 만다.

코딜리아의 첫 대사는 자신에게 하는 방백으로 나타난다.

코딜리아: (방백) 코딜리아는 무슨 말을 할까? 사랑,
그리고 침묵.

코딜리아는 자신의 침묵을 딜레마에서 빠져나올 수 있는 방법이라고 생각한다. 그래서 그녀는 침묵한 채로 있는 것을 좋아한다. 그녀의 두 번째 대사는 또 다른 방백이다. 기록에 따르면 그것은 언어 장애로 인한 것이 아니라 자신의 사랑의 무게로 인한 것이다.

코딜리아: (방백) 불쌍한 코딜리아!
하지만 그렇지는 않아. 왜냐하면 나의 사랑이 틀림없이 나의 혀보다 더 무거울 테니까.

그 후에 그녀는 리어 왕에게 직접 이야기한다. 이것이 유명한 그들의 첫 대화이다.

리어 왕: …자, 우리의 기쁨,
내 작은 막내, 네 어린 사랑과 프랑스 왕은 포도로, 버건디(Burgundy) 공은 우유로 인연을 맺고자 하는데, 네가 할 수 있는 말은 무엇이냐?
너의 언니들보다 더 비옥한 삼분의 일의 땅을 위해서 말이다. 말해봐라.

코딜리아: 없습니다, 아버님.
리어 왕: 없어?
코딜리아: 없습니다.

리어 왕: 할 말이 없다면 얻을 것도 없다. 다시 말해 보아라.

코딜리아: 불행하게도 제 마음을 입에 담을 수가 없습니다. 전 전하를 자식 된 도리로 사랑합니다. 더도 아니고 덜도 아닙니다.

리어 왕이 요구하는 것은 무엇이며 코딜리아가 그에게 그것을 주지 못하는 이유는 무엇인가? 이제 이 희곡의 가장 혼란스러운 부분에 대한 탐험을 시작할 준비가 되었다. 실제로 리어 왕을 사랑하는 코딜리아는 그를 사랑하는 체하는 능력을 발휘할 수가 없다. 하지만 그녀는 자신의 사랑을 대중의 심판대 위에 올려놓고 자신이 빚지고 있는 것을 깊이 계산하여 말로 표현하도록 강요받는다. 이 대중의 심판이 리어 왕에게 굴욕감을 준다. 그토록 그를 사랑하는 사람에게서 뿜어져 나오는 냉철함이 자신의 요구에 대한 슬픈 위선을 드러낸다. 하지만 코딜리아는 자신의 정서를 나타내는 진술로 말문을 연다. "불행하게도 제 마음을 입에 담을 수가 없습니다."

코딜리아는 자신의 마음을 그 어떤 말로도 표현할 수가 없다. 자신의 사랑을 말 속에 담아내지 못한다는 사실에 그녀가 불행함을 느끼는 것이다. 그녀는 표현해낼 수 없는 말을 하려다 아무 말도 하지 못한 채 얼어붙는다. 우리는 자신의 마음을 말로 담아내지 못하는 그녀의 무력함을 자신의 어머니에 대한 마음을 억누르지 못하는 리어 왕의 무력함에 비할 수 있을 것이다. 둘 다 심신의 부조화로 고통받고 비극적인 결과를 맞게 된다. 어째서 코딜리아는 그렇게 불행한가? 사랑을 말로 표현할 수 없다는 코딜리아의 대답에 대해 정확하게 설명하라는 리어 왕의 굴욕적인 요구 때문인가? 아니면 더 깊은 심연의 연민이 존재하고 있어 그녀로 하여금 두 언니들을 모방하지 못하게 하는가? 그녀와 위선적인 두 언니 사이의 관계가 그녀를 침묵하게 하는가? 그녀의 어린 시절이 그녀의 무대 공포증을 자아냈는가? 분명 코딜리아는 굴욕감을 느껴서, 아버지에게 연민을 느껴서, 침묵하게 되어서, 그리고 어려서 불행하다.

하지만 잃어버린 엄마에 대한 좀 더 심도 깊은 연구가 상황을 이해하는 데 도움이 되려는지도 모르겠다. 그것은 이 드라마에서 엄청난 부재(absence)를 의미한다. 코딜리아가 순수하게 사랑으로 인해 동기부여가 되었다면 리어 왕은 그녀의 순수한 사랑을 회피하려는 욕망에 의해 자극받은 것이라고 이야기할 수 있겠는가? 우리는 코딜리아가 자신의 마음을 말하지 못했기 때문에 리어 왕이 마음속에서 엄마가 떠오르는 것을 억누르지 못했다고 생각할 수 있을 것이다. 코딜리아는 그녀가 엄마 없는 아이이고 그러한 상실감을 보상하기 위해 리어 왕이 해줄 수 있는 것은 아무것도 없다는 사실을 리어 왕에게 상기시켰고, 그로 인해 리어 왕을 분노하게 했다는 점에서 그의 분노는 모성적인 것이다. 이러한 긴장이 리어 왕과 코딜리아 사이에 전해지는 동안 잃어버린 엄마의 문제로 인해 이들 캐릭터들의 동기 수준에서 사랑과 사랑에 대한 회피 사이의 투쟁이 나타나게 된다. 따라서 셰익스피어의 희곡 세계에서 잃어버린 엄마의 문제는 리어 왕 시대의 훗날인 우리들이 살고 있는 오늘날에 파고드는 비극과 관계가 있다.

그녀의 수락이 거절이고 그녀의 거절은 수락이라 할 수 있겠는가? 그 둘을 연결지음으로써 그녀가 우리를 혼란에 빠뜨린다고 할 수 있겠는가? 그녀는 자신의 거절을 통해 무엇을 거부하고 있으며 무엇을 주장하고 있는가? 그녀는 무엇을 주장하고 있으며 그 주장을 통해 무엇을 거부하고 있는가? 이러한 문제들에는 분명한 답이 없다. 그 대신 사랑의 힘, 사랑이 만들어내는 광기, 언제든 진실한 사랑이 강요할 때마다 확실한 답을 해줄 것에 대한 지속적인 요구, 진정한 사랑에 대한 우리의 불가능한 시도에서 파생되는 우리의 요구에 대한 적절한 답의 부재 등에 대한 일련의 승인을 요구한다.

하지만 이보다 더한 것이 있다. 그것이 바로 코딜리아의 운명에 관한 이야기를 외로움에 관한 이 책의 서문에 쓴 이유이다. 우리들 또한 문맥이 없는 역설적인 문맥 속, 잃어버린 엄마의 매트릭스 속에 살고 있기 때문이다. 우리는 우리가 살고 있는 현대 사회에 몰아치는 폭풍의 열린 세계에 살고 있다. 이것이 외로움의 방식이다. 자신의 사랑을 상속이라는 운명적인 요구, 그녀에게 왕실에서의 삶의 방식을 고수할 수 있게 해줄 상속의 굴레 속에 종속시키지 않기 위해 코딜리아는 그녀의 조상인 안티고네(Antigone)와는 달리 혈연이라는 불문법에 호소하지 않는다. 그녀의 거부와 수락 행위는 비상속이라는 직접적인 결과를 가져오고 그녀를 정치의 불모지로 몰아넣는다. 코딜리아의 거부는 친족주의의 더 심화된 형태인 모계가족제에 대한 무언의 주장이 아니다. 설사 모계제가 존재했었다 하더라도 엄마의 죽음과 함께 버려진 상태다. 코딜리아가 찾는 것은 거짓 사랑이라는 가족 드라마에서 벗어나 자율적인 세계로 들어가기 위한 새로운 방법이다. 그녀는 사랑에 대한 합리적이고 이성적이며 사려 깊은 구분을 통해 그러한 길을 찾으려고 한다. 하지만 그러한 전환을 모색하려는 그녀의 노력은 권력 이양의 주체인 아버지에 의해 거부당하고 그 거부의 결과로 최초의 외로운 자아가 된다. 코딜리아에게 외로움은 살아가는 방법이 된다. 따라서 우리에게 있어 그녀는 최초의 현대인이다.

코딜리아는 말 못하는 상태를 극복하고 분명하고 힘 있는 태도로 이야기한다. 그리고 그로 인해 그녀와 그녀의 아버지에게 혼돈이 찾아온다. 그녀의 호소는 나눌 수 있는 사랑에 대한 것이고 그것은 양위가 정직하게 이루어지도록 하기 위함이다. 코딜리아가 자신의 사랑을 구분할 것이라고 이야기했을 때, 그녀는 이것이 리어 왕에 대한 자신의 사랑에 솔직해지는 방법이라는 사실을 알고 있다. 하지만 리어 왕은 그녀로부터 진실을 원하는 것이 아니다. 어떻게 통합적 존재, 군주인 리어 왕이 사랑을 부동산처럼 나눌 수 있겠는가?

리어 왕이 되어 코딜리아의 이야기를 듣고 있다고 상상해보라. 아버지에게 있어 딸의 계산된 대답을 듣는 것만큼 가슴 아픈 일이 있겠는가? 그녀는 딸들에게 사랑을 구걸하는 리어 왕의 방식이 부적절하다는 점과 진정한 사랑은 결국 '모든(all)' 것이 될 수 없다는 지나치게 성숙한 주장, 사랑의 보답은 의무에 따른 것이라는 생각을 암묵적으로 드러낸다.

코딜리아: 인자하신 아버님.

아버님은 저를 낳아 기르셨고 사랑하셨습니다.

저는 그 보답으로, 그리고 당연한 본분으로 아버님께 복종하고 아버님을 사랑하며 무엇보다 아버님을 존경합니다.

언니들은 아버님만을 사랑한다고 말하면서 어째서 남편들과 결혼을 한 걸까요? 제가 결혼하게 된다면, 저와 혼인 서약을 맺게 되는 그 사람이 제 사랑의 절반을, 제 보살핌과 의무의 절반을 가지게 될 것입니다.

저는 결코 언니들과 같은 결혼은 하지 않을 거예요.

(아버님만을 사랑하면서 다른 사람과 하는 그런 결혼은요.)

리어 왕: 그게 너의 진심이란 말이냐?
코딜리아: 예, 아버님.
리어 왕: 어린 것이 어찌 그렇게 무정하단 말이냐?
코딜리아: 이렇게 어리지만, 아버님, 진실하답니다.
리어 왕: 그렇게 해라. 그렇다면 네 진실을 네 지참금으로 삼아라.

"네 진실을 네 지참금으로 삼아라." 장내를 예의 잔인함으로 침묵하게 하는 이 같은 리어 왕의 저주는 나누어진 사랑이라는 받아들이기 어려운 진실을 받아들여야 하는 군주의 고통을 확실히 보여준다. 하지만 그가 이해하지 못하는 것이 있다. 리어 왕에 대한 코딜리아의 사랑은 의무감을 넘어선 것이다. 그리고 사랑을 나누는 그녀의 행위는 심오한 방식으로 리어 왕을 모방하고 있음이 드러난다. 코딜리아는 리어 왕의 땅에 대비되는 자신의 사랑을 나누고, 그러한 행위를 통해 권력 이양을 결정한 순간부터 내적으로 깊은 분열을 경험하고 있는 리어 왕을 모방한다. 그리고 그로 인해 위험을 무릅쓴다. 카벨은 "그녀는 그를 숨기고 그러한 행위를 통해 자신을 둘로 나눈다."라고 이야기한다. 그렇게 함으로써 그녀는 현대 삶의 가장 깊고 가장 오래된 진실, 우리를 고독으로 이끄는 길 위에 올려놓는 머리와 가슴, 가슴과 입, 엄마와 가슴 사이에서의 구분을 이야기한다.

코딜리아의 사랑, 절반이지만 진실한 그녀의 사랑은 결코 사랑이라 할 수 없는 리건이나 거너릴의 사랑보다 무한한 가치를 지닌다. 하지만 리어 왕은 이 사실을 너무 늦게 깨닫는다. 그리고 처음부터 이러한 지혜가 충만한 엄마 없는 아이 코딜리아는 그녀의 후손이라 할 수 있는 우리들을 전례 없는 미래로 이끈다. 그녀는 외롭고 열망하는 듯한 새로운 언어로 이야기하며 역설적으로 현대 시대의 고립된 자아를 규명하는 자아와 사회의 구분이라는 치유의 길을 만들어 간다. 코딜리아는 사랑이란 부재(absence)를 극복하는 데 필요한 모든 것이며 외로움은 우리가 극복할 수 없는 부재라는 사실을 이야기한다. 이것이 우리가 살고 있는 현재이다.

어쩌면 권력 이양과 혁명의 복잡한 역사 발전을 통해 셰익스피어의 관중들에게 사랑을 나눌 수 있다는 것이 이미 분명히 알려져 있었는지도 모른다. 절대 군주 체제의 붕괴를 통한 국민에 대한 주권 이양이라는 현실이 대략 400년 전인 1606년 말 셰익스피어가 이 비극을 처음 세상에 내놓았을 무렵 이미 터전을 마련했었던 것인지도 모른다. 그런데 그 순간이 여전히 지금의 우리에게도 생생하게 살아 있다. 코딜리아가 버려지던 순간 사용했던 미적분식은 현대의 경험을 가진 자아들이 분열되고 또다시 분열되는 동안, 그리고 우리가 매일의 고통 속에서 지속되는 비극을 알아채지 못하는 동안 비극에 관련된 우리의 상황들에서 무한하게 배가되고 있다.(하지만 지금 우리가 매일의 경험에 대한 비극을 더 잘 이해하는 것은 아닌 것 같다. 그 이유는 우리가 매일이라는 것이 무엇인지에 대해 충분히 알지 못하기 때문일 것이다.) 이러한 고통과 죽음의 상황에 대해 적어 내려가고 자기 의식적으로 리어 왕의 양위 장면을 우리에게 인식시키면서 카벨은 우리를 현재 상태로 다시 데려온다.

"우리는 이러한 상황에 현재하고 있다. 그리고 그 누구도 무언가가 벌어지게 하지 않고서는 지금 존재하지 않는다. 발생하는 모든 것은 나에게 일어나는 일인데 나는 무슨 일이 벌어지고 있는지 알지 못한다. 나의 무력함이 오직 나의 개별성(separatedness)에만 사로잡혀 있다는 사실을 나는 알지 못한다. 어떠한 행운이 나의 것이고 어떠한 것이 너의 것인지 구분하지 못하기 때문이다. 세상은 슬프게 된 것이 아니다. 그것은 항상 슬픈 상태였다. 비극이 세상으로 옮겨왔다. 그리고 그로 인해 세상은 연극적으로 되어 간다."

비극이 세상으로 옮겨왔다. 외로운 자아가 부상하는 순간이다. 우리는 우리가 부재하는 곳에 있다. 서로를 바라보고 서로가 부재하는 공간에서 그가 돌아오길 기다리면서 별들 사이에서 길을 잃었다.

이 책에서 나는 우리가 부재하는 곳에 존재한다는 것이 외로움을 경험하는 것이라고 이야기하려고 한다. 이러한 외로움은 단지 허무주의에 불과한 것인가? 많은 부분이 〈리어 왕〉의 '무(nothings)'에서 나타난다. 어떻게 무(無)에서 무(無)가 나오고, 코딜리아는 왜 할 말이 없었던 것이며, 광대들(Fools)이 왕관을 두 개 만들기 위해 동그라미(달걀)를 깨는 것이 어떻게 왕국이 분해되는 전조가 되는지, 리어 왕의 양위가 어떻게 그를 아무것도 없는 길 위로 내모는 것인지, 그리고 에드가(Edgar)를 제외한 모든 등장인물들의 죽음을 통해 그 모든 회복의 가능성들이 어떻게 파괴되는 것인지 묻는다. 에드가는 첫째, 유일하게 생존한 자이고 둘째, 우울하게 생존했다는 점에서 중요한 인물이다. 이는 현대에 존재한다는 것이 본질적으로 우울할 수밖에 없는 속성을 지닌 것은 아닌지에 대한 의문으로 우리를 이끈다. 이 커다란 질문은 해롤드 블룸으로 하여금 셰익스피어를 신격화하게 만든다. 이 위대한 인간이 우리의 인류애를 아우르며 숭배할 만한 지적 현현을 만들어내길 기대하면서 말이다.

하지만 철학에서 요구하는 것은 신앙에서 요구하는 것과 다르다. 내가 관심을 두고 있는 사상가들은 우리가 살아가는 진실에 대해 뭔가 더 이야기할 것이 여전히 존재한다고 주장하며 우리가 그 무언가를 위해 산다고 이야기한다. 진실함은 코딜리아의 진실성과 마찬가지로 우리의 천부적인 재능이다.note4 하지만 우리가 물려받은 진실은 우리를 또 다른 세계로 이끈다. 이 책은 미국 땅에서 테러분자들이 저지른 살인행위에 대항해 복수전을 펼치기 시작한 때부터 우리를 또 다시 수렁에 빠뜨리며 새로운 제국을 향해 또 다른 전쟁에 착수한 시기까지 저술되었다. 이 전쟁은 우리 스스로조차 이 나라가 얼마나 세상에서 가장 위험한 국가가 되었는지 느끼게 한다. 이러한 시기에 우리의 위선적인 지도자들은 매일같이 새로운 거짓을 만들어낸다. 따라서 21세기의 전쟁 확산 조짐에 저항하기 위해 코딜리아의 재능에 의지할 필요가 있다.

세상에는 공허함만 남긴 채 여전히 답하기 어려운 문제들이 많이 있다. 2001년 9월 11일 맨해튼(Manhattan)에서 허점을 드러낸 공허함의 문제는 이 글을 쓰고 있는 순간 좀 더 광범위한 규모로 바그다드(Baghdad) 중심지에서 반복되고 있고, 때로는 전 세계를 집어삼킬 듯 위협적인 모습을 드러낸다. 얼마나 상심하려고 하는가? 우리는 스스로에게 어떠한 요구를 해야 하는가? 세상을 고통스럽게 하는 테러에 대해 우리는 어떤 행동을 취해야 하나? 주권 당국은 이러한 공허함에 맞서는 대신 분노에 찬 리어 왕처럼 채찍질해 나가고는 이제 와서 새롭게 퍼져 나가는 부끄러움에 고통스러워한다. 이제 우리는 삶에 대한 책임자의 자리에 우리 대신으로 앉혔던 사람들의 행동 때문에 세상에 기대했던 것들로부터 거부당하고 있다. 그러한 거부 행위에 우리가 어떻게 반응하는지가 결국 전쟁과 평화의 문제를 결정하게 될 것이다. 이는 본인의 실제 선호 여부와 관계없이 항상 전쟁이나 살인, 고문, 감금, 입막음 등을 할 준비가 되어 있는 장성들이나 광신도들의 전략보다도 그러한 문제를 결정하는 데 더 큰 영향을 미칠 것이다. 이것이 바로 무력함(powerlessness)의 강한 영향력에서 나온 비극, 사랑의 회피에서 파생된 비극에 맞서 지속되는 부끄러움의 진실을 이야기하고자 사상가들이 여전히 세상에 주장하는 것들이다.

외로운 자아는 이러한 매트릭스 속에서 생겨난다. 그것에 맞서 짓눌리고 반응하는 것이다. 문제가 제 아무리 무제한적이라 하여도, 고통이 아무리 강력하다 하여도, 상처가 아무리 깊다 하여도 항상 돌파구는 만들어지기 마련이다. 여전히 권력을 이양하지 못하는, 여전히 사랑하지 못하는 우리가 여기 있다. 우리는 무엇을 기다리고 있는가? 권력의 확실성이 무너지면서 비극은 세상으로 옮겨가고 있다. 코딜리아의 진실성이 현대로 통하는 길을 만들어냈다. 그녀처럼 우리도 이 엄청난 사실에 맞서야 한다. 당황하지도, 움츠러들지도 말고 미래뿐 아니라 우리가 누구이며 우리의 현실에서 우리가 어떻게 실재할 것인지를 재고하기 위해서 이 엄청난 사실에 맞서야 한다.

코딜리아의 사랑의 치사율을 알았으니 세상에 근접하기 위한 다른 정서적인 방법을 배울 수 있을까? 사실 이것은 우리가 계속 해 나가야 하는 작업이다. 셰익스피어는 코딜리아와 리어 왕 사이에서 드러나는 가족 간의 불화를 통해 21세기를 살고 있는 우리들에게 우리가 누구인지 살펴보도록 하는 과거의 열쇠를 제공한다. 코딜리아는 그녀의 사랑을 나눌 수는 있었지만 자기 자신을 나누지는 못했다. 리어 왕은 절대 권력이나 자식에 대한 사랑을 가질 수는 있었지만 둘 다 가지지는 못했다. 그리고 참을 수 없는 상황에서 벗어나기 위해 자아의 분열을 극복하려고 노력하는 그들의 시도 속에서 좀 더 일상적이면서도 모든 면에서 꽤 고통스러운 상황에 직면한 우리가 본래 바라던 모습을 찾기 위한 노력을 덜 기울이고 있음을 드러낸다. 그들은 근원적인 사실인 상실, 아내, 엄마, 그리고 굉장히 실재적이고 심오한 사랑을 반영한다. 그리고 그것들은 그들이 살고 있는 세상이나 우리들이 살고 있는 세상 모두에서 빠져 있는, 사라진 것들이다.

우리들 역시 외로운 자아들이다. 우리들 역시 아직 배울 것이 많고 제때에 배우지 못한 사람들이 맞이하는 비극적 운명에 처할 위험에 놓여 있다. 그리고 우리는 여전히 항상 끝을 향해 치닫는 것처럼 보이는 세상에 맞닥뜨려 있다. 우리의 비극적인 세상을 향해 내뱉는 우리의 주장들은 개인적일 수밖에 없다. 우리들 모두에게는 해결할 수 없는 불만과 우리가 피하고자 하는 인식들, 우리를 조롱이나 눈물 속으로 떠미는 어리석음이 있고, 이것들 모두가 우리가 생각하고 쓰는 모든 것에 반영되어 있다. 이 책에서 분명히 드러나겠지만 나는 나 역시 이 법칙의 예외가 될 수 없다고 생각한다. 오히려 그에 대한 산증인이 될 것이다. 다른 사람들과 마찬가지로 나는 잃어버린 엄마를 부르며 나의 무덤으로 가게 될 것이다.

그리고 나에게 행운이 따른다면 내가 죽을 때 엄마 없는 나의 아이들이 그곳에 있을 것이다. 엄마에 대한 나의 생각은 냉철한 관찰의 결과가 아니라 내 삶의 현실이다. 나의 엄마는 이 책에서 앞으로 살펴볼 상황들의 결과로 인해 내가 바라는 당신의 모습으로 존재할 수 없었다. 좀 더 가까운 예로 나의 딸 아이린(Irene)과 아들 지미(Jimmy)는 내가 이 책을 쓰기 시작한 무렵 엄마의 죽음을 맞이하게 되었다. 따라서 리어 왕과 코딜리아 사이의 관계에 대한 나의 확신은 내가 겪은 상실과 엄마 없는 나의 아이들을 위해 엄마가 되고자 하는 나의 지속적인 노력에 의해 이 평범한 상실의 슬픔을 고하도록 한다. 상실에 의해 형성된, 좀 더 거대한 정치적 문화의 경험 속에서 만들어진 현재라는 맥락에서 말이다. 이 강렬한 경험은 그 근원을 파고들수록 계속 앞으로 나아가게 하는 시각뿐 아니라 내가 다음 장들을 통해 이야기하려고 하는 사고와 감정의 소용돌이 속으로 나를 이끌었다.

  나는 내 인생의 경험을 통해 이 세세한 것들에 대해 이야기하려고 한다. 그 이유는 당신이 이 책을 선택한 이상 외로움의 의미가 무엇인지에 대해 끊임없는 질문을 할 것이고, 그와 관련해 내가 할 수 있는 온갖 노력을 기울여 내가 이 주제에 대해 생각하게 된 이유와 그러한 사고의 방법이 무엇인지 당신을 이해시키는 것이 나의 임무라고 생각하기 때문이다. 이어지는 장들에서는 코딜리아의 미적분에 비추어 우리가 어떻게 세상에 있는지(존재), 우리가 세상을 어떻게 붙잡으려 하는지(소유), 우리가 어떻게 열망하는지(사랑), 그리고 우리가 상실로 어떻게 고통받는지(상심)에 대해 생각해볼 것이다. 외로움의 경험을 둘러싼 이 모든 기초들을 통해 우리는 스스로가 내면의 바다에서 물러서고 아직 습득하지 못한 자아에 기대어 치료받기를 원하고 있다는 사실을 알게 될 것이다. 이것이 우리 모두에 대한 질문이다. 우리는 삶을 살아가면서 무엇이 되고자 하는가? 우리 자신 및 타인들과 함께 이 세상에서 어떻게 살고자 하는가? 외로움을 지닌 채 우리는 어떻게 살고자 하는가?

CHAPTER 01
존재

오, 외로운 인생에 외로운 죽음이여.

-캡틴 에이헙(Captain Ahab), 멜빌(Melville)의 '모비딕(Moby-Dick)'

모든 하나(The All One)

셰익스피어가 현대에서 외로움의 영향력이 커질 것이라고 이야기하면서 외로움이라는 것을 재기 넘치게 만들어낸 것같지는 않다. 코딜리아와 그녀의 아버지를 다시 한 번 떠올리고 그들에겐 당연한 일상으로 여겨지는 곤경을 나타내는 단어들을 떠올려보라. 추방, 냉정, 무시, 격리, 허전함, 소원함, 버림받음, 상실, 광기. 이와 같은 단어들이 우리들 모두에게 중요한 것을 요약적으로 보여준다고 이야기한다면 지나친 것인가? 우리들 모두는 끝없는 바다, 다른 사람들의 손길이 닿지 않는 장소에 직면해 있으며 한밤의 비명처럼 들리는 언어에 노출되어 있다. 우리는 혼자 있다는 것이 우리가 경험할 수 있는 것들 중에서도 최악에 해당한다고 생각한다. 하지만 우리가 이렇게 생각하게 된 경위는 무엇인가? 우리가 혼자 있다는 생각에 그러한 고통을 느끼는 이유는 무엇인가? 이 고통은 어디에서 오는 것인가? 그리고 우리가 그것에 그토록 집착하는 이유는 무엇인가? 그 안에는 어떠한 즐거움이 있는가? 혼자 있는 즐거움은 단지 고통스러운 것에 불과한가?

  우리 같은 이론가들은 가끔 단어의 어원에서 의미를 찾는다. 이러한 상황에서 우리 언어의 진화가 외로움이라는 주제에 어떠한 영향을 미치는지는 분명하다. '혼자(alone)'라는 단어는 '모든(all)'이라는 단어와 '하나(one)'라는 단어의 합성으로 만들어졌다. 외부에서의 절대적인 내적 봉쇄를 의미하는 '모든'과 내부에서의 절대적인 외적 봉쇄를 의미하는 '하나'. 우리는 획일적인 사회에서 살면서도 아직 자아의 느낌을 갖지 못한 채 아무런 표시도 없고 전체적인 정의도 없는 우주에서 표류하고 있다. 우리는 자극을 받고 공간에서 길을 잃는다. "나는 모든 하나다."라고 우리는 의기양양하고 무모하게 이야기한다. 모든 하나는 우리를 벽에 피어난 잡초에 지나지 않는 것으로 운명짓고 그것은 동시에 우리를 가장 강력한 주권자가 되게 한다. 혼자 있는 것은 우리가 경험할 수 있는 것들 중 최악일 뿐 아니라 우리가 피할 수 없는 최상의 경험들 중 하나이기도 하다. 우리는 고독 속에서 고독이 없을 때는 배울 수 없는 사실, 즉 어떻게 우리가 될 수 있는지를 배운다. 이는 결코 작은 성과가 아니다. 이렇듯 혼자 있다는 것의 다른 경험은 랄프 왈도 에머슨(Ralph Waldo Emerson)이 이야기한 자기 신념(self-trust)이며 그것은 가슴 아픈 경험에도 불구하고 가치 있는 인생의 길로 우리를 이끈다.

　혼자 있는 것. 고백하건대 혼자라는 생각을 하면 최고의 경험보다는 최악의 경험이 더 많이 떠오른다. 나는 고독이나 자기의지에 따른 커다란 기쁨보다는 깊은 고독이나 어떤 절망 상태의 경험에 따른 트라우마나 고통에 집중한다. 그러나 다른 사람이 없는 혼자의 모습이나 기쁨이 없는 고통을 떠올리는 것이 어려운 것만큼 두 개의 감정 상태가 복잡하게 연결되어 있다는 사실을 깨닫는다. 그렇다면 내가 고통을 먼저 떠올리는 이유는 무엇인가? 특이하게 여겨지겠지만 이런 식으로 고통을 먼저 느낀다는 사실이 다행이라고 생각한다. 왜냐하면 그에 따른 실용적인 부분이 있기 때문이다. 중심을 분명하게 볼 수 있는 때는 경계에 서 있을 때이며 우리가 평범하다고 생각하는 것을 더 잘 관찰할 수 있는 때는 마이클 푸코(Michel Foucault)가 한때 '시의 가르침(preverse implantation)'이라고 규정한 관점을 가질 때이다. 혼자 있다는 고통에서 파생된 위기 상황에 있을 때 우리는 외로운 자아의 시작과 끝을 더욱 분명하게 볼 수 있다. 그러한 자아가 절망에서 좀 더 행복한 존재 방식으로 옮겨간다 해도 말이다.

　산만하고 얄팍한 현대의 삶은 서로 간에 분리되어 있다는 더 심오한 사실을 모호하게 한다. 그래서 우리가 서로에게 구하는 것이 무엇인지를 분명히 생각하기 위해서 우리는 우리가 속해 있는 산만함에서 어느 정도 거리를 둘 필요가 있다. 그 조용함 속에서 우리의 희미한 존재나 상호 간의 그리고 더 나은 자아로부터의 숙명적인 분리에 대해 인식할 수 있다. 그리고 이 분리 상태를 보존해야만 그것을 극복하기 위한 시도에 따르는 위험을 이해할 수 있다.

그렇다면 우리는 혼자 있는 상태를 어떻게 보아야 하는가? 우선 우리는 상실이 우리 모두를 기다리고 있다는 사실을 알고 있을 것이다. 예를 들면 작아지고 버려진 상태, 유해하고 상처로 가득한 분리된 상태말이다. 하지만 외로움이 이야기하려는 진실에 가까이 다가서기 위해, 인간이 된다는 것의 의미를 알아가기 위해, 우리는 위에서 이야기한 개념들을 넘어설 필요가 있다. 나는 외로움이라는 경험의 조건을 다른 방식으로 테스트하고자 한다. 그럼으로써 우리는 모든 하나라는 방식으로 삶을 지속해 나가는 것이 가치 있는 것인지에 대해 생각해볼 수 있을 것이다. 이는 특히 헨리 데이비드 소로(Henry David Thoreau)가 가르쳤던 내용이다. 즉 우리가 취해온 특정한 삶의 방식을 더 이상 고수할 필요가 있을 것인지에 대해 반문해 보라는 것이다. 특히 그러한 삶의 방식이 삶을 뒤돌아 봤을 때 우리가 진정한 삶을 살았던 것이 아니라는 결론에 이르게 하는 것이 분명한 경우라면 말이다.

외로움이라는 문제는 우리가 세상에 맞서고 있는 방식이 옳은 것인지에 대해 생각하게 한다. 그래서 나는 내가 가장 잘 알고 있다고 말할 수 있는 사람 즉 나에 대해 탐구하려고 한다. 나는 내가 누구인가보다는 요즘 내가 어떻게 살고 있는가에 더 관심이 많은 것이 사실이다. 그리고 내가 누구인가에 약간의 관심을 보일 때조차 더 큰 관심을 보이는 부분은 내가 그동안의 모습과 달리 어떠한 모습이 되어 가고 있는가 하는 점이다. 하지만 나의 경험적 삶에서 드러나는 과정들이 당신의 삶의 그것과 맞아 떨어지길 바란다. 다시 말해 나의 이기심(self-interest)이 당신에게까지 확장되길 바란다. 왜냐하면 나는 더 나은 무언가를 위한 휘트먼(Whitman)의 노력을 심각하게 받아들이고 있으며, 자기의존(self-reliance)이라는 것 자체가 동료나 반려자, 친구와의 대화에 의존하는 과정이 되어 가는 것이기 때문이다. 또한 우리의 자아로부터 도망치는 것은 불가능하며 자아를 적절하게 보살피는 것이야말로 타인과의 관계에 들어갈 수 있는 가장 좋은 방법이라는 역설적인 사실 때문이다. 자아에 대한 나의 노래는 쇠퇴라는 렌즈를 통해 전개된다. 즉 삶의 평범한 경험은 표준화와 상황의 힘이 내적 요소들을 건조하게 빨아들임으로써 점차 위기에 처하게 되었으며 우리는 점차 극복하기 어려운 상황에 놓이게 되었다는 것이다.

쇠퇴의 문제 −문화의 쇠퇴, 자아의 쇠퇴, 삶의 지식의 쇠퇴− 는 우리 시대에 외로움의 문제가 그 모습을 드러내는 방식이다.(이러한 시각에 따르면 외로움의 매트릭스가 잃어버린 엄마의 매트릭스를 남기고 있다는 점에서 우리는 여전히 코딜리아의 후손이라 할 수 있다.)

수많은 문헌들과 외로움의 상태에 대한 지속적인 논의에도 불구하고, 나는 우리들 대부분이 외로움이라는 복잡한 문제가 분명 현대적 현상이 되었다는 사실을 인식하지 못하고 있다고 생각한다. 자유에 대한 우리의 사유 방식, 그 얄팍함과 초라한 속성에도 불구하고 수 세기에 걸쳐 지속적으로 영향력을 행사하고 있는 그것을 보면서 나는 그런 면에서 외로움에 대해 내가 아는 것이 얼마나 적은가를 느끼게 되었다. 하지만 외로운 자아가 광대한 문화, 정치, 철학 체계의 중심에 있었으며 인간으로서 우리가 경험하는 모든 단면들, 그리고 우리가 살고 있는 세계 및 우리들 스스로에 대해 우리가 알아가는 방법의 중심에 있었다는 사실은 분명히 알고 있다. 따라서 나는 다른 사람들이 하려고 시도해왔던 것들을 하고자 한다. 그것은 간단히 말해 외로움이 무엇을 의미하는 것인가에 대해 생각해보는 것이다.

점차 복잡해져가는 이 사회에서 미국인들이 얼마나 외로운지에 관한 뉴스가 지속적으로 보도되어 왔다. 그 뉴스를 떠올리고 싶다면 최소 지난 50년간의 기록을 살펴보라. 이는 시민 사회에 관한 정치적 연구 및 사회학의 지속적인 특징이 되어 왔다. 관련 서적들 중 가장 주요한 것들을 몇 개 뽑아본다면 미국 사회학 역사의 중요한 업적을 뽑아 놓은 강의 목록을 설명하는 것처럼 될 것이다.note1 이들 연구들은 하나의 가정으로 수렴된다. 즉 특정 계층, 성, 인종, 심지어 실험의 대상이 되는 평범한 사람들의 표본이라 할 수 있는 세대별 대표의 특성으로서 타인들과의 관계 결핍이 존재한다. 대부분의 학자들에게 이 평범한 사람은 이기적인 삶을 추구하느라 보편적인 관심사는 외면하는, 즉 자기성찰에 소심한 모습을 보이는 사람으로 정의된다. 일부 이상적인 관점에 의하면 이들 작가들은 사적인 삶에 칩거하는 것을 다양한 관점에서 기록하고 이러한 칩거를 그들이 공동선(common good)이라 규정한 무언가에 위협이 되는 것으로 간주해왔다. 가끔은 가능한 문화적 공식 중 가장 반동에 가까우면서도 불편한 처방을 내놓기도 하고, 종교적 형제애의 재현을 분명하게 촉구하거나 '사회 자본'에 대한 더 많은 '투자'를 두서없이 주장하면서 외로움으로부터 부드럽게 해방시키고 자신들의 방식에 유용한 해결책들을 내놓기도 했다. 하지만 그러한 해결책들은 외로움이 만들어내는 문제들의 범위나 깊이의 심오한 수준에 닿지 못하는 것들이었다. 유감스럽게도 이들 연구들이 남긴 가장 강력한 결과가 바로 이 해결 불가능성일 것이다. [물론 미국 학자들만이 외로움의 문제에 대해 고민한 것은 분명 아니다. 이는 내가 앞으로 탐구하게 될 한나 아렌트(Hannah Arendt)의 연구를 통해서도 분명히 확인할 수 있다. 하지만 외로움이 표현되는 방식과 관련하여 유럽 철학과 앵글로 아메리칸 철학 사이에는 평행선을 좁히기 어려운 간극이 존재한다. 많은 유럽 사상가들은 자아를 그 문명 조건에 걸맞게 형성되어 탐색될 준비가 된 주체로 바라보고 있다. 반면 미국인들에게 있어 대리인과 의지의 핵심은 외로움의 문제가 접근되는 방식에 따라 결정되며 그것은 사회적 문제라기보다는 개인적 상황에 따른 문제인 것이다.]

나는 이들 학자들의 연구 결과에 따르지 않고 다른 방향에서 접근하려고 한다. 나는 우리가 삶의 영역이라고 부를 수 있는 것에 관심이 있다. 즉 외로움이라는 감정이 전면에 나타나게 되는 구조적 상황과 사람들이 외로운 상황에 반응하게 되는 구조적 상황이 그것이다. 어떤 사람들은 내가 외로운 사람들의 영혼에 관심을 갖는다고 생각할지도 모른다. 어떤 면에서 나의 관심은 행동을 예측하는 것이 아니라 사람들의 존재 상황을 더 잘 이해하는 데 있다고 할 수 있다. 즉 사람들이 자신이 누구인지 그리고 그들이 외로움을 느끼는 이 세계에서 어떻게 존재하는지에 대해 이해하려고 애쓰는 그 존재적 상황에 더 관심이 있는 것이다. 푸코가 주장했던 것처럼 영혼이 육체의 감옥이라면 나는 그 영혼을, 그 감옥을 탐구하려는 것이다. 우리가 그 강력한 속박에서 벗어날 수 없다면 적어도 어떻게 그 감옥과 새로이 협상을 시작할 수 있을지에 대해 숙고해보기 위한 시도에서 말이다.

외롭다는 것에 대해 생각하기

외롭다는 것은 무슨 뜻인가? 이는 간단한 질문이다. 하지만 그에 대한 답은 결코 간단하지 않다. 외로움이 인간사의 보편적인 경험에 가까운 것은 사실이지만 여러 가지 이유로 그것을 묘사하는 것은 쉽지가 않다. 하지만 인간 조건에 관해 일반적으로 수락된 진실들이 논의의 방향을 설정하는 데 가이드 역할을 할 수 있을지도 모르겠다. 예를 들어 우리는 사람이 된다는 것이 어떤 면에서 초대받지 않고 다른 사람들이 원하는 사람이 되지 않는다는, 즉 혼자 있는 위험을 무릅쓰는 것이라고 이야기할 수 있다. 어쩌면 우리 인간이라는 존재들은 살아있는 동안 계속해서 우리가 꿈꾸는 세계의 모습을 찾는다고 이야기할 지도 모른다. 삶을 시작하는 순간부터 일생 동안 우리 인간들은 다른 사람들이 우리를 편안하게 해주거나 우리에게 해를 끼치거나 혹은 우리를 무시하거나 혹은 우리가 인생의 선로에서 안정적으로 또는 선로를 이탈하여 움직이도록 한다는 사실을 발견하게 되는 것이 사실이다. 외로움은 인생의 모든 경로들과 깊은 관계를 맺고 있다. 왜냐하면 외로움이 우리가 누구인지 그리고 타인들과 어떤 관계를 맺고 있는지에 대한 중요한 한계를 날카롭게 드러내기 때문이다. 외로움이 우리 자신들을 구성하는 근원적 요소라고 이야기할 수도 있을 것이다.

우리는 삶을 살아가면서 인생이라는 것이 굉장히 놀라운 것이라는 사실을 발견하는 순간들이 있다. 우리는 다른 인생이라는 것에 대해서는 알지도 못하면서 이러한 삶의 유일성에 놀란다는 점에서 적어도 부분적으로 놀라움을 느낀다. 우리들 각자는 우리 인생이 특별히, 이 인생이 유일하게 존재하는 것이라고 생각하는 능력을 부여받은 것처럼 보인다. 그리고 우리가 그럴 수 있는 것은 비교할 만한 다른 인생에 대한 직접적인 경험이 없기 때문이다. 이 생을 부여받은 것이 훌륭한 종교적 사유를 이끌어내고 특별한 상상의 힘을 만들어내며 심오한 철학적 담론들을 쓰고 있는 우리 존재의 핵심적인 역설이다. 하지만 그러한 삶을 살아가는 대부분의 기간 동안 우리는 이 삶에 대한 생각에서 벗어나려고 노력한다. 우리는 허식에 불분명한 부끄러움을 느끼고, 우리에게 주어진 삶을 넘어서는 의미를 찾기 위한 과정에서 초대받지 않은 참여에 당황스러움을 느끼면서 세상으로 나아간다. 우리는 가장 기초적인 수준에서 이 삶에 맞서는 것이 일종의 장대한 공포를 경험하는 것이라는 사실을 직관으로 안다. 우리들 중 다수는 그 느낌에서 벗어나기 위해 삶을 부정하는 등 그 어떤 행동이라도 할 수 있다. 우리는 익숙한 것에 집착한다. 그것이 우리 내부에서 이상한 것으로 남아 있다 할지라도 말이다. 우리에게 익숙한 임무들의 세계는 일상의 리듬에 깊이 뿌리박힌 다양한 모드들을 발동하고 우리들은 이것이 우리가 살고 있는 세상이라고 스스로에게 이야기한다. 그러나 이 세상은 대개 생각되지 않는 채로 남아있다. 그것은 마치 우리가 세상을 소극적으로 바라보도록 운명지어진 것처럼 보인다. 그러한 순간들에 인생 자체는 산산 조각날 수 있고 더는 시간을 지킬 수 없을 때에만 진정으로 알려질 수 있는 부서진 시계처럼 보인다.

  이것이 우리가 우리 자신을 알게 되는 첫 번째 방식이다. 하지만 이러한 앎의 방식은 그 목표를 죽이고 우리가 스스로를 돌보는 데 필수적이라 할 수 있는 책임에 반한다. 자신을 돌보는 것은 스스로에 대해 어떻게 알고 있는지, 삶의 기초를 어떻게 탐구해 나갈 것이며 그것을 조사해 나갈 마음의 자세가 되어있는지 여부와 항상 관련이 있다. 그리고 이러한 돌봄은 아는 것과 별개로 또 다른 목적을 마음속에 품고 있다. 즉 반드시 알려지지 않은 채로 남아 있어야 하는 미지의 것이 여전히 존재할 수 있음을 받아들이는 과정에서 우리가 알게 되는 한계를 인정할 것을 필요로 한다. 이러한 형태의 돌봄을 추구하는 과정에서 우리가 얼마나 깊게 파고 들어가게 될 것인지는 규칙으로 정해지지 않으며 수많은 통설들로도 정립되지 않는다. 게다가 이 작업을 철학자들에게 맡긴다 해도 이렇듯 모호한 돌봄의 책임에서 우리를 해방할 수 없다. 기초적인 인권과 책임의 문제로서 철학적으로 해석하는 것은 철학자들의 지위에 있는 사람들에게만 한정된 활동이 아니다. 미국 학자들에 대한 자신의 에세이에서 에머슨이 제안한 것처럼 우리가 부분적으로만 경험할 수 있는 세상의 전체성을 어렴풋하게나마 기억하는 사람이라면 누구나 생각하는 사람이 된다. 이러한 부분성을 극복하지 못한 채 우리는 여전히 그것을 참아내고 그 테두리 안에서 우리 자신에게 힘을 부여하는 무언가 확실한 것을 찾으려고 노력한다. 우리는 조각난 상황 속에서 우리에게 평안을 줄 수 있는 혹은 유해한 것들로부터 도망치거나 대항하는 데 도움이 될 만한 다른 치유법들을 찾는다.

외로움은 우리가 부분성을 경험하는 방법 중 하나이다. 우리는 죽을 수밖에 없는 운명이기 때문에 세상을 전체로써 경험할 수 없다. 우리는 우리 존재에 대한 확신을 찾도록 운명 지어져 있다. 그러한 확신이 우리의 근본적인 의문을 극복할 수 없다 해도 말이다. 우리는 우리가 살고 있는 삶의 경계에서 멀리 떨어져 있는 사람들뿐 아니라 우리 삶의 내부에 깊이 침투해 있는 사람들을 아우르는 모든 타인들과 함께 삶을 헤쳐 나가는 길을 협상한다. 우리는 그러한 타인들이 만들어 내는 조각조각의 목소리들을 듣는다. 그리고 우리도 이야기를 하고 귀를 기울이고 감동을 주고 타인들로부터 감동을 받지만 우리를 쉬게 해주는 이해에 도달하는 데에는 항상 실패하고 만다. 우리의 끝없는 욕망은 만족되지 않은 상태로 남아있다. 하지만 우리가 경험하는 실패들이 피할 수 없는 속성을 지닌 만큼 실패를 경험하면서 또한 성공을 만들어 간다. 우리는 인생을 헤쳐 나가고 우리의 삶은 이렇게 나아가는 움직임에 의해 만들어진다.

타인들에게 내민 우리의 손이 그들에게 닿지 않은 채 파편화되고 복잡해져 자신이나 타인들에게 접촉할 수 없을 때 우리는 외로워진다. 그래서 우리는 외로움에 대해 타인들과 함께 어우러져 살아야 하는 인생에서 제거당하는 불행한 경험이라고 여기는지도 모른다.

우리가 타인들의 존재로부터 어떻게 외면당하는지가 외로움의 정치학을 구성한다. 하지만 외로움이 타인들로부터 제거당하는 것에 관계되기 때문에 가끔 정치 사상가들 중에는 외로움이라는 것이 사회의 정치 상황과는 관련이 없는 것이라고 여기는 경우가 있다. 하지만 외로움은 오히려 인생의 의미나 정치학이 물러서는 신호로 볼 수 있다. 아리스토텔레스(Aristotle)는 한때 정치에 무관심한 사람을 'idiotes'라고 분류하였고, 이 용어는 영어에서 'idiot'이라는 단어로 살아남아 다른 사람들로부터 고립된 채 공용어를 이야기하지 못하고 상호 작용하지 못하는 사람을 의미하는 단어로 사용되고 있다. 아리스토텔레스에게는 정치에 대한 참여가 배제된 사람이 인간으로 간주될 수 있는 것인지가 의문이었다. 한편 외로움이라는 것을 비정치적인 것으로 이해하는 것은 문제가 있다. 그것이 정치 체제에서 나오는 것이라고 묘사하려는 구실이라 하더라도 말이다. 외로움은 결코 정치적 존재 상황에 대한 필수 대조군으로 격하되어서는 안 된다. 아리스토텔레스에게 정치 체제와 백치스러움(idiocy) 사이에는 경계가 명확한 것이 아니었다. 그리고 그 경계선은 수도 없이 붕괴되었다. 오늘날 정치 체제의 용어가 공적인 것과 사적인 것 사이를 넘나들면서 만들어지는 것도 이러한 흐릿한 경계의 방증이라

할 것이다.

　정치적인 의미에서 외로움은 인생의 공적인 영역과 사적인 영역 사이의 흐릿한 존재에 대한 신호, 아마도 가장 중요한 신호로 여겨질 것이다. 외로움은 현대인의 삶을 변화시킨다. 그것은 우리가 세상에 대한 인식을 갖추도록 하는 데 선도적인 역할을 담당한다. 그것은 우리 내면의 가장 깊은 곳에 자리하고 있는 동경이나 혐오감을 특징짓는, 우리 존재의 모든 영역에 침투하는 요소이다. 따라서 외로움은 굉장히 정치적인 경험이라 여겨질 수도 있다. 왜냐하면 그것이 힘이나 개성의 의미, 세상에서 정의가 이해되고 실현되는 방식을 만들고 실현하는 도구가 되기 때문이다.

　물론 다른 용어들을 사용할 수도 있다. 가령 현대 문명이 우리가 흔히 경험하는 깊은 소외의 바탕 위에 만들어진 것이며 이러한 일반적인 소외의 원천은 정치, 경제, 사회적 삶, 그리고 자아에 대한 통치와 관계된 우리 손으로 만든 제도들을 만드는 과정에서도 발견된다. 우리는 사회학적 용어인 '소외(alienation)'나 '아노미(anomie)'와 같은 용어를 사용할 수도 있을 것이다. 하지만 이 모든 범주들의 공통적인 뿌리가 될 만한 것을 발견할 수 있다. 이러한 모든 것들이 적절하게 다루기 어려운, 더 깊은 외로움의 표현이라는 것이다. 외로움은 종국에 우리 모두가 스스로를 세상에 혼자 있는 존재라고 이해하게 한다는 점에서 근원적 속성을 지닌다. 혼자 있다는 것이 외롭다는 것과 동의어가 아님에도, 그리고 소외(estrangement or alienation)가 외로움과는 다른 형태를 지니고 있음에도, 현대 사회에서 외로움은 혼자 있다는 괴로운 경험보다 더 자주 발생하는 것이 사실이다.

현대의 필수 정치 제도인 대의 민주제의 발전 혹은 역행이, 외로움이라는 경험과 깊은 관계를 맺고 있다 하더라도 외로움과 소외의 관계에서처럼 외로움과 민주주의의 관계를 직접적으로 연결 지을 수는 없을 것이다. 예를 들어 민주주의나 자유주의라는 말이 일반적으로 이해되는 오늘날의 사회에서 나는 민주주의자이며 자유주의자라고 이야기할 수 있다. 나는 실체적 평등 및 절차적 평등의 권리를 가지며 생존권, 자유권, 행복 추구권의 보호를 받는다. 덜 관습적인 측면에서 나는 민주주의와 자유주의의 정의상 일반적으로 본질적이라 여겨지지 않는 특정의 요소에 대해서도 권리를 인정받는다. 이 점에서 개인적인 권리에 대한 나의 자유주의적 헌신은 내가 역사적으로 개인적 구현에 필수적 요소라 이해해 왔던 것의 결과라 할 수 있다. 즉 행복 추구권은 여전히 개인적 권리로 인정되어야만 하며 그렇다면 자유주의의 정치적 독트린(doctrine)은 그것의 가장 원시적 의미에 들어맞는 감성적인 것이어야 하고 그러한 감각에 관련되는 것이어야 한다. 삶의 물질성 때문에 강력한 자유주의는 우리 자신이나 타인에게 영향을 미치는 관계 혹은 단절에 관한 특정 사유 방식이나 행동, 지각 방식을 고무하거나 제한하는 방식과 연관되어야만 한다. 푸코는 우리가 사상이나 이념의 구체적 표현에 참여하는 다양한 방식이 자아를 보살피는 중요한 형태가 된다고 이해하였다.

나는 민주주의가 그 자체로 좋은 것이라 여기지도 않고 재화의 분배적 정의 실현을 이끄는 주요 견인차라고 생각하지도 않는다. 민주주의는 세상에서 더 행복하고 덜 고독하게 살아갈 수 있도록 나와 타인 사이에서 좀 더 강력한 유대관계를 만들기 위한 수단인 것이다. 이러한 시각의 민주주의가 바로 윌리엄 코널리(William E. Connolly)가 그 스스로 다원화의 정신이라 명명한 사고를 통해 얻고자 했던 것이다. 다시 말해 민주주의는 담론과 협의를 형성하여 우리로 하여금 영향을 미칠 수 있는 자유와 관련된 공동선에 대한 굉장히 다채로운 생각들을 반영하고 실천하도록 했다. 그 결과 자유의 기술이 일반적으로 장려되고 그 영향력의 범위가 확대되었다. 그것이 소로의 관점에서 이야기하는 전통이다.

민주주의와 자유주의가 이러한 방식으로 상호 운용될 수 있다면 그로 인해 놀라우리만치 풍요로운 매트릭스가 탄생할 것이며, 혼자이면서 함께 살아가는 문화가 만들어질 것이다. 하지만 물론 다음의 질문을 해보아야 할 것이다. 언제라도 그렇게 운용되었던 적이 있는가? 외로움이 그 가능성을 충족시키면서 방해하기도 하기에 자유민주주의의 경험에는 엄청난 역설이 있다. 이 역설은 우리가 위험한 자기정치라 생각할만한, 잠재적으로 자유와 평등의 가능성을 파괴할 만한 정치가 무엇인지를 구체화한다. 현대 사회에서 외로움이 어떻게 자기가 타인에게 현저한 영향을 행사할 수 있는 연결고리를 만들었는지에 대해 생각하는 것은 외로운 존재라는 사실이 우리에게 어떤 의미인지를 묻는 것이다. 외로움은 신성과 모독이 동일하게 품고 있는 야심을 비난하는 조건이다.

즉 외로운 자아라는 근본적 조건으로 인해 인종이나 성, 경제적 불평등이나 사회적 고립, 폭력, 전쟁, 시민 사회의 붕괴 등에 따른 문제점들을 치유하려 고안된 현대 공적 지성들의 모든 개선 계획에 그림자가 드리워지는 것이다.note3

  하지만 미국 사상가들에 의해 제공된 해결책들보다 외로움의 문제가 더 깊은 곳에 자리하고 있다면, 그 어려움은 그들의 분석 차원에 특정한 결함이 있어서 라기 보다는 문제 자체의 본질, 내재되어 있는 풀기 어려운 요소 때문이라고 할 수 있을 것이다. 외로움은 굉장히 일반적인 경험이면서도 정신적 생활과 연관되어 있어서 그것을 설명하려는 시도마저 역설적으로 만든다. 외로움 자체가 자기 기술 능력의 부족과 관련되어 있기 때문이다. 육체적으로 고통스러운 경험과 마찬가지로 그것은 말로 설명하기 다소 어려운 것이다. 사실 외로움은 일종의 고통이다. 일레인 스캐리(Elaine Scarry)는 세계를 파괴할만한 힘을 지닌 고통인 고립(isolating)에 대한 글을 쓰면서 암묵적인 비교를 한다.note4 고통이 커지면 세상이 움츠러든다. 외로움은 다른 방식으로 고립을 야기한다. 즉 세상을 파괴하기보다 자아와 세상 사이에 벽을 쌓고 고립된 사람이 고통스러울 만큼 세상을 손에 닿지 않는 상태로 둔다. 외로움이 자라면 세상이 멀어져 결국 수평선 너머로 사라져버린다. 세상이 다시 나타나기는 할 것인가? 애초에 그곳에 있기나 했었던가?(이는 일종의 광기이다. 데카르트가 물려준 광기라고 할 수 있을 것이다.) 그리고 고통과 마찬가지로 외로움은 인간사의 필수적인 부분으로 받아들여져야 한다.

외로움은 우리를 침묵으로 이끌어가지만, 그러한 침묵에도 불구하고 말은 여전히 외로움의 경험에 다가서기 위한 유력한 방식이다. 아마도 가장 효과적인 방식일 것이다. 언어가 말로 표현할 수 없을 것 같은 사실을 기술하는 도구라는 점은 역설적이다. 하지만 우리는 우리가 하고 있는 것이 무엇인지 모르는 상황에서도 항상 말로 표현을 한다. 이러한 자기인식 부족이, 정말 자기인식 부족이라고 할 때, 너무도 자주 실패로 여겨지는 것은 아마도 우리의 맹목적인 비관주의와 또한 그만큼 맹목적인 낙관주의에 기인하기 때문일 것이다. 여기서 비관주의란 의미 자체에 실수가 있다는 우리의 의심을 말하며, 낙관주의란 어떤 의미를 찾는 것에 실패했을 때 우리가 품게 되는 완벽에 대한 환상을 의미한다. 하지만 그러한 환상은 항상 조금 못 미치는 곳에 있다. 우리는 우리 스스로가 처한 상황에 대해서 숙고하려 할 때 가능한 이 두 가지 모두를 피해야 한다. 게다가 우리의 말에 대해 생각하게 하는 또 다른 방식이 있다.note5 문장이나 문단, 혹은 다른 단장(斷章)으로 구성되어 [소로나 들뢰즈(Deleuze)가 강조하는 것처럼 단어 하나만으로 만들어진 것은 없다] 우리의 말은 정신적 삶을 구체화 하는 힘을 만들고 그 힘에 의해 만들어진다.

예를 들어 앞선 문단에서 등장했던 다음의 문장을 다시 한 번 생각해 보자.

민주주의와 자유주의가 이러한 방식으로 상호 운용될 수 있다면 그로

인해 놀라우리만치 풍요로운 매트릭스가 탄생할 것이며 혼자이면서 함께 살아가는 문화가 만들어질 것이다.

  매트릭스(matrix)라는 단어가 앞에서 자궁을 묘사하면서 사용되었고 환유의 마술을 통해 mother의 동의어가 되었던 것을 떠올릴 수 있겠는가? 그 차이가 느껴지는가? 리어 왕과 치밀어 오르는 울화통(mother)에 맞서는 그의 노력 때문에 나는 〈리버사이드 셰익스피어(Riverside Shakespeare)〉의 주석에 있는 어원적 발견을 확인하게 되었다. 하지만 그것이 나의 관심을 사로잡은 이유는 무엇인가? 내가 〈리어〉에서 잃어 버린 엄마의 문제에 대한 흥미를 유발하였고 결혼과 죽음, 엄마 없는 아이들, 홀아비인 나의 변화하는 기분에 대한 개인적 관심을 표명하였다는 등의 이유로 당신은 이 단어에 대한 이해를 얻었는지도 모른다. 하지만 이상한 점은 당신이 그 단어와 관련해 이러한 지식을 얻었고 내가 그 단어를 사용한다 하더라도 당신은 새로 알게 된 사실에 대해 크게 영향을 받지 않을 것이라는 점이다. 나로서는 민주주의나 자유주의를 결혼과 재혼의 관계로부터 만족의 관계에 이르는 모든 종류의 논쟁이나 소로가 이야기하는 사퇴와 거부, 저항과 묵시적 동의라는 의식(ritual)을 통한 만족(consent)의 계산법과 연계하지 않은 채 매트릭스라는 단어를 생각하는 것 역시 이상하게 느껴진다.note6 게다가 민주주의와 자유주의의 상호 융합을 통해 새로운 탄생과 재생의 공간, 여성화 운동, 구체화된 사랑의 문화적 표현이 만들어진다고 가정할 때 우리 자신을 어떻게 규율할 것인지에 대한 숙고를 통해서만 행복과 임무를 기계적으로 계산하는 데서 벗어날 수 있을 것이라고 생각한다.

만약 어떠한 문장 안에 새겨져 있는 단어의 지위를 정하는 문제와 관련하여 그러한 사실에 대한 공명을 불러일으킬 수 있다면 외로운 자아라는 좀 더 복잡한 경험의 경우는 어떠한가? 의미를 통제하거나 최후의 진실을 탐색하지 못하고 명령적 규칙을 통해 우리 삶의 진실을 결코 완벽히 통치할 수 없을 것이다. 그리고 더 놀랍게도 민주주의 자체가 단어나 문장, 문단, 단장의 의미와 관련해 계속적이고 자율적인 반복에 의존한다는 사실로 인해 특별히 어려운 기술적 임무에 직면하게 될지도 모른다. 어쩌면 우리는 마지막 결론에 이르지 못하고 우리 삶을 통치하는 진실의 의식이라 할 수 있는, 기본적으로 역사적 성격을 지닌 진실들에 대한 고찰 능력을 증진하는 데 그치게 될지도 모른다.

하지만 우리는 이미 외로움의 경험에 대해 생각하기로 결심했고, 외로움의 한 측면에 대해 특별히 강조하는 것이 최종적인 것이라고 생각하지는 않을 것이다. 어려운 점은 외로움이 우리에게 종착점, 결말, 끝으로 제시된다는 점이다. 그런 점에서 나에게 남겨진 숙제는 내가 인정하는 것을 하는 것이 어쩌면 가능하지 않을 수 있다는 점이다. 즉 묘사될 수 없는 것을 묘사하고, 정의의 영역을 넘어서는 것을 정의하고, 끝에서 벗어나 시작점을 향해 옮겨갈 수 있도록 격려하기 위한 길을 써내려가는 것, 그것이 불가능할지도 모른다는 것이다. 이것은 어쩌면 건방진 야망처럼 보이기도 한다. 하지만 그것은 또한 우리 인간들이 살아가면서 함께 착수해야 할 가장 평범한 일이기도 하다.

소멸의 페이소스

시작에 앞서 다음과 같은 잠정적인 정의를 하려고 한다.

외로움은 소멸의 페이소스를 경험하는 것이다.

우리는 타인의 죽음을 접할 때, 우리를 둘러싸고 있는 것들과의 관계를 단절할 때, 우리가 더 이상 자신의 모습이라고 인정할 수 없는 다른 모습이 되었음을 알아차릴 때 외로움을 느낀다. 외로움은 회의적 경험과 유사하다. 그것의 지적 정서는 우리가 살고 있는 세상이 실제로 존재하는지에 대한 가능성을 의심하게 한다. 이러한 근본적 의심 속에서 외로움이 데카르트적 의심으로 여겨지는 것은 당연하다. 즉 자기 자신의 존재를 의심하게 되었던 데카르트가 자신의 연구를 통해 보여주었던 끔찍한 사고의 확대가 나타나게 되는 것이다. 하지만 우리 모두는 인간으로 살았던 사람이라면 누구나 가끔 외로움이라는 것을 느끼는 것이라는 사실을 안다(그리고 어쩌면 다른 동물들도 외로움을 느끼는지도 모른다. 가끔 내가 강아지를 집에 혼자 남겨둔 채 나가버리면 강아지가 외로움을 느낀다는 생각이 들곤 한다). 우리가 가장 두드러지게 경험하는 것 중 하나가 서로 간에 그리고 세상으로부터의 분리 및 소외라는 점에서 말이다. 비록 현대에는 외로움이 새로운 방식으로 구분되긴 하지만 말이다.

　외로움이라는 것이 페이소스의 경험이라는 사실은 역설적이게도 평범한 삶에서 가장 명백한 사회적, 문화적 구조에 근거한다. 외로움의 페이소스는 언어 및 언어의 제한으로 통하는 통로이다. 다시 말해 그것은 인생에서 (비극적인) 불가피성의 기운(aura)을 받아들이는 두드러진 혹은 반복적인 이야기이다. 외로움은 소멸의 경험이기 때문에 죽음의 한계 내에 있는 삶의 의미에 관한 존재적 역설에 기초한다. 우리는 인생의 무대에 올랐다가 곧 사라진다. 외로움의 조건에 의해 고무되는 출현(appearance)-인생의 표현-의 영역은 일상 언어의 생활에서 외로움의 조건을 설득력 있게 풀어낼 수 있는 표현을 찾을 수 있을 것이라는 사실을 암시한다. 다시 말해 심리적, 사회적, 존재론적 차원의 삶을 구분하기 위한 일상어의 경계가 외로움의 경험에 의해 무뎌진다는 것이다.

　외로움의 조건이라는 경계 안에서 우리는 존재해 나갈 수 있고 심지어 풍부한 내면의 삶을 다양하게 구축함으로써 우리가 살고 있는 세상에서 행복하게 살아갈 수 있다. 죽을 수밖에 없는 운명을 타고난 인간으로서 다른 사람들이 유한함을 극복하지 못한 채 우리의 기대를 저버릴 때에도 풍요로운 내면의 삶은 우리를 계속 나아가게 한다. 그 누구도 결코 완벽하지 않기 때문에 다른 사람들은 우리를 실망시킨다. 흥미롭게도 현대를 살고 있는 우리는 이렇게 완벽하지 못한 개념을 구체화된 사실에 결부시켜왔다. 우리는 죽음 자체를 실패의 한 형태로 보고 일종의 실수로 간주하기 때문이다. 그러나 모든 사람이 죽을 수밖에 없다는 사실은 항상 옳은 것이지만 실패가 그렇게도 항상 여기저기에 편재하며 죽음의 경험에 들러붙어있던 것은 아니다. 이러한 패배감의 확산은 실패를 극복하거나 참아 내거나 타파하기 위한 우리의 기술과 함께 우리가 누구인지에 관한 문제의 커다란 부분을 구성한다. 외로움은 우리를 둘러싸고 있는 세상을 실패라는 도구로 읽을 수 있는 렌즈이다.

전체적인 포기

전체주의와 현대의 삶에 관한 한나 아렌트(Hannah Arendt)의 글을 읽어본 사람이라면 외로움에 대해 이렇게 묘사하는 방식이 익숙하게 느껴질 것이다.note7

《전체주의의 기원(The Origins of Totalitarianism)》의 결론 부분에서 아렌트는 전체주의가 공포를 이용한 규제를 통해 일국의 시민들에게 널리 확산되고 거의 보편적인 외로움을 양산한다는 점에서 많은 부분에서 다른 전제정치의 형태들과 구분되어야 한다고 주장한다. 이는 그녀가 통제의 형태가 외로움의 존재 여부를 결정한다고 주장하였음을 이야기하려는 것이 아니다. 단지 전체주의가 그 통제 모드를 안정적으로 영속시키기 위한 수단으로 외로움을 강화하고 확산시킨다는 것이다.

아렌트는 공포(terror)와 이데올로기의 관계에 관한 코멘트의 맥락에서 외로움을 논하였다. 그녀에게 있어 공포, "전체주의 통치의 본질…은 운동의 법칙을 실현하는 것이다. 그것의 주요한 목표는 그 어떤 자발적인 인간의 행동에 의해서도 방해받지 않고 자연의 힘 혹은 역사의 힘이 자유롭게 인간을 관통하여 질주할 수 있도록 하는 것이다." 전체적 통제의 움직임이 발전하기 위해서는 인간들이 통제의 대상이 되어야 하고, 그것이 바로 전체 공포가 하는 역할이다. "(전체의 공포는) 인간들 사이의 커뮤니케이션의 경계 및 통로를 강철 밴드로 대체한다. 그것은 사람들을 단단히 묶어서 그들의 다양성이 거인 같은 한 사람(One Man) 속으로 사라져버린 것처럼 만든다."

이 한 사람(One Man)은 모든 하나(the All One)가 확대된 것으로 외로움의 리바이어던[Leviathan, (전체주의) 국가]이 된다. 전체주의 정부는 그 통치하에 있는 사람들을 통제하기 위해 −자유로운 움직임이 결여된− 특별히 고요한 상태에 의존한다. "그것은 모든 자유의 한 가지 본질적인 전제조건, 공간이 없으면 제한될 수밖에 없는 운동 능력을 파괴한다." 달리 표현해서 전체주의의 규칙은 통치자들의 어떠한 능력을 특징으로 하는데, 그 능력이란 사람들이 자유로운 주체로서 행동할 수 있는 개인들 사이의 공간을 파괴하는 것이다.

하지만 공간을 그렇게 개념화하는 것은 일상적인 인간의 언어에서 공간이라는 것이 중립적이고 아무런 의미가 없는 것이 아니라 열려 있는 무한한 실체를 의미한다는 점에서 문제가 된다. 그것은 사람들이 정해 놓은 사회 현장 안팎에서 사람들의 상호 작용에 의해 만들어지는 것이다. 공간에 관한 사고에 있어 유사한 맹점을 보였던 위대한 자유주의 철학자 아이자이어 벌린(Isaiah Berlin)과 마찬가지로 아렌트는 이 복잡함을 인정하면서도 공간에 대해 이상하리만치 특색 없는 이해를 고수했다. 그녀는 전체주의 이데올로기가 경험에서 분리된 현실에 대해 어떻게 완벽한 설명을 제공하는지 이해했다. 그리고 그것들이 어떻게 공포를 통한 통제의 힘을 지원받아 일상적 삶의 번잡함에도 손상되지 않는 철의 논리를 만들어내고 그것을 통해 종속된 사람들을 위해 현실을 변화시키는지를 이해했다. 그녀에게 있어 이데올로기와 공포의 이러한 조합은 전체주의 통치의 신호이다.

하지만 공간의 복잡성을 인식하는 데 실패함으로써 아렌트는 그녀의 시각적 한계를 드러낸다. 그녀가 포괄적이라고 여겼던 전체주의의 상상은 단순히 행동이 일어날 수 있는 공공 영역의 주장에만 부딪힌 것이 아니었다. 사실 그러한 통제의 끔찍한 구속 안에서도 좀 더 차별적 의미를 가진 대안적 공간이 발전해 자유를 실천하려던 사람들에게 생명과 원조를 제공하고 전체주의 체계를 부식시키는 조직적 힘이 되었다. 강철 밴드는 항상 약점을 지니게 마련이다. 그러한 균열은 그것의 붕괴를 초래한다. 흔히 민주적 협상, 우리가 (이미 완성된 이라는 말에 대비되는 의미로서의) 되어감의 정치학(politics of becoming)이라고 부를 수 있는 것은 그러한 숨겨진 공간에 있는 자들의 탐험을 통해 가능해진다. 아렌트가 동경하는 대중은 평범한 사람들이 경제와 사회의 복잡한 프로세스를 거치면서 만들어지는 것이다. 하지만 그녀는 행동(action)을 정치학의 본질로 승격하는 과정에서 인간의 존재 영역을 암묵적으로 모독한다.

하지만 아렌트는 최악에 집중하면서 우리에게 외로움의 정치적 영향에 대한 환상을 제공한다. 그 최악의 상태에서 외로움은 되어감의 정치학의 가능성을 부정한다. 아렌트는 전체주의의 핵심에는 깊은 외로움의 경험이 존재한다고 확실히 믿었다. 그녀는 전체주의 통제 장치에서 파생되는 인간의 고립에 대해 걱정하면서도 타인으로부터 고립당하면서도 외롭지 않을 수 있다는 가능성에 대해 이야기하였다. 그녀는 전체주의의 핵심적인 힘은 사회 영역을 침범하여 공적·사적 구분과 유사한 그 어떤 형태라도 파괴하는 능력에 있다고 보았다. 그리고 그녀의 관점에 따르면 그러한 능력은 정치 행동의 가능성 또한 파괴한다. 따라서 그녀에게 있어 외로움은 공적·사적 구분의 말살을 통한 사회 공간의 파괴였다.

아렌트는 또한 고립의 경험-타인들과 공공연하게 어우러져 함께 행동할 수 있는 관계의 부재-이 인생의 평범한 경험이라고 이야기하였다. 그녀는 물질의 세계를 건설하는 자신의 임무에 집중하기 위해 정치 영역을 잠시라도 떠나는 창조적 노동자 호모 파베르(homo faber, 도구적 인간)의 예를 제시하였다. 나중에 〈인간의 조건(The Human Condition)〉을 통해 발전시켰던 경험의 범주를 활용하여 "일반적으로 고립에 기초한 전제정은 인간의 생산적 능력을 건드리지 않고 내버려둔다. 하지만 '노동자' 위에 군림하는 전제정은 고대의 노예 통치의 예에서처럼 자동적으로 고립된 인간뿐 아니라 외로운 사람들 위에 군림하여 전체주의화하는 경향이 있다."라고 기록하였다. 이러한 점에서 외로움은 단순한 고립보다 더 포괄적인 영향을 미치는 상태이다. 아니면 아렌트가 이야기하는 것처럼 "외로움은 인간의 삶 전체에 관련된다." 게다가 외로움은 경험의 연대기에서 특히 위험한 지점, 즉 우리 세계가 노동, 인간의 생식 능력에 지배당하던 세상에까지 미친다. 따라서 단순한 전제정과 달리 전체주의 정부의 힘은 고립을 야기하는 힘 너머까지 미치고 그 신민들을 외로움이 만연한 상태로 몰고 갈 것이다.

근대 후기에 노동이 분화되고 소실되면서 정체성의 힘이 전면에 부상하였다. 아렌트는 이러한 발달에 대해 제대로 인식하지 못했지만 [리틀락(Little Rock)이나 시민권에 대한 그녀의 코멘트는 그 점에 관하여 그녀의 가장 악명 높은 예일 뿐이었다.] 그녀는 정체성의 추구에 대해 부정적인 방식으로 예견했었다. 그녀는 외로움이 소멸에서 자라난 불필요한 상황, '타인으로부터 인정받고 보장된' 세상에서 장소의 부재로부터 파생되는 것이라고 이야기하였다. 그녀는 다음과 같이 주장했다.

최근의 역사적 원인이나 정치학에서의 새로운 역할을 고려함이 없이 외로움은 그 자신에 사로잡혀 있으며 동시에 인간 조건의 기본적인 필요 사항들과 모든 인간 생활의 가장 근본적인 경험들에 상반된다. 세상에 주어진 물질적, 감각적 경험들조차 타인들과 접촉하고 있는 나의 존재에 의존하고, 다른 모든 감각들을 규정하고 통제하는 공통의 감각(common sense)에 의존한다. 공통의 감각이 없다면 우리들 각자는 믿을 수 없고 불안정한 감각 자료 자체의 특정성에 사로잡히게 될 것이다. 오직 우리에게 공통의 감각이 있기 때문에, 한 사람의 것이 아니기 때문에, 지구상에 다수로 살아가는 우리가 즉각적인 감각 경험을 믿을 수 있는 것이다. 하지만 우리는 언젠가 이 공통의 세상을 떠나야 한다는 사실을 기억해야만 한다. 공통의 세상은 언제나처럼 계속 돌아갈 것이고 그것의 영속성에 우리가 필요하지 않다는 사실을 알고 우리는 외로움을 느낀다. 모든 것, 모든 이들로부터 버려진 것 같은 기분을 느끼게 된다.

아렌트는 공통의 새로운 중재를 통한 새로운 형태의 정체성 정치의 개발을 상상하기보다 좀 더 엄격한 길을 따랐다. 외로움의 상황에서는 우리가 감각 경험을 믿을 수 없다는 그녀의 관찰은 데카르트가 '코기토(cogito)'의 의미에 대해 고찰했던 그의 《명상록(Meditations)》의 주장을 떠오르게 한다. 그녀에게 있어 공통 감각의 출발점인 데카르트 철학은 회의주의의 좀먹는 힘, 즉 우리들 밖에 실제로 타인이 존재하는지에 대해 의심을 키우는데 일조한다. 다시 말해 우리가 '감각 경험'을 믿을 수 있도록 도와주는 그러한 타인의 존재에 대해서 의심하게 하는 것이다.

코기토 개념에 기인한 철학적 통찰의 순간이 신의 죽음 이후 우리가 함께 살아가려고 노력하는 세상을 압도하며 역사적 감염 요인으로 확산되는 것처럼 보인다. 사실 회의주의를 신념을 넘어서는 영원한 지위로 격상시키며 신의 죽음에 공헌하고 있기도 하다. 스탠리 카벨이 '회의주의에서 살아가기'라고 명명하는, 일상적 경험에서 회의주의를 경험하며 살아가는 것이 우리로 하여금 살아가는 방법으로서의 외로움을 이해하게 한다. 그 삶 속에서는 타인에 순응하는 것이 아니라 타인에 대한 참여를 허락해주는 일종의 확신을 인식할 수 없다. 그것은 우리가 혼자라는 사실을 알고 있으면서도 어떻게 혼자 있게 되었는지를 알지 못하기 때문에 스스로에 대해 확신을 갖지 못하는 유령적 상태가 되는 것을 의미한다. 우리는 우리들 속에서 우리를 잃는다.

이것이 바로 외로움의 병리학이라 부를 수 있는 것이다. 모든 것, 모든 이들로부터 버려진 상태라는 외로움에 대한 아렌트의 정의에서 특정의 페이소스는 현세의 한 가지 사건, 즉 죽음과 관련되어 있다. 외로움은 죽음이 아니다. 하지만 우리에게 가능한 것이 유일하게 혼자 있는 것이라면 죽는 게 나을지도 모른다. 왜냐하면 외로움의 최악의 양상이 고독이라는 내면의 대화를 황폐라는 독백으로 전환함으로써 의미 있는 경험의 가능성을 소멸시킨다는 데 있기 때문이다. 비록 우리가 외로움에서 벗어나 고독의 상태로 접어들 수 있다는 희망을 붙잡고 있다 하더라도 세상이 돌이킬 수 없을 만큼 황폐해지지 않는 한 단독성의 본질적 상황인 외로움은 고독의 상황과는 같지 않다. 고독 속에서 우리 각자는 자아 옆에 존재한다. 하지만 아직 혼자는 아니다. 긍정적인 방식으로 우리의 자아 옆에서 자아에 행복하게 종속되어 있기 때문이다. 아렌트의 표현에 따르면 투인원(two-in-one)의 상태인 것이다. 외로움에서 고독의 상태로 옮겨가는 것은 우리가 잃어버린 세상을 회복하는 것이다.

투인원의 상태는 혼자 있는 상태인 모든 하나(All One)의 상태와는 확연한 대조를 이룬다. 우리가 외로움을 느낄 때 우리는 실제로 혼자이며 우리 자신의 다른 자아를 포함한 다른 모든 것들로부터 방치된다.

외로움을 그렇게도 참을 수 없게 만드는 것은 고독 속에서 인식되고 대등한 것의 믿음을 통해서만 정체성을 확인받을 수 있는 자기 자신의 자아를 상실한다는 데 있다. 이러한 상황에서 사람은 사고의 파트너로서의 자기 자신에 대한 믿음을 잃고 경험을 만들어내는 데 필수적인 그 기초적인 세상에 대한 자신감을 잃는다. 자아와 세계, 사고 능력과 경험 능력 모두를 동시에 잃는 것이다.

아렌트는 혼자로서의 외로움의 상태가 일반적이면서 일시적으로 느껴지는 것이라고 주장했다. 그녀는 외로움을 경험이라고 이야기했지만 그것은 경험 능력의 상실로 구성된 경험이다. 우리가 경험에 대한 그녀의 정의를 받아들인다면 우리가 외로움을 느끼는 순간에 대해 경험이라고 이야기할 수 없다는 사실을 인정해야 한다. 이 문제가 바로 경험의 역설, 경험의 무용함, 세상으로부터의 분리라고 부를 수 있는 그것이다.

아렌트의 주장에서 아마도 더 중요한 것은 외로움이 영속적인 조건으로서 철학자들에게 먼저 나타난다는 것이다. 그녀는 헤겔(Hegel)이 임종의 순간에 했던 이야기를 인용했다. "한 사람을 제외하고 그 누구도 나를 이해하지 못했다. 게다가 그마저도 제대로 알지 못했다." 하지만 20세기가 되자 외로움은 철학적 경험의 테두리를 벗어나 '계속 불어나는 대중들'의 일상적 경험이 되었다. 현대 서구 사회의 거대화를 이용하는 전체주의는 굉장히 끔찍하다. 외로움을 통제 수단으로 사용하고 외로움에서 고독으로 이끄는 모든 통로를 차단하기 때문이다. 그것은 우리를 황폐화하는 고립 속으로 몰아넣는다. 나락으로 떨어지는 고립 속으로.

"우리 피난민들"

아렌트에게 외로움은 전체주의 통제 수단의 본질을 파악하는 데 유용한 용어였을 뿐 아니라 유럽에서 유대인으로 살아온 그녀의 경험에 있어서도 심오한 요소였다. 유대인으로서 그녀는 선대로부터 이어져온 피난민의 지위를 물려받아야 했다. 〈우리 피난민들(We Refugees)〉이라는 제목의 1943년작 에세이에서 아렌트는 외로움의 기능을 묘사하는 것을 넘어 그것에 대해 깊게 논의한다.note8 이것은 그녀에게 이례적인 것이었다. 여기에서 그녀는 자신의 정체성 형성과 관련된 의문에 대해 직접적으로 이야기한다. 히틀러(Hitler)의 추종자들이나 그의 정부뿐 아니라 자기만족과 공모를 통해 난민을 난민의 지위에 가두는 세상에 의해 자신이 겪었던 상처들, 인간으로서의 자신의 가치에 대해 의문을 갖게 한 유해 요소들에 직접적인 질문을 던지는 것이다. 그녀는 1인칭 복수의 시점에서 '우리 피난민들'이라고 이야기하고 있지만 그것이 유대인인 자기 자신에 대한 동의어이며 자신의 경험을 지칭하는 것임을 직접적으로 이야기한다.

아렌트는 자신과 같은 처지의 피난민들에 대한 긍정적 성찰로 말을 시작한다. 상실에 직면한 긍정의 사고가 바탕이 된 것이다. 이 난민들은 어떠한 상실로 고통을 받았는가? 그녀는 그 고통들을 침착하게 나열한다. 일상의 친밀함을 뜻하는 집에 대한 상실, 세상에 대한 유용함을 의미하는 소속감의 상실, 자연스러운 표현, 간소한 몸짓, 다른 사람들의 영향을 받지 않는 감정 표현, 이 모든 것을 의미하는 모국어의 상실, 그리고 마지막으로 강제수용소에서 살해된 친구와 친척의 상실, 사적인 삶의 파괴. 이러한 상실들에 직면하여 긍정적 사고라 할 수 있는 것은 잊어버리는 것, 새로운 것을 포용하고 과거를 회피하는 것을 의미한다. "우리들 중 긍정적인 사람일수록 자신들의 이전의 삶을 무의식의 세계로 추방했고 새로운 나라만이 그들에게 집이란 어떤 것인지 가르쳐 주었다." 이렇게 기억에서 지우는 것은 중요했다. 왜냐하면 모든 이들에게 동시대의 역사는 "새로운 종류의 인간(-그들의 적에 의해 강제 수용소에 수감되고 친구들에 의해 포로수용소에 갇힌 새로운 인간)"을 만들어냈다는 사실을 억누르는 것이 필수적이었기 때문이다.

에세이에서 이야기하는 것처럼 이러한 낙관주의는 절망의 상징이 된다. 새로운 주민들도 예전의 주민들이 그랬던 것처럼 자신들에게 등을 돌릴까 걱정하는 자신과 같은 난민 동지들에 대한 생각을 하며 아렌트는 "나는 감히 정보를 요청하지 않는다. 왜냐하면 나 역시 낙관주의자이기 때문이다"라고 쓰고 있다. 하지만 어떤 것들은 결코 잊을 수 없다.

우리들 중에 기묘한 낙관주의자들이 있다. 수많은 긍정의 연설을 하고서는 집에 가서 가스를 틀거나 예상치 못했던 방식으로 고층 빌딩을 이용하는 것이다. 그들은 마치 기운을 돋우려는 우리의 선언이 죽음에 대한 위험한 준비라는 것을 입증하려는 것처럼 보인다. 삶은 최고의 선이고 죽음은 최악의 절망이라는 확신 속에서 자라났음에도 우리는 죽음보다 더한 테러의 희생자이자 목격자가 되었다. 인생보다 더 높은 이상은 발견할 수도 없었던 채로 말이다.

이제 현대라는 상실의 세상을 살아가는 데 대안이 될 방법을 잊어 버렸다는 사실과 함께 죽음보다 더 끔찍한 무언가가 있다는 사실에 대한 깨달음이 히틀러의 부상과 맞물려 끔찍한 사실을 드러낸다.

이것이 악의 사실이다. 하지만 맥락에서 끔찍이 멀어지게 하는 폭력이 항상 특유의 교활한 방식으로 그에 못지않게 나쁜 맥락 속에서 발생한다는 사실은 역설적이다. 난민으로서의 경험은 그들이 도피하기 전에 빠져 있던 지옥 같은 곤경에서 벗어났다는 사실에 대한 위안이 아니다. 그것은 상실의 상징을 정점에 올려놓는다. 난민들은 새로운 나라의 시민으로서 그 새로운 나라의 일원이 되고자 한다. 이전 국가에 대한 충성심을 지우고 새로운 충성심을 키우며 모국어가 아닌 두 번째 심지어 세 번째 언어를 익히고 새로운 자아를 계발한다. 아렌트는 미스터 코헨(Mr. Cohn)의 이야기를 들려준다. 그는 맨 처음 독일 애국자였으나 계속된 박해에 의해 체코 애국자가 되었다가 오스트리아 애국자를 거쳐 종국에 프랑스 애국자가 되었던 대표적인 유대인이다. "미스터 코헨은 자신이 유대인이라는 사실을 받아들이지 않는 한 자신이 누구인지, 앞으로도 얼마나 많은 변화를 도모해야 할지 아무도 예측할 수 없다." 난민으로 강압의 대상이 된 유대인의 정체성과 관련한 결정적인 사실이 동화라는 개념에 깔려 있는 깊은 철학적 의미를 성찰하게 한다. "자아를 잃어버리고자 하는 사람은 사실 인간 존재의 가능성을 발견한다. 그것은 창조만큼이나 무한하다. 하지만 새로운 개성을 회복하는 것은 새로운 세상의 창조만큼이나 어렵고 희망이 없다."

난민의 지위 즉, 타인들과 함께 어우러져 살아가는 삶에서 배제당하는 불행한 경험, 친구들이 진짜 친구가 아니라 후원자(sponsor)에 불과하며 움직임에 대한 제한 사유가 변하긴 하지만 타인들로부터 분리된 지위는 영원히 계속되는 그러한 상황에 놓이게 되는 것, 그것이 바로 내가 외로움의 경험이라고 부르는 것과 일치한다. 난민은 엄청나게 불안한 지위를 가지고 있다.

우리가 유대인일 뿐이라는 사실을 이야기하기 시작해야 한다면 그것은 우리가 스스로를 그 어떤 구체적인 법이나 정치적 협약에 의해 보호받지 못하고 그저 인간일 뿐이기만 한 인간의 운명에 노출시키는 것을 의미하는 것이 될 것이다. 나는 그보다 더 위험한 태도는 상상할 수가 없다. 왜냐하면 우리는 실제로 인간이 그 자체로 존재하지 않는 세상에 살고 있기 때문이다.

우리를 서로들로부터 보호해주는 협정의 폐기로 인해 우리는 다른 것이 아닌 인간이 된다. 그리고 그저 사람이 된다는 것은 위에서 이야기하듯 아무것도 아닌 것 즉, 무(無)가 된다는 것을 의미한다. 무에서 무가 만들어진다. 우리의 상실이 계속해서 증대된다. 자의식 강한 부랑자 아렌트는 법률상으로 보호받을 수 있는 권리를 박탈당한 자신의 지위 때문에 맞서 싸우고 우리에게 그녀의 경험을 선사한다. 하지만 그 선물이 충분한지는 아직 두고 봐야 할 일이다. 게다가 난민의 지위가 외로운 인간의 지위와 공존할 수 있는지도 두고 봐야 할 문제로 남아있다. 그 둘 사이의 관계는 상당히 깊다. 하지만 둘 중 하나가 실제로 다른 하나를 결정하는 것일까?

외로움과 현대의 흥망

외로움은 자아, 세상, 경험, 그리고 사고의 상실 등 기묘한 환상에 대한 존재론적 깨달음이다. 그렇듯 심오한 포기에 대한 아렌트의 묘사는 우리가 현재 거주하고 있는 세상, 전체주의의 가능성에 노출된 채 살고 있는 것 같은 느낌을 주는 이 세상에 관한 또 다른 질문을 이끌어낸다. 그것이 실제로 현재 우리에게 주어진 가능성이라면 어떻게 해야 하나? 이러한 상실의 상황, 우리가 부조화 속에서도 계속 살아가야 하는 범주를 묘사하는 것이 적어도 필수적이라면 이러한 종류의 삶이 우리의 현실이라면 아직 존재의 종료 지점에 도달하지 않았다는 것도 우리의 현실이다. 다시 말해 우리가 외롭다는 사실, 우리가 아직 강한 전체주의 상황에 압도되지 않았다는 사실을 떠올리면서 우리는 아렌트가 우리로부터 소실되어 가는 것이라 제시한 것들을 제거하기 위한 기본적인 범주들로 무엇을 들 수 있을지 스스로에게 자문해볼 수 있을 것이다. 이것은 환상적이라고 여겨질 수 있는 시나리오이다. 왜냐하면 그것은 우리로 하여금 죽음 속에서 살 수 있다는 것을 상상하게 하기 때문이다.

조지오 아감벤(Giorgio Aganben)은 사실상 캠프 거주자들의 법칙(nomos)이 곧 우리의 법칙이기도 하다고 이야기하는데, 이는 우리가 아우슈비츠(Auschwitz)의 수용자들과 같이 삶과 죽음의 경계가 없는 거대한 구역에 거주하게 될 위험이 있다는 것을 의미한다. 그리고 아렌트는 아감벤이 이야기한 것이 아마도 우리의 상황이 처할 수 있는 가장 비관적인 상태일 것이라고 이야기했다.note9 아감벤이 이야기하는 것은 우리가 유령같이 존재한다는 것이 아니라 살아있는 죽음을 경험한다는 것을 말하는 것이다. 자아와 세계, 경험, 그리고 사고의 범주들을 배제하는 살아있는 죽음의 범주는 거대한 군중, 공간, 시뮬레이션, 그리고 논리와 같은 (비인간적인) 범주들을 의미하는 것처럼 보인다. 정치 조직의 삶에 있는 전(前) 전체주의의 순간 즉, 외로움이 팽배하고 보편화된 기간은 자율적 개인이 어우러져 생활하는 삶이 거대화된 사회적 삶으로 전환되고 세상의 상식이 중립적 공간에 대한 일차원적 이해로 축소되며, 인간들 사이의 직접 대면 대신 대용품이 등장하거나 거짓 만남이 사물로 환치되어 마침내 내면 사고에 관한 대화를 객관적인 논리의 유아론(唯我論)으로 압도하게 되는 것으로 특징지을 수 있을 것이다.

아감벤은 아렌트와 푸코 모두 이러한 가정을 뒷받침한다고 이야기한다. 그리고 전체주의에 관한 아렌트의 결론, 즉 인간애가 현대의 국가가 국민들을 다루기 위한 수단으로써 사용하는 '조직화된 외로움'의 국면에 들어섰다고 이야기하는 것이 황폐하다는 것은 분명 사실이다. 이러한 결론에 도달함에 있어 그녀의 작업은 최소한 토크빌(Tocqueville)까지 거슬러 올라가 막스 베버(Max Weber)를 거쳐 미국식 맥락에서 가장 최근의 사상가라고 할 수 있는 셸던 월린(Sheldon Wolin)으로 이어지는 전통에 잘 들어맞는다. 이처럼 다양한 시각을 가진 사상가들은 공통적으로 시민들의 분쟁 조정 과정, 즉 그들의 미묘한 종속화와 그들을 자유롭게 해줄 수 있는 존재하는 모든 가능성에 대한 결정 사이의 관계에 담긴 방법에 지속적인 관심을 가진다. 모든 경우에 있어 자유를 이해하고 포용하게 하는 지적 구매를 향한 노력이 어려워진다. 어떤 사람들은 그것이 불가능하다고 이야기하기도 한다. 아렌트는 인간이 태어날 때부터 새로운 시작에 대한 가능성을 지니고 있으며 그러한 시작은 미국적 성격의 민주주의 혁명을 통해 고무된다고 이야기함으로써 자신의 주장이 완벽한 패배에서 벗어나 구원받도록 한다.

  미래를 향한 인간의 행동들이 출생률에 관한 그녀의 그림을 완성하는 데 상당한 역할을 하게 되면서 아렌트는 자신의 후속 작업들을 통해 시작과 예측의 역할에 대한 관심을 드러낸다. 물론 그 그림은 계속 발전하고 있지만 여전히 삶의 공적 영역과 사적 영역 사이의 안정적인 구분에 관한 사전 감각, 정치 액션에 담긴 고도로 특성화된 연극성, 그리고 순수 정치학의 이상적인 영역을 가능하게 하기 위한 인간 활동을 행동, 일, 노동으로 나누는 수직적 구분에 의존한다.note10 불행하게도 이러한 위계구조를 유지하는 것은 현재를 살아가는 다수에 대한 인간적 예측에 커다란 위험 요소가 될 가능성이 있다. 그것은 상이한 삶의 영역 사이에 존재하는 장벽에 대한 침투를 막고 복잡한 상상의 연습에서 벗어나 스스로를 개조하려는 노력에 대한 이해를 모호하게 하기 때문이다. 이러한 점에서 아렌트는 스스로 굉장히 동경했던 아테네 민주주의, 노예 노동과 여성의 종속을 기반으로 만들어졌던 아테네 민주주의의 역설을 피하지 않았다. 결국 그녀의 초기 작업을 활성화했던 그 걱정, 인간의 운명에 대한 굉장히 비극적인 감각은 상상 속의 자율 정치 영역을 회복하기 위한 조건을 만들어내려는 욕망에 종속되었다.

아마도 삶의 문제를 이러한 활동의 위계구조 및 공사 구분에 대한 관점을 통해 바라보려 했던 그녀의 욕망으로 인해 그녀는 우리 인간이 일상적 생존의 수준에서 지속적으로 기울이고 있던 노력에 적절한 관심을 기울이지 못하였을 것이며, 이 사실이 좀 더 직접적인 중요성을 지니고 있는 것이라고 여겨진다. 그리고 현재는 우리가 여전히 가장 직접적인 방식으로 상호 연결 관계를 지속하고 있다. 그녀의 정치적 상상에 관한 이러한 한계가 이야기되고 우리의 일상적 경험이 그녀의 영향을 최대한 반영하여 그녀가 묘사하는 삶의 활동(life activity)을 구체화한다. 그리고 전체주의 레짐의 통치 하에서 명확해진 지속적인 외로움이 민주적 대화의 교환에 직면한다. 그것은 국가의 영향 하에서조차 (어쩌면 너무나도) 순간적이다. 이러한 교환은 삶과 세계의 어두운 문제를 구성하고 우리에게 주어지는 가장 심오한 변화의 가능성들 중 하나라고 할 수 있는 보이지 않고 측정 불가능한 자유의 차원을 구성하는 것으로 여겨질 지도 모른다.

정치적 존재의 문제에 대한 해결책은 공사 영역을 계속해서 강하게 분리하고 재건함으로써 만들어지는 것이라고 생각한 사람이 아렌트 혼자였던 것만은 아니다. 하지만 삶의 정치적 차원이 그러한 사상가들이 특히 강조하는 것에 의해 안정화되건 혹은 더럽혀지건 간에 이러한 사유가들 중 다수는 종국에 일종의 평화의 느낌을 얻기 위해 힘이 쇠약해지는 결과로부터 벗어나고자 하는 소망을 암묵적으로 공표하게 된다. 이러한 점에서 정치의 자율적 영역을 보존하려는 욕망은 역설적으로 현대 사회의 수많은 것들을 정치에서 벗어나도록 하는 방법을 찾게 한다. 결국 푸코가 이야기했던 것처럼 정치를 최종적으로 끝내기 위해 고안된 전략이라는 이름하에 우리의 존재를 위험하게 만드는 것이다. 사실 우리 스스로를 지키겠다는 미명하에 정치를 종결시키겠다는 이러한 욕망은 우리 시대의 가장 깊은 정치적 역설이라고 불러도 좋을 것이다.

어쩌면 우리는 우리의 사고에 대해 그렇게 단호하게 부정적일 필요는 없다. 외로운 세계 속에서 발생할 수 있는 잠재적 국면의 범위에 좀 더 잘 어우러지는 새로운 범주를 상상하기 위해 부정적인 것과 접촉을 유지하는 것은 중요하다. 하지만 이것은 우리가 항상 세상의 끝에 살고 있다는 깨달음과 함께 이루어져야 한다. 우리의 가능성들은 시작에 의한 것만큼이나 많은 수가 그러한 끝에 의해 정의된다. 따라서 외로움의 종국적 경험에 연결되는 살아있는 죽음의 성질이 있기는 하지만 우리는 동시에 우리의 계속적인 존재를 가능하게 하는, 모든 순간에 우리에게 허용되는 삶의 가능성의 증거를 또한 선물로 받고 있다. 출생률에 대한 아렌트의 개념이나 일상에 대한 카벨의 깨달음, 다원주의 기풍에 대한 코널리의 생각, 자아에 대한 푸코의 관심, 삶에 대한 소로의 격려, 우리를 고무하는 에머슨의 사상, 그 외 지속적인 삶에 대한 그 어떤 고무적 사상들을 들여다볼 때 우리는 이러한 법칙(nomos)을 통해 생각하는 방법을 결정할 수 있고 그것이 제 아무리 강력하게 절대적인 상황을 우리에게 제시한다 해도 우리는 그것을 넘어서는 무언가를 결정할 수 있게 될 것이다. 좀 더 평범하게 이야기하면 아주 단순하게 우리가 이 지구상에 지속적으로 존재하고 있다는 사실이 인간 존재의 열린 가능성에 대한 증거라고 할 수 있다. 우리가 어디에 있든 누구이든 내가 지금 쓰고 있는 것을 당신이 읽고 있다는 사실이 그 증거가 되는 것이다. 그러한 사실이 우리를 꿰뚫어 보기에 충분하지는 않다 해도 여전히 그러하다….

따라서 나는 현대의 흥망성쇠를 묘사하는 잠정적이고 불완전한 사고로써 현대의 자아, 세계, 경험, 그리고 사고의 운명에 관한 아렌트의 주장을 받아들이려고 한다. 그것을 잠정적인 것 이상으로 받아들이는 것은 일반적인 경험이 어느 정도까지 우리를 지도할 것인지에 관한, 좀 더 구체적으로 얘기하자면 동시대의 전망이나 격이 떨어진 민주주의에 대한 실체적인 절망의 정도에 관한 형식적 비관주의에 굴복하는 것이 될 것이다. 반면 그녀가 제시하는 시련에 맞서지 않고 소극적으로 대하는 것은 외로움의 위험한 정치적 차원을 인정하지 않는 것이 될 것이다. 외로움에 의해 사랑과 삶에 있어 그토록 문제가 되는 막다른 골목으로 몰리게 되는 방식을 받아들이지 못하게 되는 것이다. 내가 바라는 것은 심리적, 사회적, 문화적, 정치적 경험 등 다른 차원의 경험들과 그것들 간의 상호 연결 관계의 무게가 부상하는 외로움의 의미에 대해 좀 더 확고한 감각을 허용하는 방식으로 인식될 수 있었으면 하는 것이다.

우리는 어떻게 서로 함께 살아갈 수 있는가? 어떻게 하면 공화제 가치의 신 공산주의 시각이나 우리와 같은 불완전한 존재에게 아무런 위안도 제공해주지 못하는 자유 개인주의의 강한 요구 등 잘못된 낙관주의에 압도되지 않을 것인가? 무엇보다 엘리트 파워가 판치는 기업 레짐과 권리 박탈이라는 현실에 굴복하지 않고 우리의 상황을 공유할 수 있는 마음의 여유를 어떻게 형성할 수 있겠는가? 이와 같은 세간에 들리는 공공의 문제들은 인생을 살아가는 우리의 방법의 문제로 거슬러 올라가게 한다. 그것은 엄밀하게 말하면 이러한 공공의 문제들의 외로운 뿌리 때문이다. 자아를 찾아가는 우리의 방식과 관련하여 우리의 자아가 현재의 자아가 아닌 다른 것으로 변질되어 가고 있음을 숨기려 하는 물질들이 에머슨이 한 때 이야기한 것처럼 우리의 앞길을 뒤덮고 있고 우리가 방식을 전환하는 문제와 관련해 절망에 빠져있을 때에도 우리에게 영향을 미칠 태세를 갖추고 있기 때문인지도 모른다. 이제 우리의 질문은 우리의 자아가 다른 모습을 하고 있는 것을 상상할 수 있는가 하는 것이다.

　현대 시대는 소유, 사랑, 상심이라는 세 가지 모드의 외로운 존재가 우리의 삶을 지배하고 있다. 각각의 모드는 고립을 향해 몸을 돌리는 일종의 고독 안에서 자아를 구속한다. 우리는 성장과 분리의 과정, 그리고 우리가 사랑하는 사람들의 죽음을 통해 생겨나는 소유와 강탈, 사랑의 경험과 사랑의 상실을 통해서 외로움을 배운다. 이러한 존재 모드들은 일상의 습관들에 기초하고 있다. 이것들은 모두 절망과 힘의 서사, 진실의 의식, 제도적 장치를 통해 표현된다. 모든 것은 서로 얽혀 있으며 그로 인해 이것들을 분리해서 이야기하는 것은 정말 불가능하다.

　우리 모두는 이 외로움의 이야기를 알고 있다. 하지만 우리들 각자가 반드시 분리해서 이야기해야 한다. 물론 이들 외로움의 모드들은 우리의 외로운 가능성을 소멸시키지 않으며 여전히 현대 삶의 보편적이고 준 보편적인 경험들로 여겨질 것이다. 우리는 소유하는 것과 박탈당하는 것의 의미가 무엇인지에 대해 이야기하고, 고립과 폭력의 가족 드라마, 우리가 사랑하는 사람의 죽음, 그리고 상실에서 파생되는 외로움에 대해 이야기한다. 우리는 이러한 경험들을 통해서 우리가 얼마나 외로워질 수 있는지 배우게 될 것이다.

CHAPTER 02
소유

비극은 스스로를 평가하려는 사람의 총체적 강박의 결과이다.

―아서 밀러(Arthur Miller)

판매하는 것과 판매되는 것

외롭다는 것은 다른 사람에게 의지하지 않는 것을 말한다. 하지만 우리는 타인들이 존재하는 세계에서 살아간다. 어떻게 타인들이 존재하는 상황에서 그들과 관계를 맺지 않고 지낼 수 있겠는가? 타인들과 교류나 연결 관계, 대화 없이 지낸다는 것은 어떤 경험인가? 한나 아렌트는 그러한 존재 방식을 규정하기 위해 행위(behavior)라는 용어를 사용한다. 행위하는 자아의 인생 경험은 습관적이다. 세상에 순응적으로 반응하고 행동(acting)하거나 만들지(making) 않고 겨우 노동(laboring)을 할 뿐이다. 그녀의 눈에 그러한 자아는 작고 불완전하게 현실화된 인간으로 여겨진다. 하지만 이런 식의 판단은 그녀의 사고 중 가장 부적절한 요소라고 이야기해도 좋을 것이다. 그것은 일상적인 삶의 방식에 대하여 반응하는 사고에 적합하다. 우리는 심지어 노동을 하는 동안에도, 어쩌면 특히 노동을 할 때, 우리가 단지 노동을 하는 사람에 그치지 않음을 드러낸다. 사고가 거의 현재하지 않고 행동을 거의 알아볼 수 없는 이러한 수준에 참여하는 방식이 노동, 일, 그리고 행동 사이의 완벽한 구분을 엉망으로 만들어 버린다.

행위하는 자아에게는 습관이나 표준화, 노동력 이상의 의미가 있다. 행위 역시 우리의 모든 이야기들처럼 말로 전해져야 하는 이야기이다. 행위하는 자아의 삶은 소유의 메타포를 통해 조정된다. 대개 행위적인 우리 자아들의 차원은 우리의 자아가 타인 혹은 우리 자신에게 귀속되어 있다는 생각을 표현한다. 외롭다는 것이 인간으로서의 고독에 대해 의문을 품는 법을 알게 되었다는 것을 의미한다면, 타인들이 우리에게서 멀어져 가면서 세상이 수평선 너머로 사라진다는 것을 의미한다면, 우리가 다른 위기의 끝에 서 있는 것이라는 말도 사실이다. 다시 말해 우리는 끊임없이 소유와 박탈이라는 용어를 통해 다른 사람들과의 관계를 기반으로 우리 스스로에 대해 생각해보도록 강요를 당한다는 말이다. 이러한 강제는 정치, 경제의 야만적인 현실의 결과이지만 또한 덜 명백하게 받아들여지는 메타포의 힘의 결과이기도 하다. 우리는 메타포를 만들어 가는 주체이지만 한편으로 그러한 메타포에 의해 우리의 형태가 만들어지기도 한다. 에머슨이 《운명(Fate)》에서 쓴 것처럼 "영혼이 집을 만들지만 그러고 나면 그 집이 영혼을 가둔다." 우리가 소유하고 소유당하게 되는 조건에 대해 생각함에 있어 우리는 자유를 향한 우리의 방식을 고무시키면서 동시에 우리가 출현(appearance)과 소멸(disappearance)의 새로운 길을 찾는 과정에 제한을 가하는 실행들을 통해 지속적으로 생각하고 있다.

우리가 원하는 것은 무엇인가? 아마도 그것은 우리가 가진 것 이상을 습득하려는 것에 불과할 것이다. 우리에게 문화라는 것이 존재한다면 그것은 소비 문명이 될 것이고, 그러한 우리의 문화에서 외로운 자아는 자신의 것이라고 할 만한 무언가를 소유할 방법을 찾고 있다. 그리고 결국 그 무언가에 의해 혼란을 겪는 상태로 끝나게 된다. 자본의 거센 몰아침으로 자아를 포함한 모든 것이 상품으로 전락한다. 이러한 점에서 자본주의는 어쩌면 외로운 자아의 전조로 여겨질 수도 있을 것이다. 나는 그 둘을 분리할 수 있다고 생각하지 않는다. 그것들은 우리 시대에 심하게 얽혀 있다. 하지만 외로운 자아가 더 많은 것에 대한 열망에 의해 생겨난 중요한 감각 안에 존재한다면, 그리고 이 열망이 구매와 판매의 경험을 동반하는 염원을 불러일으킨다면, 그 외로운 자아의 열망은 타인의 세계에 부딪힐 때 우리의 자아가 사고 팔리는 심각한 위험으로 나아가게 된다. 우리는 우리가 가진 것들과 우리가 원하는 것들의 주문에 홀려서 새로운 방식으로 소멸하게 되고, 우리가 수집한 것들 속에서 우리를 잃고 우리가 소유한 것들 속으로 움츠러들어가게 된다. 우리는 새로운 방식을 통해 자신에서 벗어나 바깥을 보게 되고, 세상의 현실에 대한 새로운 감각을 전달해줄 것이라 기대되는 표준을 통해 우리 자신을 타인과 비교하게 된다. 우리가 행위의 규칙이라고 부를 수 있는 것에 기초해서 말이다. 그러한 규칙 하에서 존재(being)는 소유(having)로 격하된다. 사실 이것이 행동한다는 뜻을 지닌 합성어 be-have의 핵심 어원이다. 그 상태에서 우리의 현실은 근본적으로 물적 재산에 의해 만들어진다.note1

내가 제안하려는 것은 권력과 영락(榮落)이라는 양 단면을 모두 상상할 수 있는 곳이라면 어디에서든 자아의 아주 옅은 형태가 만들어질 수 있는 기초가 무르익는다는 것이다. 권력과 무력함이 결합된 이러한 현상은 우리가 살고 있는 세계화의 시대 전체를 통하여 발견된다. 하지만 미국의 현재를 살펴보면 그 대립이 다른 수많은 곳에서보다 더 강력하게 나타나는 지점에 도달해 있는 것으로 보인다. 그것은 우리의 정착 조건이나 미국 노예의 잔인한 역사, 자본주의 문화의 결과에 의한 것이다. 이 문화 속에서 존재의 특정한 방식이 장려되어 왔고 그러한 존재 방식이 그 자신의 유령을 창조해 왔다.

나는 이러한 관찰이 새로운 것이 아니라는 사실을 잘 알고 있다. 최소한 17세기부터 정치 철학자들은 소유하고 소유되는 자아가 현대의 삶을 형성하는 데 결정적인 역할을 한다는 사실에 대해 기록해왔다. 자본주의 규칙은 심지어 우리의 가장 중요한 사상가들 중 일부에 의해 인간 본성 자체가 가지는 형태로 (잘못) 설명되어 왔다. 우리는 소유물의 힘에 의해 만들어지며 소유권 유무의 규칙에 의해 만들어지는 가능성의 영역 안에서 경쟁하기 위해 분투한다는 것이 적어도 사실이다. 우리는 심지어 우리가 무엇을 가지고 있으며 무엇을 가지게 되었는지에 의해 우리의 존재에 대한 깊이 있는 정보를 얻는다고 이야기하기도 한다. 하지만 우리의 꿈이나 열망이 이러한 규칙의 양면에 의해 만들어진다고 하더라도 자본주의의 수평선에 의해 만들어지는 절대적인 한계가 아직 없다는 것은 여전히 유효한 사실이다. 어쩌면 소유하지 않는 것이 자본 바깥 세계의 꿈인지도 모른다. 자본주의에는 도덕이나 자아와 마찬가지로 계통이 있다. 그리고 우리가 잃어간다 해도 우리는 잃는 것 이상의 것에 의해 만들어지기도 한다.

소유와 존재의 모든 전환 속에서 자본주의 문화에 내재한 두 가지 특징이 확인되어 왔다. 내가 탐구하려는 것은 바로 그것, 소유의 역사 속에서 드러난 두 가지 대표적인 특징에 관한 이야기이다. 이 두 가지 특징 모두가 소유의 전환을 통해서 영락한 상태의 특정한 형태를 보여준다. 소멸의 페이소스를 따라 다른 종점으로 이끌어 가는 것이다. 하지만 종국에는 이 두 가지 특징 모두 소멸 그 자체가 외로운 자아의 조짐을 나타내는 경험이라는 사실을 발견한다.

첫 번째 특징은 세일즈맨이다. 세일즈맨은 가격을 흥정하고 물건을 가져다주는 사람이다. 세일즈맨이 상품의 효용에 기여하는 것은 실질적으로 아무것도 없다. 그는 사람과 사물을 나란히 놓을 뿐이다. 세일즈맨은 우리를 설득하여 '예'라는 대답을 이끌어내려는 사람이다. 그는 손익을 살펴 최종 결론을 내린다. 사물의 가치를 읽어주는 사람인 것이다. 그가 세일즈맨으로서 하는 일은 자본의 논리를 따지는 것이다. 상품의 소비 질서를 정렬하고 상품을 가짐으로써 우리가 어떤 사람이 될 것인지 이야기해주는 사람이다. 상품화의 세계에서는 우리가 산 것이 우리를 결정한다. 그리고 세일즈맨은 우리의 선택을 중재하기 위해 자신의 피상적인 모습과 완벽하게 가장된 모습을 우리에게 드러내 보인다. 그의 본래 모습은 어디에도 존재하지 않는다. 결코 끝나지 않는 영업에 의해 연명하는 외로운 자아의 형태를 보여주는 것이다.

누구든 스스로의 삶을 살지 않으면서 물건을 팔 수 있는 것처럼 보이지는 않는다. 하지만 생계를 이어가기 위해 자신이 하는 일에서 완전히 분리된 무언가로 살 수밖에 없게 되는 세일즈맨의 삶이 바로 자본주의 시대의 신호이다. 삶과 분리되어 생계를 이어가야 하는 것은 아마도 다른 어떤 현대인들보다 세일즈맨에게 더욱 두드러진 특징일 것이다. 하지만 세일즈맨은 다른 어떤 존재들보다 현대 자본주의 문화의 중심에 좀 더 가까이 있다.

좀 더 이야기한다 해도 부끄럽거나 잘난척하는 일이 되지는 않을 것이다. 나는 세일즈맨의 삶에 굉장히 민감하다. 왜냐하면 나의 아버지께서 메트로폴리탄 생명보험회사(Metropolitan Life Insurance Company)에 30년간 근무하시며 생명보험 영업 사원부터 시작하여 관리자로서의 커리어를 쌓으셨기 때문이다. 아버지의 영업 기술은 대단했다. 아버지는 아홉이나 되는 자식들을 부양하셨고 우리 모두가 사교육과 고등 교육을 받을 수 있게 해주셨다. 하지만 그러한 영업 기술이 집에까지 전파될 수 있는 것은 아니었다. 그 이유는 무엇인가? 집안에서의 삶은 사고파는 영역의 생리와는 다르기 때문이다. 우리 가족의 행복은 메트로폴리탄 생명에서 아버지가 하시는 일과는 아무런 관련이 없었다. 그곳에서 벌어들이는 수입을 제외하고는 말이다. 아버지의 인생은 곧 가족이었다. 그리고 나는 세일즈맨의 피상성에 대해 생각하는 것처럼 그들에게 삶이라는 것이 어떻게 항상 특별한 방식으로 다른 곳에 존재했는지 생각한다. 그리고 아버지에게 하루 종일 고객들을 상대로 마더 메트(Mother Met, 우리가 아버지의 이름을 부르던 방식이다.)에서 제공하는 인생 플랜을 구매해야 하는 이유를 설명하고 저녁이 되어 집으로 돌아오는 것이 무슨 의미였는지에 대해 생각한다. 아버지는 자신이 이야기했던 것들에 대해 생각해 보았을까? 고객들로부터 '예스'라는 대답을 듣거나 혹은 그러지 못했던 이유는 무엇이었을까? 고객들에 대한 걱정으로 뜬 눈으로 밤을 지새본 적이 있으실까? 아니면 자기 자신을 위한 다른 삶을 상상하고 계셨을까?

다른 일을 했다면 어땠을까? 혹은 어떤 사람이 될 수 있었는지에 대한 고민이 없이 사는 사람은 없다. 하지만 만약 당신이 세일즈맨이라면 그러한 질문을 던짐에 좀 더 조급한 마음이 들지 않을까? 이것이 세일즈맨의 페이소스, 그의 소멸의 길이다. 그것이 우리 문화에서 세일즈맨을 불편의 상징으로 만드는 이유이다. 회피해야 할 대상, 그가 누구인지 불확실하기에 그다지 정직하거나 실제적이거나 올바르게 여겨지지 않는 사람인 것이다. 영화 〈사랑의 블랙홀(Groundhog Day)〉에서 재기 넘치게 그려진 보험 세일즈맨 네드 라이어슨(Ned Ryerson)은 이러한 자기 상실을 코믹하게 그려낸다. "내가 옳은가? 내가 옳은가? 옳아! 옳아? 옳아?"라는 속사포 같은 질문이 자신이 하는 모든 말을 중단시킨다. 결국 그의 말은 으르렁거리며 짖는 소리에 오버랩되며 세일즈맨은 끈질긴 개가 되어 자신의 잠재 고객을 덥석 물어버린다.note2

우리는 세일즈맨을 통해 우리 자신에 대한 근원적 물음을 감지한다. 그러면서 우리는 또 그의 도움이 있어 그러한 의심들을 극복할 수 있는 수단을 발견하게 될 것이라고 믿는다. 이러한 점에서 나는 가끔 세일즈맨이 성직자의 현세 버전이라는 생각을 하곤 한다. 우리로 하여금 삶을 헤쳐 나아가게 하고 무(無)로 향하는 길 위에서 우리와 동반하여 우리에게 특정 방향을 제시한다. 따라서 우리가 실패하면 그것은 곧 그의 실패이기도 한 것이다. "모두가 그저 행복할 수는 없는 것인가? 망할!" 이것이 (수많았던) 가족의 불화나 혼란에 직면했을 때 아버지가 가장 흔히 내뱉으시던 탄식이었다. 대답은 물론 "우리는 그럴 수 없어"였다. 하지만 세일즈맨의 바람은 우리 모두가 행복해지는 것이었다. 행복의 추구는 상품의 추구 혹은 상품을 통해 우리가 얻게 되는 안전의 추구가 되어 간다. 문제는 소유를 통해 행복을 얻으려는 그 노력이 불행의 주요 원천이 되고 상실감을 더 심화시킨다는 것이다.

세일즈맨은 실체를 잃을 만큼 가냘픈 형상을 하고 있지만 그의 노력은 가시적이다. 이는 팔지 못할까봐가 아니라 팔리지 않을까 봐 계속 두려움을 느끼는 다른 형상에서는 나타나지 않는 모습이다. 흑인으로 분류되는 모든 이들에게 노예제가 제도적으로 적용될 가능성이 생겨났을 때, 아니면 다른 형태의 노예제가 생겨날 분위기가 감지될 때, 아직 소유당하지 않고 항상 소유당할 가능성에 놓여 있는 당대의 자유인은 보이지 않는 사람이고 영락의 상태에서 유령처럼 현재하는 존재가 된다. 그는 자신의 이야기를 우리에게 들려주고자 하지만 항상 익명의 탈을 쓰고 있다. 이러한 보이지 않는 것의 역설에 대한 탐구가 미국식 사고에 대한 랄프 엘리슨(Ralph Ellison)의 유명한 공헌이다. 엘리슨의 이해는 현대적이고 지속적이지만 그보다 훨씬 비밀스러운 폭로를 담았으며 이야기의 핵심에서부터 수많은 미국 문학의 본보기 역할을 해온, 그리고 우리에게 미국 문화라고 인식될 만한 무언가를 상상할 수 있는 언어를 제공해준 헤르만 멜빌(Herman Melville)의 〈백경[모비딕(Moby-Dick)]〉에 의해 선도된다.

적어도 나에게는 이 두 가지 형상에 의해 대변되는 보이는 것과 보이지 않는 것에 대해 생각하는 데 문제가 있다. 이것을 어떻게 담아낼 것인가? 세일즈맨인 아버지와 함께 살아온 개인적 경험을 통해 만들어낸 그 모든 주장들은 백인 주도의 문화 세계에 살았던 흑인의 경험을 생각하는 데에는 적용되지 않는다. 이 점에서 나의 경험과 직관은 나를 부족하게 한다. 그래서 대신 나는 믿을만한 목격자에게 의존해야만 한다. 피부색과 같은 비인격적 요소에 의해 한 사람의 가치가 온전히 결정되는 지위에 놓여 있는 것의 공포가 어떠한 것인지 나에게 좀 더 잘 이야기해줄 수 있는 누군가에게 의지해야 하는 것이다. 나 스스로 인종주의의 피해자라는 유의미한 경험을 가지지 못했고 따라서 그 유독한 과일의 수익자로서 죄의식 이외의 다른 것은 가져보지 못한 채 살아왔다. 그렇지만 그 영향이 21세기까지 파고드는 것을 보면서 누가 사고 누가 팔렸는지에 대한 기록을 통해 비천한 인종이라는 편견이 그들에게 안겨주었을 외로움을 상상하는 것만이 내가 할 수 있는 전부이다.

판매하는 자와 팔려가는 자 모두 특정 캐릭터를 대변하는데, 내 생각에 그것들은 외로운 자아의 존재론적 딜레마를 좀 더 순수한 형태로 탐구하게 하는 것 같다. 그것들은 우리를 평소에 즐겨 가던 장소가 아니라 우리 존재의 한계를 확인하게 하는 장소 또는 순간으로 옮겨가게 한다. 파는 사람과 팔려가는 사람 모두 우리의 현재에 존재하지만 그것들에는 또 다른 시각이 요구된다. 그들 역시 우리와 마찬가지로 우리가 항상 다가가지만 결코 닿을 수 없는 미국의 일원들이다. 일이 돌아가던 형국이 언젠가 틀을 벗어나게 되면 우리가 어떤 모습이 될지 보여주고 그들의 현재 상태에서 벗어난 무언가가 되기 위해 노력하는 미국의 일원들이다. 그들은 새로운 현상의 수평선에 있는, 무(無)로 나아가는 길 위에 놓인 진보의 탐구자들이다.

넘버원 맨

소멸이 인생의 특징적인 이벤트가 된다면 어떤 일이 벌어질까? 이것은 〈세일즈맨의 죽음(Death of a Salesman)〉에서 우리가 맞닥뜨리는 질문이다. 아서 밀러(Arthur Miller)는 자신의 희곡에 대해 "터무니없이 간단하다! 그것은 세일즈맨과 지구상에서 맞게 되는 그의 마지막 날에 관한 것이다."라고 이야기한다.note3 언뜻 보기에 이 마지막 날엔 아무런 결과도 나타나지 않는다. 줄거리는 간단하다. 윌리 로만(Willy Loman)은 보스턴(Boston)으로 자동차를 타고 가는 데 실패하고 잠자리에 들었다가 다음 날 아침 일어난다. 사무실에 출근했다 해고를 당한다. 저녁 식사 전 아들들을 만나 술을 마시고 바에서 그들로부터 외면당한 채 채 집으로 온다. 그리고 도랑으로 차를 몰아 자살한다. 희곡 안에는 일련의 실패한 미팅들이나 오해, 아내나 아이들과의 망상적인 대화, 고갈된 환상, 환각에 의한 기억들이 나타난다. 윌리의 마지막 날에는 기억할 만한 가치가 있는 것이 아무것도 없다. 인생의 의미라고 부를 만한 그 어떤 조합도 없다. 그는 이튿날이 저물어갈 무렵 자신의 죽음을 받아들이고 사후에 그것이 가치 있는 일이 될 것이라고 믿는다. 하지만 죽음 안에도 자신이 찾는 마지막 현실은 존재하지 않으며 자신이 피하려고 하는 또 다른 현실이 있을 뿐이다.

윌리는 자신의 모든 움직임 속에서 소유된 자아의 중심에 있는 블랙홀을 드러낸다. 아들들은 그에게 낯선 이들이며 아내를 사랑하지만 그녀를 쉽게 배신한다. 그는 자신을 고객들의 친구라고 생각하지만 고객들은 그를 친구로 여기지 않는다. 그의 유일한 진짜 친구는 그가 맞설 수 없는 사람이다. 그는 냉장고 상표가 더 나은 것이었다면, 다른 건물들이 자신의 집을 둘러싸지 않았다면, 아들 비프(Biff)가 대학에 진학했다면, 그의 보스가 자신에게 판매를 허락했다면, 주택 담보 대출금을 상환했다면, 보험료가 적당했다면, 자동차 수리가 완료되었다면 행복해질 것이라고 생각한다. 하지만 윌리는 방향을 잃는다. 그는 과거를 꿈꾸고 있을 뿐이다. 그는 이제 인생에서 쓸모없는 위치에 놓여있는 것이다.

리어 왕의 경우와 마찬가지로 윌리의 현실의 비극도 현재에 대한 실패에 의해 만들어진다. 하지만 리어 왕과의 차이점은 그의 부재가 그의 현재 위에 놓인 일련의 분절된 과거의 유입을 통해 줄거리를 만들어 간다는 점이다. 자신의 존재가 현재할 때까지 그는 길을 잃는다. 이러한 역동적인 기억이 윌리의 딜레마를 이해하는 데 핵심이 된다. 과거를 기억하는 것이 현재의 불행을 초래한 과거의 힘에 마주하도록 강요당하는 것일 때 사람은 과거를 어떻게 기억하는가? 희곡의 매 순간은 등장인물들이 자신들의 실수를 이야기하면서 후회로 물든다. 그들은 결국 이미 다 써버리고 닳아버린 객체들의 집적을 통해 삶을 결산하고 의미 없는 방랑의 삶으로 끝이 난다. 하지만 이것은 자본주의에 대한 막시스트(Marxist)의 비판이 아니다. 밀러는 또 다른 사고를 드러내려는 것이다. 그 안에서 습득의 규칙은 인생에 대한 잘못된 목가적 기억에 발목을 잡힌다. 이 미국의 꿈(dream of America)은 아메리칸 드림(American dream)에 대한 생각과는 굉장히 다른 것이다.

밀러의 희곡은 한때 일각으로부터 사회 현실주의의 걸작이라고 여겨졌다. 하지만 가장 큰 특징은 그것의 꿈과도 같은 자질에 있다. 과거가 드라마틱하게 어우러지면서 비극적 현실을 만들어낸다. 밀러는 전에 없는 방식으로 과거와 현재를 병렬시켜 과거와 현재를 혼합적으로 시각화하는 데 각색이 중요하다는 것을 알고 있었다. 무대 세트를 세 개의 떠오르는 플랫폼과 빈 공간으로 구성하여 디자인 측면에서도 급진적인 접근을 모색하였고 조명 변화와 가구 배치를 통해 과거와 현재를 넘나들 수 있도록 했다. 이것은 영화의 플래시백 기술이 아니라 현재에서 과거를 드러내기 위한 것이었다. 또한 윌리의 일관되지 않으면서도 강요하는 듯한 묘사적 힘을 통해 중요한 순간에 과거의 힘이 윌리뿐 아니라 그의 아들들과 아내, 상사, 그리고 이웃에게 파고들도록 하려는 것이었다.(과거와 현재의 결합은 첫 장의 초반에 윌리가 자동차의 바람막이용 전면 유리를 열었던 것으로 잘못 기억하고 있음을 드러낼 때 나타난다.) 살아있는 과거는 현재에 파고들고 윌리의 의식 속에서 둘을 결합시키며 아내와 아들들, 이웃을 혼란스럽게 한다. 이러한 결합, 혼란은 이 삶의 끝자락에서 삶의 충만함과 황폐함을 드러내며 이 삶에 대한 밀러의 결산을 이끌어낸다. 이 삶을 그 자체로 돌리는 것, 현재의 중심적 이벤트 요소를 만드는 것이 윌리의 죽음과 충족되지 않은 삶을 심오하게 충족시키며 우리의 눈을 조명한다.

밀러가 연출하는 죽음은 다른 모든 죽음들과 마찬가지로 인생의 완결을 의미하는 것이다. 하지만 그의 희곡은 우리가 인생을 마감하면서 우리의 삶을 어떤 방식으로 상상하는지에 대한 특별한 이해를 드러낸다. 희곡 속에서 시간의 중첩은 시간 자체의 이론을 드러낸다. 과거와 현재가 어우러지면서 이 특정의 사람이 어떻게 현재의 모습이 되었는지를 부정, 억압, 환상, 액션, 기대, 유머 등을 통해 드러낸다. 이것이 시간을 붙잡는 방법이다. 이것이 우리로 하여금 이들 등장인물에 대한 친밀한 지식을 얻게 한다. 마치 우리가 그 사람을 전 생애에 거쳐 알고 지낸 것처럼 만드는 것이다.

　현재에 과거를 접어 넣는 방식은 이 희곡의 도처에서 등장한다. 희곡 속에서 주요 인물들 중 중요한 것을 드러내기 위한 방식으로서 과거의 현재화를 경험하지 않는 인물은 없다. 로만 패밀리의 모든 일원들은 공통 과거의 비나선성, 순간의 정점에 익숙하다. 이런 방식으로 윌리 로만의 마지막 날은 그의 인생에 등장하는 다른 인물들 역시 스스로에 대해 설명 하게 만드는 성과와 실패의 초현실적 정경을 펼쳐낸다. 해피(Happy)의 천박함은 무엇에 관한 것인가? 비프의 자기 파괴는 어디에서 비롯된 것인가? 린다는 어째서 그렇게 너그러운가? 우리는 과거의 복잡한 현재를 누적적으로 드러내는, 과거와 현재 사이의 우연적 요소들에 대한 일시적인 결합으로써 현재를 드러내는 과거와 현재의 이러한 병렬을 통해 그들의 삶에 들어가게 된다. 유령처럼 존재하는, 모든 꿈이 틀린 것으로 판명된 이전의 자아들에 의해 가족의 비밀은 밝혀진다.

　언제 꿈을 포용할 것인지, 그리고 그것들로부터 어떻게 벗어날 것인지에 관한 꿈과의 투쟁은 사실 희곡이 전개되면서 점차 전면에 부상하는 희곡의 주요한 모티브이다. 우리가 결론 즉, 제2막에 이어지는 진혼곡(the Requiem)에 도달하게 되면 꿈이 노골적인 테마가 된다.

비프: 아버진 아주 허황된 꿈을 갖고 계셨어요. 너무 허황된 꿈이었어요.

해피(비프와 싸우기라도 할 듯이): 그런 말 하지 마!

비프: 아버진 자기 자신을 전혀 모르고 계셨던 거야.

찰리(해피가 대답하려는 것을 막고 비프에게 대답한다): 자네 아버지를 비난할 사람은 아무도 없다네. 자넨 잘 모르겠지. 윌리는 세일즈맨이었네. 그리고 세일즈맨에게 인생의 밑바닥이란 있을 수 없어. 외판원은 직공처럼 너트에 볼트를 끼울 줄도 모르고 법률가처럼 법을 말하거나 약사처럼 약을 지어줄 줄도 몰라. 자네 아버지 같은 세일즈맨은 반짝거리는 구두를 신고 미소를 지으며 푸른 하늘 저편으로 나아가는 사람이지. 그런데 세상 사람들이 웃음으로 반겨주지 않는다면 그건 지진이 난 것처럼 큰일이지. 그리고 세일즈맨은 모자에 얼룩이 몇 개만 있어도 끝장이야. 아무도 자네 아버지를 비난하지 않을 거네. 세일즈맨은 꿈을 가져야 하네. 그 꿈은 담당 구역과 더불어 생겨나는 것이지.

비프: 찰리 아저씨, 아버지는 자신이 어떤 사람인지 모르셨던 거예요.

해피(격분하여): 그런 소리 하지 마!

비프: 나와 함께 떠나자, 해피!

해피: 난 형의 말에 그렇게 쉽게 넘어가지 않아. 난 여기 뉴욕에 있겠어. 그리고 아버지가 못다 하신 일을 잘 해내고 말거야! (턱을 내밀며 비프를 바라본다) 로만 형제들이라는 이름으로 말이야!

비프: 난 나를 잘 알아.

해피: 그래, 좋아. 난 형이나 다른 사람들에게 아버지가 헛되이 돌아가신 게 아니라는 것을 보여 주겠어. 아버지에겐 훌륭한 꿈이 있었어. 우리가 가질 수 있는 유일한 꿈이지. 가장 훌륭한 사람이 되는 꿈이란 말이야. 아버진 여기서 그 꿈을 실현하기 위해 끝까지 싸우셨던 거야. 그리고 내가 바로 여기에서 아버지 대신 그걸 해낼 거야.

이 두 사람은 특정한 꿈에 대한 찬부(贊否)를 주제로 논쟁을 벌인다. 그것은 해피에게는 가장 훌륭한 사람이 되는 것을 의미한다. 윌리의 이름, 로만이 그의 지위를 직접적으로 묘사하는 것은 우연이 아니다. 그의 이름은 최고를 의미하는 넘버원에 대비되는 낮은 지위의 사람(lowman)이다. 그가 목적을 달성하기 위해 굉장히 신중하다는 것이 그의 인생 비극의 핵심이다. 하지만 해피가 주장하는 것처럼 누군가의 유일한 꿈이 최고가 되는 것일 때 어떻게 그 꿈에 부합할 수 있겠는가? 찰리는 윌리를 옹호한다. 그는 윌리의 추락을 이해한다. 고객들이 웃음으로 반겨주지 않을 때 지진과 같은 실패가 찾아온다는 것을 알고 있다. 그는 "모자에 얼룩이 몇 개만 있어도 끝장이야."라고 이야기한다. 입고 있는 옷이 사람을 만들고 외모가 모든 것을 말해 준다. 그 이외의 다른 것을 생각하는 것은 어리석은 것이다. 여기에 진짜는 없다. 자신을 기다리고 있는, 혹은 이미 지나간, 혹은 앞으로 계속될 성공을 통해 자신을 드러내는 것 이외에 아무것도 없다. 인식은 소유와 결합한다. 판매 실적이 사람을 평가하는 척도이며 인생에는 지속적인 비교만이 있을 뿐 닻을 내리고 정착할 수가 없다.

이렇듯 이름뿐인 측정의 형식은 허무주의적이다. 자본의 허무주의에 대한 간단한 충족일 뿐 아니라 좀 더 구체적으로 소유적인 개인주의의 허무주의인 것이다. 권좌가 공석인 상태로 최고가 없는 상태일 때 최고가 되겠다는 꿈을 실현하려고 노력하는 것은 충족이라는 이름하에 무(無)를 향해 나아가는 것이다. 이 경지에 이르는 것은 자아가 완벽하고 대단히 귀중한 소유의 상태로 완전히 흡수되는 것을 의미할 뿐이다. 이러한 논리는 신이 없는 상태에서 협심하여 살아가기 위해서는 자연의 기계적 법칙에 따르고 모든 것에 대한 욕망을 포기한 채 삶과 죽음의 힘을 포함한 모든 힘을 주권자에게 넘겨주어 그 대가로 풍요로운 삶과 사물의 소유를 보장받는 길뿐이라는 토마스 홉스(Thomas Hobbes)의 사고와 평행을 이룬다. 정치적으로 말해 넘버원의 경지에 오른 사람이란 다른 모든 사람들을 자신에게 흡수하고 모든 힘을 자기 안에 간직한 채 완벽히 고요를 유지하고 있는 사람이다. 우리는 그의 일부분이기 때문에 그는 우리 모두를 존재하게 한다. 우리 역시 안정을 찾는 한도 내에서 번영할 수 있다. 누구도 움직이지 않고 누구도 상처받지 않는다.

하지만 우리는 풍요로운 삶이 평화를 제공해주지 않으며 무력한 상태에 갇혀있는 것이 우리를 헛수고 하게 하거나 무(無)를 포용하게 한다는 것을 안다. 최고의 허무주의에 직면하여 자신이 −무(無)라는 사실을− 잘 안다고 하는 비프의 주장은 따라서 가장 가능성 있는 답, 스스로를 이런 형태의 설명에 대한 요구로부터 해방시킬 수 있는 답이라 할 수 있다. 하지만 그의 지식은 다른 대가를 요구한다. 즉 스스로에 대한 그런 모진 설명은 미래에 대한 더 이상의 꿈을 허용하지 않는다.

스스로에 대해 설명해야 하는 것은 이 모든 등장인물들이 직면하게 되는 임무이다. 하지만 스스로에 대해 설명하고 자신의 존재에 대해 의문을 품는 것은 자기소유의 문화에서 역설적인 것이다. 왜냐하면 자신의 지위에 대해 조사하기 위해 각각의 등장인물들이 도입하는 측정수단들이 각자의 가치를 떨어뜨리기 때문이다. 스스로에 대해 설명하는 것은 지긋지긋한 평가 장치를 억지로 끌어들이는 것이며 평가는 소유권의 형태로 나타난다. 홉스가 이야기한 것처럼 "사람의 가격은 그의 가치에 달려있다."note4

이 등장인물들이 이런 점에서 자신들의 노력을 깨닫지 못하는 것처럼 보이지는 않는다. '세일즈맨의 죽음' 제1막에서 린다는 윌리의 삶에 최저점을 설정하려고 한다. "그는 사람이야. 그리고 끔찍한 일이 그에게 일어나고 있어. 그러니 관심을 기울여야 해. 그가 늙은 개처럼 무덤 속으로 들어가게 할 순 없어. 관심, 그런 사람은 관심을 받아야만 해." 하지만 윌리를 알아주는 사람은 없다. 그는 관심을 받지 못한다. 그의 장례식에는 그 누구도 나타나지 않는다. 그의 유일한 자유는 죽음으로 실현된다. 닻을 내릴 곳이 없다. 어째서 바닥도 없고 기초도 없는가? 그것이 우리에게 자아를 발견하도록 허락하지 않는 설명의 허무주의일 뿐이라면 우리는 그런 삶의 방식을 포기해야 한다. 하지만 그 이상의 것이 있다.

사랑의 회피와 아버지에 대한 부끄러움은 리어 왕의 비극만큼이나 이 희곡에 스며들어 있다. 하지만 여기에서 재산의 분배는 성공의 요구에 부응하지 못함으로써 즉, 넘버원이 되는데 실패함으로써, 주권이 나누어지고 팔려버린 시스템 안에서 허용되는 권력의 형태를 성취하는 데 실패함으로써 잃어버린 사랑의 회복만큼 크게 문제가 되지 않는다. 이것이 소유의 힘, 상품의 권력이며 궁극적으로 사람의 힘이다. 이러한 지위를 확보하지 못하는 것은 윌리와 비프의 관계에서 가장 강하게 드러난다. 이 관계의 비밀-비프는 아버지가 엄마 몰래 외도를 하고 있다는 사실을 알게 되며, 아버지에 대한 반감으로 대학에 갈 수 있는 기회를 저버린다-은 그 발견을 드러내는 측면에서보다 윌리의 인생의 공허함을 드러내는 측면에서 더 중요하다("나는 외로웠어. 나는 끔찍이도 외로웠다."라고 그는 비프에게 고백한다.) 이 순간을 되새기면서 비프는 아버지에게 가서 자신이 낙제했으며 졸업할 수 없을 것이라고 이야기한다. 그가 낙제한 과목은 수학이다. 그는 계산법을 익히는 데 실패한 것이다. 이 실패는 비프를 윌리가 비프에게 바랐던 삶으로부터 멀어지게 한다. 그리고 그는 여전히 나아갈 방향을 찾지 못한다. 희곡의 현재 상황에서 비프는 여전히 앞길이 막힌 상태에 있으며 행위 능력이 없는 서른네 살의 실패자이다. 하지만 비프의 실패를 이해하지 못하는 윌리는 여전히 비프가 성공할 준비가 되어 있으며 인터뷰만 하면 그에게 필요한 변화가 일어날 것이라고 생각한다. 비프가 인터뷰는 없을 것이며 자신은 "쓸모없는 놈"이라고 말하고 떠나겠다고 이야기할 때, 그 장면은 그들 상호 간의 사랑과 거부의 고백으로 나타난다.

　이 사랑과 사랑의 거부로 이루어진 마지막 장면은 〈리어(Lear)〉의 오프닝 장면과 본말이 전도된 상황을 연출한다. 〈세일즈맨의 죽음〉에는 엄마가 존재한다. 하지만 리어 왕에게는 엄마가 없다. 〈세일즈맨의 죽음〉의 죽음에서는 큰 아들이 그의 사랑을 고백해야 하지만 〈리어〉에서는 막내딸에게 그러한 임무가 주어진다. 〈리어〉에서 아버지의 재산은 사랑의 신호가 주어진 후 분배되지만 세일즈맨의 죽음에서 유산은 아버지가 죽은 후에 분배된다. 하지만 사랑과 사랑의 회피라는 테마는 유사하다. 상실이 발단이 아니라 지속되는 사람들의 위치에서 놓고 본다면 꿈이라는 것은 막연하고 결코 실현되지 않을 미래 속에서만 실현될 수 있는 상상의 산물일 뿐이다.

비프와 해피가 아버지를 식당에 남겨놓고 떠났다가 집으로 돌아오는 장면이 그려진다. 비프는 집을 떠나 돌아오지 않겠다고 결심한 상태다. 그는 아버지와 대화를 하고 싶어 한다. 엄마는 윌리가 살았는지 죽었는지 관심도 두지 않았던 아들의 행태를 비난하며 아버지에게 가까지 가지 말라고 이야기한다. 그녀는 비프를 더러운 자식(louse)이라고 부른다. 그는 "말씀 잘 하셨어요! 쓰레기 같은 건달을 보고 계시잖아요!"라고 응수한다. 이것은 비프의 자기인식, 아버지와 공유하고 싶은 사실이다. 그는 자신이 단순히 거래를 만들어내는 부분뿐 아니라 인간으로서 실패자라는 사실을 아버지와 함께 공유하고자 한다. 그는 아버지를 "화장실 안에서 지껄이는 대로" 두고 나왔다. 그는 쓸모없는 존재이다. 하지만 그의 무가치함을 드러내는 것이 그를 윌리 로만의 아들이라는 유대 관계로부터 자유롭게 하는 것이다.

비프는 엄마의 말을 무시하고 아버지가 씨앗을 심고 있는 어두운 정원으로 간다. [비프가 윌리에게 다가갔을 때는 윌리가 자신의 죽은 형 벤(Ben)과 생명보험으로 2만 달러를 지급받아 아들에게 유산으로 물려주는 것에 대한 대화를 마친 직후이다. 윌리는 보험회사가 보험금을 지급해주지 않을지도 모른다는 사실에 대해서 뿐 아니라 자신에게 자살할 용기가 없을 수도 있다는 사실에 대해 걱정한다.] 정원에서-이 장면에서는 겟세마네(Gethsemane, 마태복음ⅩⅩⅥ:36)의 희미한 메아리가 들린다-비프는 아버지에게 자신에 대해 제대로 설명할 수 없다는 사실을 이야기 한다: "오늘 저는 저 자신에 대해서 깨달은 것이 있어요. 아버지께 그걸 설명 드리려고 했지만 아버지를 이해시킬 만큼 제가 똑똑하진 않은 것 같다는 생각이 들어요. 누구의 잘잘못을 따지는 식의 이야기는 그만하죠." 이 마지막 실패, 설명의 실패는 코딜리아에 의해 익히 알려진 전통 즉, 자신의 마음을 입에 담아내지 못했던 코딜리아의 상황 속에 비프를 위치시킨다. 비프에게는 이것이 모든 것을 놓아버리고 자신의 현 상태를 용서하기 시작하는 자유의 순간이다. 일종의 구제의 가능성이 드러나는 순간인 것이다.

하지만 비프는 코딜리아와 마찬가지로 여전히 아버지의 은총을 구한다. 그는 윌리에게 집 안으로 들어가 린다에게 무슨 일이 일어난 것인지 이야기하도록 한다. 윌리는 자살하려 했다는 사실에 죄의식을 느끼고 그녀를 만나려고 하지 않는다. 그는 긴장하고 부끄러움을 느끼는데 그의 부끄러움은 재빨리 분노로 바뀐다. 다시 집안으로 들어갔을 때 그는 그동안 일어났던 일을 엄마 린다에게 이야기하는 아들 비프의 말을 무시한다. 그녀는 비프가 떠나는 것이 최선이라는 사실에 동의하게 된다. 비프와 윌리는 "결코 잘 어울리지 못할 것"이기 때문이다. 윌리는 비프의 악수 요청을 거절하고 여전히 비프가 약속을 지킬 것이며 잃어버린 기회를 되찾고 비프가 훔쳐온 펜의 주인인 그 사업가와 좋은 관계를 맺을 수 있을 것이라고 주장한다. 윌리의 맹목성에 고삐가 풀린다.

비프(부드럽게): 아버지, 아버지는 제가 어떤 사람인지 제대로 보실 리가 없는데 더 이상 언쟁을 해봤자 무슨 소용이겠어요? 유전이라도 발견하면 돈이라도 보내드리죠. 그동안 제가 살아있다는 사실은 잊어주세요.

윌리(린다를 향해): 나를 원망하는 거지?

비프: 아버지, 악수해주세요.

윌리: 그럴 수 없다.

비프: 이런 식으로 떠나지 않기를 기대했어요.

윌리: 그래, 이것이 네가 떠나는 방식이다. 잘 가라.

(비프, 잠깐 그를 본 후 몸을 홱 돌려 계단으로 간다.)

윌리(다음의 말로 그를 멈춰 세운다): 이 집을 떠나면 천벌을 받을 게다!

비프(몸을 돌리며): 대체 저에게 뭘 원하시는 거죠?

윌리: 기차에서든 산에서든 계곡에서든 네가 어디에 가든 너의 그 원망하는 마음 때문에 인생이 망가진다는 사실을 알기 바란다!

비프: 아니, 아니에요.

윌리: 원망, 원망이 바로 네 파멸이 이유다! 네가 아주 형편없게 되었을 때 무엇이 그렇게 만들었는지 생각해봐. 기찻길 옆 어딘가에서 썩어가고 있을 때 그것에 대해 생각하고 감히 나를 원망하지는 마!

비프: 아버지를 원망하지 않아요!

> 윌리: 나에게는 여기에 책임이 없어, 알겠냐?

인정과 사랑의 테마가 전도된다. 윌리는 비프가 무가치하다는 생각을 품은 채 영원히 집을 떠나려고 한다는 사실을 받아들일 수 없다. 이를 인정하는 것은 자신이 아들을 얼마나 사랑했으며 어떻게 키워왔는지에 대한 축복받은 환상을 부정하는 것이 될 터이기 때문이다. 리어 왕은 리건과 거너릴의 거짓 사랑을 구하고 코딜리아의 사랑의 실재성을 회피한다. 그에게 가치가 있긴 하지만 부끄러움을 주는 사랑을 회피하는 것이다. 윌리는 아들의 실패에 대한 책임을 회피하려 한다. 스스로를 부끄럽게 만들 자신의 인생이 실제로 어떠했는지 보지 않아도 되기 때문이다. 비프가 가치가 없다면 윌리도 마찬가지다. 따라서 윌리는 비프의 실패를 원망의 행위에 따른 것, 윌리의 유산을 받아들이지 않고 거부한 것에 따른 것이라고 재해석해야 하는 것이다. 그는 비난을 거부한다. 아들을 망친 것이 자기 자신이라는 사실이 기억에 남아있다 하더라도 말이다.

비프의 마음에 원망이 가득 차 있다고 비난하는 윌리의 모습은 코딜리아에게 자신을 사랑하지 않는다고 지적하는 리어 왕의 잘못된 비난과 유사하다. 그것은 윌리가 거짓 사랑, 그로 하여금 아들들을 적절하게 사랑했으며 아들들이 인생을 개척해 나가 최고가 될 수 있도록 충분한 사랑을 주었다고 확신하게 만드는 사랑을 구하는 것처럼 보인다. 비프는 원망과는 반대되는 태도를 보이려고 노력한다. 마치 코딜리아가 아버지에 대한 충성의 방식으로 거짓 사랑이 아닌 자신의 진짜 사랑을 보여주려고 하는 것처럼 말이다. 아버지를 떠나고자 하는 비프의 열망을 고무하는 것은 진정한 사랑이다. 이 사랑이 극의 마지막 역설을 구성한다는 것을 그는 어떻게 이야기하는가. 원망이라는 아버지의 비난에 맞서 비프는 원망 가득하게 행동한다. 윌리가 자살 도구로 사용하려 했던 고무호스를 윌리에게 들이대며 더 이상 동정의 여지가 없다고 이야기한다. 윌리는 원망하는 거냐는 말을 반복하고 비프는 "아니요. 진실을 들으셔야 해요. 아버지가 어떤 분이고 제가 어떤 사람인지를요!"라고 대답한다. 진실을 이야기하려는 비프의 열망은 진실을 인정하는 것이 그를 현재 위치보다 더 나은 위치로 이끌어줄 것이라는 감각에 기초한다. 하지만 그곳에 닿기 위해서는 윌리의 위선을 넘어서야 한다. "아버지께서 제가 굉장히 잘났다고 생각하도록 만드셨기 때문에 제가 성공할 수 없었던 거예요. 전 다른 사람으로부터 명령을 받으며 일할 수가 없었으니까요! 그게 누구의 잘못이냐고요!… 제가 원하는 것은 바보 노릇밖에 못하는 사무실 안의 일이 아니라 저기 바깥의 탁 트인 넓은 곳에 있어요. 거긴 제가 어떤 사람이라는 것을 안다고 이야기하면 언제나 저를 기다려주는 곳이죠!" 비프가 잘난 사람이라고 생각하도록 윌리가 불어준 뜨거운 바람(hot air)은 고무호스가 윌리에게 운반해줄 가스와 같은 독이다. 비프는 윌리에게 다른 사람들에게 지금껏 숨겨왔던 것-자신의 무가치함, 최고가 되기 위해 끊임없이 노력하면서 직면한 실패-을 인정하라고 종용하면서 스스로 그러한 자살을 부정한다.

윌리는 비프와 악수하기를 거부한다. 그의 거부는 단지 원망에 의한 것인가 아니면 리어 왕과 마찬가지로 그의 손이 죽음의 악취로 가득하다는 것을 깨닫게 되는 가능성을 보여주는 것인가? 이 중요한 순간에 윌리는 비프를 볼 수가 없다. 비프는 "아버지, 아버지는 제가 어떤 사람인지 결코 보지 못하실 거예요."라고 이야기한다. 윌리는 부끄러움에 눈이 멀었고 자신의 두려움에 의해 그릇된 자만을 드러낸다. 윌리가 느끼는 두려움이란 그가 아들을 충분히 사랑하지 않았으며 아들을 사랑하기에는 자신이 너무 나약했음이 드러날지 모른다는 부끄러움에 기인한다. "나에게는 이에 대한 책임이 없어, 알겠냐?"라고 그는 소리친다. 무엇에 대한 책임을 말하는 것인가? 비프의 실패에 대한, 그의 상실에 대한, 적절한 양위의 거부에 대한 책임? 이 비천한 남자에게 양위란 어떤 모습을 하고 있을 것인가?

비프의 진실은 간결하고 최종적이다. "전 평범한 인간이에요. 아버지도 그렇고요!" "난 평범한 인간이 아니야! 난 윌리 로만이고 넌 비프 로만이다!"라는 윌리의 저항에 맞서 비프는 자신의 무가치함을 토로한다. 그의 외침은 그의 진실에 대한 기운 빠진 진술 속에서 절정에 달한다.

비프(머리끝까지 분노가 치밀어서): 아버지, 전 아무것도 아니에요. 쓸모없는 인간(nothing)이라고요. 그걸 이해하지 못하시겠어요? 그것에 대해 더 이상 원망은 없어요. 전 그저 그런 사람이라고요, 그게 다에요.

(비프의 분노는 제 풀에 힘이 빠져 훌쩍거리며 윌리에게 매달린다. 윌리는 말없이 비프의 얼굴을 더듬는다.)

리어 왕은 거짓된 사랑을 이야기하도록 강요하면서 '할 말이 없다면(nothing) 얻을 것도 없다(nothing).'라고 이야기하고 비극을 초래한다. 비프는 자신이 쓸모없는 인간(nothing)이라는 사실을 아버지에게 이야기하며 스스로의 무가치한 진실을 아는 사람이라는 주장과 함께 윌리의 요구에 맞선다. 이 진술은 원망을 넘어선 것이다. 그것은 아들이라는 상황에 대한 자신의 책임감을 아버지와 함께 나누고 그것을 평가하려는 열망에서 나온 것이다. 아버지에게 아들의 용서를 받아들이는 것은 참을 수 없는 일이다. 그것이 윌리가 느끼는 부끄러움의 핵심이다.

비프가 무너지는 모습과 그의 눈물을 보게 되고 사실 비프가 자신을 사랑한다는 새로운 깨달음을 얻은 후 윌리가 보이는 반응에도 환영(illusion)이 담겨있다. 그리고 그 환영은 그를 죽음으로 이끌어 간다. 자신의 노력으로 인해 지쳐버린 비프가 잠자리에 든 후에 윌리는 혼자 남겨져 자신이 목격한 것을 깊이 생각한다.

윌리: 오, 비프가! (미친 듯이 응시하며) 그 아이가 울었어! 나한테 안겨 울었다구. (비프에 대한 사랑에 목이 메어 소망을 큰 소리로 외친다.) 그 아이는 훌륭하게 될 거야!

하지만 비프는 훌륭하지 않다. 그는 방랑자이며 쓸모없는 인간이다. 아버지의 실패로 고뇌에 시달리며 아버지의 실패에 따른 고통을 물려받았다. 그럼에도 불구하고 윌리의 죽은 형 벤이 윌리 앞에 다시 나타난다. 그리고는 "맞아, 훌륭하지. 2만 달러가 그에게 남겨질 테고."라며 그의 그릇된 판단을 재확인시킨다. 그리고 윌리의 인생은 마무리된다. 윌리는 자살을 하고 그로 인해 그의 가족은 보험금을 받게 될지도 모른다. 그리고 그의 아들들은 윌리가 의도했던 대로 될지도 모른다. 윌리는 비프와 해피가 이제 자신이 항상 그려왔던 모습처럼 성공한 사람들이 될 것이라고 상상한다. 하지만 그들은 그렇지 않다. 〈세일즈맨의 죽음〉의 비극에서 가장 핵심적인 요소는 해피와 비프의 인생에 대한 야망이 좌절되는 데 있다. 그들은 그들이 원하던 바대로 될 수 없다. 그들이 누구인지, 어떤 사람이 될 것인지에 대해 그의 아버지가 미혹되어 있는 모습과 달리 그들은 실패자들에 불과하다. 윌리는 비프가 윌리보다 더욱 훌륭한 자질을 가지고 있다고 생각한다. 해피는 성공에 대한 착각에 더 심하게 빠져 있지만 윌리가 수년간 좇아왔던 환상과 마찬가지의 환상 이외에 아버지에게 바칠 수 있는 진정한 사랑은 없다.

 밀러는 과거와 현재가 혼재된 힘에 집중함으로써 비프가 이야기하는 것처럼 자신을 알기 위한 힘겨운 노력이라는 지각을 재창조한다. 비프에게 자기실현은 환상에서 깨어나는 것, 자신의 실패에 대한 인정의 결과이다. 비프는 목가적인 꿈, 서부의 하늘 아래서 자기 손으로 일하며 살아가는 꿈으로 돌아간다. 해피는 시련을 이겨냄으로써 아버지의 기억을 되찾으려고 노력할 것이다. 성공을 향해 자신의 길을 개척하고 언젠가 최고가 될 것이라는 상상을 계속하면서. 하지만 최고는 존재하지 않는다. 두 아들 중 누구도 완전한 사람이 되지 못할 것이다. 그 둘은 모두 분열된 윌리, 소유의 꿈에 의해 갈가리 찢긴 윌리의 조각이 될 뿐이다. 그것은 특정한 시각으로 바라본다면 에머슨의 모든 글 중에서 가장 냉혹한 구절인 "꿈은 우리를 꿈으로 데려가고 환상에는 끝이 없다."에서 확인되는 그의 예언을 현실화한다.

극의 마지막 부분에서 린다는 윌리의 무덤 앞에서 이야기하며 소유의 비극에 대한 결정적인 인상을 남긴다. "오늘로 마지막 집세를 치렀어요. 오늘 말이에요. 하지만 이제 집에는 아무도 없어요. (훌쩍거리는 소리로 목이 멘다.) 빚도 갚고 홀가분해졌는데. (울음을 터뜨리며) 이제 마음 편히 살 수 있는데. (비프가 천천히 그녀에게 다가온다.) 이제 자유로워졌는데… 자유로워졌는데…." 윌리의 자유가 그의 죽음에서 비롯된다는 사실이 비정한 아이러니처럼 여겨질지도 모르겠다. 하지만 그것은 삶의 결과에 불과하다. 그 삶이란 존재로서의 경제가 사람으로 하여금 집을 구매해 소유자로서 거주하도록 하는 삶이다. 이러한 삶 속에서 목가적 비전의 충족은 필요조건이 아니다. 자아를 소유함으로써 완성되어 가는 것(becoming)만이 요구될 뿐이다. 이러한 상황에서 자유로워지는 것은 자신을 소유하는 것과 빚을 청산하고 남에게 소유된 상태를 극복하는 것을 의미한다. 다시 말해 혼자가 되는 것이다. 지불을 완전히 마친 상태, 이것이 인생의 결산이다. 완전한 지불이란 믿기 어려운 것이다. 하지만 오늘날의 후기 자본주의 사회는 우리로 하여금 그것을 믿도록 강요한다.

어떤 사람은 자신을 소유한 자아는 죽음의 테두리 안에 있다고 이야기할지도 모르겠다. 하지만 죽음의 테두리 안에 있는 것은 우리도 마찬가지다. 어떤 시각에서는 완전한 소유가 무소유의 한 형태이다. 그것은 우리 자신에 대해 결산하지 못하도록 주의를 흐리는 존재의 문제로 우리를 몰아넣는 것이다. 따라서 우리는 우리의 자유가 종속의 대가로 팔리는 지점으로 원을 그리며 회귀한다. 또 다른 방식이 있는가?

 질 들뢰즈(Gilles Deleuze)는 존재의 내재성(immanence)을 반영한 그의 마지막 에세이에서 존재에 대한 우리의 연결의 문제를 다음과 같은 방식으로 이야기한다. "이 세상에서, 이 인생(life)에서 믿는다는 것이 가장 어려운 일이 된 것처럼 보인다. 오늘날 우리가 살고 있는 내재성의 세계에서 우리가 풀어야 할 존재 방식의 문제인 것이다."note5 '인생(a life)'이라는 개념은 굉장히 복잡해서 그 누구도 그 의미를 제대로 파악하는 것이 거의 불가능하다. 들뢰즈는 "우리는 순수한 내재성에 대해 그것은 다른 것이 아니라 인생(A Life)이라고 이야기할 수 있을 것이다. 그것은 인생에 대한 내재성이 아니다. 무(無)에 있는 내재성 그 자체가 인생이다. 인생은 내재성의 내재성(immanence of immanence), 절대적인 내재성이다. 그것은 완벽한 힘이며 완벽한 은총이다." '무(無)에 있는 내재성 그 자체가 인생이다.'라는 구절은 우리 모두를 기다리고 있는 죽음을 암시한다. 그리고 그 순간까지 우리가 누구인지 완전한 평가를 내릴 수 없다는 것을 깨닫게 한다. 이러한 깨달음 속에는 절망만큼이나 큰 희망이 존재한다. 최초의 경험으로 소멸의 페이소스를 이미 경험한 자아들에게조차 말이다. 내재성의 내재성을 통해 리어 왕의 무

(無)를 다시 경험하게 된다. 윌리가 그의 (죽은) 형 벤에게 "한 푼의 수입도 없이 남은 인생을 이런 식으로 살아가는 것이 용기 있는 일인가요?"라고 물을 때 그는 아무 것도 없는 상태(nothingness)를 경험할 준비가 된 것이다. 비프가 자신은 쓸데없는 인간(nothing)이라고 이야기할 때 그는 다른 방식으로 사라질 준비 즉, 서부로 갈 준비가 된 것이다. 인생을 살아가는 동안 우리는 이 무(無, nothingness)의 문제를 경험한다. 외로운 자아는 이 무(無)의 상태에 대해 안다. 하지만 자아가 그것에 대해 아는 것은 여전히 외로움의 마지막 교훈은 아니다.

핍(Pip)과 이스마엘(Ishmael)

무(無)의 굴레에서 벗어나기 위해 어느 정도를 소유해야 하는지에 대해 정확히 측정할 수는 없다는 것은 사실이지만 그것이 소유하는 것과 소유당하는 것 사이의 차이가 없음을 의미하는 것은 아니다. 우리를 소유권과 소유되는 것의 세계에 포함시키는 다양한 정치 경제적 경험들이 우리에게 다른 노선을 제시하고 폭력이나 해악, 다른 형태의 손실과 관련한 우리의 경험들을 다른 방식으로 이해하게 한다. 예를 들어 노예에 대해 생각해보면 우리는 그것을 소유권에 반대되는 것으로 생각하지만 그것이 소유권과 동등한 비중을 갖는다는 것을 의미하지는 않는다. 허먼 멜빌(Herman Melville)의 〈백경(Moby-Dick)〉을 생각해보라.

〈백경〉은 바다에 관한 방대한 책으로 미국의 대표적인 문학 작품이다. 그것은 앞으로도 수없이 번역될, 그리고 그동안 계속해서 번역되어온 세계 혹은 세계들을 제시한다.

 20세기 초 매티슨(F. O. Matthiessen)에 의해 부활한 이래로 문학 산업은 이 소설의 헤아릴 수 없는 깊이를 탐구할 수 있을 만큼 성장해왔다. 멜빌에 몰두한 저널들은 그의 다른 모든 작품들을 합쳐놓은 것만큼의 관심을 이 한 권의 책에 쏟았던 것처럼 보인다. 허셀 파커(Hershel Parker)는 멜빌의 거대한 인생이 〈백경〉의 집필과 출간을 조건으로 한다고 본다. 찰스 올슨(Charles Olson)은 그것의 연구가 멜빌(올슨의 주장에 따르면 멜빌은 후에 기독교로 재개종하면서 망가졌고 나는 그의 주장에 동의한다.)의 연구에 있어 가장 의미 있는 것이라고 이야기하고 비교를 통해 그 책의 미래 연구 활동을 약화시키는 시를 쓰기도 했다. C. L. R. 제임스(C. L. R. James)는 그것이 미국 인종주의의 불가능한 정치학에 대한 본질을 담고 있는 예술적 연출이라고 보았다. 〈백경〉은 영화와 오페라로 제작되었으며 로리 앤더슨(Laurie Anderson)의 공연 작품이 되었다. 그것은 모든 형태의 대중문화에 의해 차용되었으며 등장인물들은 광기의 구체적 형태에 대한 속기가 되어 셰익스피어의 캐릭터들을 자기 스타일로 이용한 멜빌의 목소리를 적절히 표현하고 있다. 작가 멜빌과 이야기 화자의 결합[그를 이스마엘(Ishmael)이라 부르도록 한다.]은 그에 대한 심리 분석 연구를 고무하였다. 아마도 멜빌 가(家)의 운명과 남북전쟁 전후 국가의 정치경제에 관한 고도로 중첩된, 마이클 로긴(Michael Rogin)의 논쟁이 가장 유명할 것이다. 멜빌의 직계 후손 중에는 그의 책에 영향을 받아 자신의 이름을 모비(Moby)라고 한 이가 있으며 그는 바다에 대한 회상을 담은 노래를 만들었다. 다시 말해 그것은 미국적 경험에 대해 생각하고자 하는 사람 모두에게 떠올려지는 책인 것이다.

〈백경〉에는 여러 주제들이 담겨 있지만 그 중에서도 외로움, 주인공 에이해브(Ahab)의 외로움이 주요한 테마이다. 하지만 나에게는 그보다 약한 두 캐릭터의 외로움이 크게 와 닿는다. 첫째로 그가 실제로 누구이든 스스로 "나를 이스마엘(Ishmael)이라고 불러 달라."고 이야기하며 소설을 이끌어가는 자의 외로움과 둘째로 바다에 버려지고 미쳐가는 소년 선원 핍(Pip)의 외로움이 그것이다.

이스마엘은 누구인가? 우리가 외로운 자아의 문제와 연관지어 이 책에 대해 생각하려고 한다면 이것이 가장 중요한 문제라고 생각된다. 윤리적으로 행동하려는 '나'에 관한 주디스 부틀러(Judith Butler)의 관심과 평행을 이루는 방식으로 이 물음의 '누구'는 외로움의 끝에 관한 우리의 생각을 문제의 중심에 놓는다. 우리가 회복하려는, 우리를 안정시킬 수 있는 '누구'가 존재하는가, 설 곳이 없는 우리에게 장소를 마련해주고 외로운 자들의 세계에서 집이 되어줄 '누구'가 존재하는가? 그러한 물음의 끝은 형이상학적이다. 그리고 〈백경〉에서 그것의 재난적인 우유부단함은 우리가 질문의 시작에서부터 따라왔던 모든 것의 상속인임을 보여준다. 나는 또한 핍에 대해서도 관심이 있는데 그 이유는 그의 경험이 그러한 상속의 일부를 형성하기 때문이다. 핍은 이스마엘을 그림자처럼 따라다니는 인물이다. 요리사 보조인 에이해브의 또 다른 선원과 마찬가지로 핍은 깊은 사고를 탐구하는 자, 그 자신의 비밀들이 이 물음에 절망적으로 얽혀 있고 그 물음에 대한 주장이 우리로 하여금 우리 스스로를 외로운 자아로 여기게 하는 상황으로 재차 이끄는 자의 비밀스런 지식에 은밀히 관여한다.

〈백경〉에 관한 최근 연구에서 에얄 페레츠(Eyal Peretz) 역시 '이스마엘은 누구인가'라는 질문을 한다. 그리고 그 스스로 놀라우리만치 기발한 답을 제시한다.

〈백경〉은 끔찍한 해상 재난의 유일한 목격자이자 유일한 생존자인 이스마엘의 내러티브(narrative)이다. 그 재난 속에서 그의 친구들은 모두 사망하고 아무런 묘비도, 표지도 없는 무덤 속으로 사라졌다. 친구들의 운명을 공유하기라도 하려는 듯이 그는 자신의 이름을 바다에 남겨두고 성경의 이름인 이스마엘을 채택한다. 그로써 자신의 유기와 상실을 드러낸다. 이제부터 그는 자신의 이름이 아닌 이스마엘이라 불리길 원하고 자신의 이름은 영원히 미지의 세계에 남겨진다. 우리가 듣게 될 이야기는 그의 증언이며 그것은 생존자의 증언이다.note6

하지만 이것이 전부는 아니다. 페레츠는 이스마엘이 학교 선생으로 우울한 사람이며 고래 자체가 가지는 묘한 매력에 이끌려 자신의 배를 타고 고래잡이가 되기 위해 바다로 향한 자라고 기록하고 있다. 또한 그는 익명으로 드러나는데 그것은 멜빌이 이야기하고자 하는 내용의 깊은 곳을 건드리는 여러 가지 이유들 때문이다.

"나를 이스마엘이라 부르시오." 그는 독자들에게 인사를 한다. 그리고 이야기를 시작한다. 하지만 페레츠는 그의 독자인 우리들에게 이스마엘이 이야기하고자 하는 내용이 무엇인지 묻는다. 여기서 모든 것이 복잡해진다. 왜냐하면 그 이야기는 일종의 '요란한' 연설을 하는 사람이 말하기 때문이다. 내러티브 속의 재난에 관한 증언에는 뱃사람의 허풍이 가미되고 우화가 개입된다. 우리 독자들은 그 우화적인 성격을 알면서도 이 이야기를 믿고 그것이 현실임을 받아들이도록 고무된다. 이야기의 위대한 진실성을 만들기 위해 이스마엘이 독립적인 증언이라고 주장하는 사실에는 어처구니없는 우화가 개입된다. 페레츠는 이렇듯 애매한 연설 구조가 우리에게 다음과 같은 도입부의 의미를 재고하도록 강요한다고 이야기한다. 따라서 도입부는 이렇게 시작한다. "내 이름이 이스마엘이어서 당신이 나를 그러한 나의 이름으로 불러야 하는 것이거나 아니면 이것이 내 이름은 아니지만 누군가 소설의 작법에 의해 그렇게 부르도록 요청한 것이다. 아니면 그것은 신중하게 선택된 나의 이름이며 내가 그 이름을 고른 이유를 설명하기 위해 내 인생의 이야기를 들려주어야만 하는 것일 수도 있고 아니면 내가 버려진 사람이고 인정받지 못한 자식이라는 기분을 느끼고 있어 독자인 당신에게 나를 입양하여 이 이름으로 불러달라고 요청하는 것이다. 그로써 나는 더 이상 혼자가 아니게 될 것이다."(이 마지막 제안 역시 우리 독자들이 잃어버린 부족을 형성할 것을 암시하며 우리가 유기되었음을 암시한다. 그리고 우리가 이 책의 서술자의 이야기를 들음으로써 일종의 구원을 찾으려고 함을 암시한다.)

페레츠는 이 복잡한 형태의 연설이 어떤 방식으로 마지막 의미들의 가능성을 배제하는지와 이 소설이 의미에 대한 질문에서 권위의 힘에 대한 관계의 문제로 독자들을 이끌어가는 방법에 대해 고찰한다. 바다로 나가려는 이스마엘의 욕망과 함께 일련의 권위의 위기가 촉발된다. 그 안에서 '화이트 이벤트'로서의 고래 이야기는 이전의 의미들을 재구성하려는 그 어떤 시도조차 압도하고 방해한다. 고래는 그 무엇도 동일한 상태로 남아있지 않는 일종의 전환, 혁명을 가능하게 하지만 그것은 고래와의 조우 이후 생존한 자에게만 허용되는 것으로 자기 정체성의 소멸이라는 희생을 요구한다. 그래서 우리가 그를 이스마엘이라 부를지는 몰라도 그가 누구이며 어떠한 사람으로 살아왔는지에 대한 질문을 계속 갈구하게 된다. 따라서 자신을 그 이름으로 불러달라는 이스마엘의 명령은 그 자체로 이전 자아의 망령으로부터 벗어날 수 있도록 도와달라는 그 자신의 탄원이나 요구로 이해될 수 있다.

페레츠에 의해 밑그림이 그려진 가능성들은 〈백경〉에 대한 우리의 이해를 본질적으로 높여준다. 하지만 한 가지 경로만은 부분적으로 그에 의해 탐구되지 않은 채 남겨진다. 그 경로는 부서진 정체성이라는 사실과 자아에 대한 감각을 펼치는 데 미치는 그것의 역할에 대해 다른 관점을 제시한다. 이 관점은 소설의 주인공의 외로움과 긴밀하게 연결된다. 어디에서 시작할 것인가? 우리는 학교 선생이라는 이스마엘의 직업이 그의 이야기를 듣고자 하는 사람들에게 사실적이고 도덕적인 바다의 교훈을 전달할 수 있는 특별한 힘을 부여한다는 사실에 주목할 수 있다.(페레츠는 이후의 분석에서 자신이 목격한 이야기에 교육적 권위를 제공하려는 이스마엘의 시도에 대해 장황한 논의를 한다.) 이러한 점에서 이스마엘은 또한 사고 속에서 바다를 보기 위해 주목하는 모든 이들을 동반하는 '형이상학적 교수'라고 생각될 수 있다.note7 하지만 이스마엘이 이야기하는 것이 자신의 인생에 관한 이야기라고 보기에는 이상할 정도로 축약된 부분이 한 가지 있다. 그가 자기소개를 마친 후에도 우리가 그에 대해 아는 것은 거의 없다. 학교 선생이었다가 뱃사람이 되는 것으로 힘든 방향 전환을 한 사람이라는 것 이외에 아무것도 알 수 없다. 그래서 우리에게 주어진 그러한 단서들을 분류해내는 것은 우리의 몫으로 남겨진다. 이 점에서 형이상학적 교수가 되려는 그의 간접적이고 어쩌면 풍자적인 요청이 드러난다.

우리가 이스마엘의 예전 직업을 알게 되는 문단에서 그는 뱃사람이라는 낮은 지위로 자신을 조정하는 것이 어떤 이들에게는 얼마나 어려운 일인지에 대해 이야기하고 그 과정에서 명문 가계에 대한 언급을 한다. "그것은 명예심에 관계된다. 특히 당신이 반 렌셀러(Van Rensselaers)나 랜돌프(Randolphs), 하데크누트(Hardicanutes)와 같이 예로부터 인정받은 가문 출신이라면 말이다."note8 반 렌셀러 가문은 인정받는 명문가였으며 하데크누트는 스웨덴의 왕이었다. 하지만 랜돌프 가(家)에 대한 언급은 특별한 관심에 따른 것이다. 랜돌프 가문은 버지니아 가문들 중 가장 오래되고 유명한 가계로 토마스 제퍼슨(Thomas Jefferson)의 인척이며 노예 노동을 통해 부를 축적했다. 누군가가 랜돌프 출신이라는 것은 노예를 소유했음을 의미한다. 따라서 어쩌면 이스마엘은 유력한 가문 출신이었는지도 모른다. 하지만 그의 애매한 말투는 그가 유력한 가문 출신이 아니었을지도 모른다는 사실을 보여준다. 게다가 그 바로 다음 문단에서 그는 "노예가 아닌 사람이 누가 있는가?"라는 질문을 하기도 한다.

또 다른 단서. 페레츠는 이스마엘의 이름에 얽힌 사실에 관해 이야기한다. 성경에서 이스마엘은 아브라함(Abraham)의 첫째 아들이었다. 하지만 아브라함의 아내인 사라(Sarah)에게서 태어난 것이 아니라 그의 노예인 하갈(Hagar)에게서 태어난 자이다. 임신을 하지 못했던 사라는 이삭(Isaac)을 임신하게 되고 이스마엘과 하갈은 추방된다. 페레츠는 이스마엘이라는 이름 속에 추방과 방기의 의미가 내포되어 있다고 여긴다. 게다가 어원상 '이스마엘'은 '하느님께서 들을 것이다.'라는 의미를 담고 있다. 이러한 점에서 그 이름은 요구나 요청의 개념을 구체화한다. 페레츠는 모든 요청에서 발견되는 의미에 대한 월권을 강조한다. 그것은 요청 그 자체의 형식에 의해 그 안에 담겨진 의미가 유린되는 방식을 말하는 것이다. 그는 "그것은 마치 언어가 모든 요청에 우선하고 의미에 대한 진술을 부차적인 것으로 만드는 것 같다."라고 기록한다. 그것은 마치 지암바티스타 비코(Giambattista Vico)가 〈뉴 사이언스(New Science)〉에서 모든 언어는 우선 노래되고 나중에야 이야기되는 것이라고 주장했던 것과 같다. 따라서 "나를 이스마엘이라 불러 달라."는 그의 말은 "나의 요청으로 나를 불러 달라"는 말로 읽힐 수 있으며 "이 요청을 불러 달라" 혹은 "나에게 나의 노래를 불러 달라" 혹은 "당신은 나와 함께 이 노래를 불러야 한다."라는 명령으로 읽힐 수 있다. 이러한 말들에서 이스마엘의 캐릭터는 휘트만(Whitman)의 노래를 예견한다. 하지만 그 노래는 모든 선원이 부르는 재난에 관한 노래이다.

그 요청은 신의 부르심, 천직에 대한 열망이기도 하다. 이스마엘은 자기 자신을 떨쳐 버리고 직업에 대한 신의 부르심에 응함으로써 또 다른 자아를 받아들이기 위해 바다로 간다. 그가 하려는 이야기는 바다에 사는 선원이라는 직업을 받아들인 자신의 이야기이다. 하지만 그가 이 이야기를 함으로써 한 인생에서 또 다른 인생으로 전환하는 모습을 보여 준다 하더라도 그것이 구원의 한 형태는 아니다. 전환 그 자체는 가장 복잡하고 가장 극악무도한 형태를 가정할 것이다. 왜냐하면 다시 태어난다는 것은 영혼을 되찾는 것도 아니며 내적 전환이 일어난다 하더라도 자기 독립적 자아를 회복하는 것이 아니기 때문이다. 그 문제를 바라보는 다른 방식으로는 다음과 같은 질문을 해볼 수 있다. 이스마엘은 선원이 되었지만 이전에 그는 무엇이었는가? 그리고 다음과 같은 질문을 해볼 수도 있다. 그는 언제 선원이 되었나? 이스마엘에게 전환의 순간은 언제인가?

"신께서 들으실 것이다." 그는 무엇을 듣게 될 것인가? 그것은 바다로 향하는 피쿼드(Pequod, 〈백경〉에 등장하는 고래잡이 배)의 출발과 함께 이스마엘이 사라지는 것처럼 보이게 하는, 혹은 적어도 사건의 서술자 역할로 사라져 들어가게 하는 소설의 기묘함이다. 가끔은 그가 목격하는 사건들이 그가 보았다고 하기에는 불가능한 것처럼 보이기도 한다. 경우에 따라 그는 자신이 서술하고 있는 이야기 속의 행위자가 된다. 이것 또한 단서가 된다. 호기심을 자극하는 이 책의 여러 내용들 중에서도 사건을 목격하는 서술자로서의 이스마엘의 위치는 특히 의문스럽다. 첫째, 멜빌의 작가적 파격에 대한 의문이다. 멜빌은 소설 전체를 통해 이스마엘을 향해 광경의 목격자로 설정하고 다른 등장인물들이 말로 풀어내는 생각들을 들을 수 있게 한다. 그리고 줄거리나 대화 전개의 핵심적 위치에 그가 늘 존재하는 것처럼 보이게 한다. 물론 그렇지 않고서야 어떻게 이야기를 전개할 수 있겠는가? 우리는 그러한 파타고니아 출신 선원을 통해 무한하게 들을 수 있는 이야기가 존재한다고 상상할지도 모른다. 우리는 심지어 이스마엘이 이야기의 오직 한 부분만 목격했다고 상상할 수도 있다. 하지만 페레츠가 일깨우듯 우리가 이스마엘이라 부르는 이 사람이 사건들을 목격하면서 증언을 하는 것이라는 점을 지적한다면 무슨 일이 벌어지겠는가? 그 경우 동시에 여러 곳에 편재하는 서술자는 가능하지 않다. 그래서 우리는 이러한 질문을 던져야만 한다. 오직 목격자만이 기술해낼 수 있는 특정 장면들에 어떻게 이스마엘이 존재하는가?

이 문제는 〈백경〉의 드라마를 무대에 올리는 문제와 관련해 중요하다. 피쿼드의 지리적으로 한정적인 경계를 떠올려볼 때 이스마엘이 기록하고 있는 특정 장면들에서 그가 그것들을 직접 목격하기 위해서는 스스로가 선장실이나 후갑판 안 혹은 근처에 있어야만 한다. 예를 들어 비록 선원들의 테이블의 위계를 보지 않고 재구성하는 일이 쉬운 일이긴 하지만 음식의 상세한 차림새나 식사를 담당하는 스튜어드 보병뿐 아니라 항해사, 작살잡이의 대화를 상세히 기록하기 위해서는 그것들을 눈으로 목격할 필요가 있다.(이스마엘이 식사에 참여한 사람들에게 식사 자리에서 무슨 일이 일어났는지를 물어봤을 가능성에 대해 이야기하는 것은 신빙성이 없다. 그는 저널리스트가 아니라 목격자이기 때문이다.)

이스마엘의 목격에 수상한 부분이 있다는 점과 관련해 우리는 또 다른 예로 에이해브와 스터브(Stubb)의 대화 상항을 떠올려 볼 수 있다. 이 상황은 아하브가 한밤중에 갑판 위에서 끊임없이 걸어 다니고 있는 순간 벌어진다. 스터브는 아하브에게 그의 의족을 솜 같은 것으로 싸서 소음이 발생하지 않도록 해달라고 부탁하기 위해 "갑판 아래에서 올라왔다." 아하브가 스터브를 개라고 부르는("개자식, 아래에 있는 네 개집으로 돌아가!") 그 유명한 조우의 장면은 제3자의 관점에서 서술된다. 이 목격자는 누구인가? 또 다른 예로는 스타벅(Starbuck)과 아하브(Ahab)가 선실에서 만나는 중요한 장면이 있는데, 이 역시 목격자를 필요로 한다. 그리고 마지막으로 우리는 선장실에 갇힌 핍과 아하브 사이의 놀라운 대화를 알고 있다. 누가 과연 이 대화를 목격할 수 있겠는가?

이 모든 대화들은 주요 선실인 선장실이나 선실들 및 항해사실 바로 위에 있는 후갑판 위에서 진행된다. 이 선실들은 모두 선미(船尾)에 있고 최초의 저하가 발생한 날 아하브의 비밀 조직이 등장한 때부터 선장의 통제력이 미치는 곳이기도 하다. 게다가 선미에 있는 방은 바다에 있는 사람들과 달리 항해사들이 묵는 곳이다. 배의 선미는 또한 배의 갤러리가 위치한 곳으로 이스마엘이 선원들 중에서도 가장 하찮은 존재로 묘사하는 사람인 피핀 혹은 핍이 발견될 수 있는 곳이다. 하지만 그에게 가장 중요한 문제가 발생한다.

  사실 핍은 피쿼드를 타고 항해하는 선원들 중에서 가장 어리고 선원이라는 고립자들 중에서도 가장 고립된 사람으로 묘사된다. 구조될 것이라는 희망도 없이 공해상에 수 시간 동안 떠다니다 마침내 끔찍하게 미쳐버린다. 이스마엘은 바다에 버려지기 전 핍이 밝고 다정한 젊은이였다고 이야기한다. 그는 코네티컷(Connecticut) 출신으로 탬버린 연주가이자 자유인이었다. 피쿼드에서 그는 배 지킴이로서 배를 조종하지는 못하고 요리사를 도와주거나 다른 허드렛일을 수행하는 임무를 수행한다. 하지만 그는 스터브의 고래잡이배에서 노를 젓던 이등항해사를 대신하라는 임무를 부여받는다. 하지만 핍은 고래를 무서워했기 때문에 마지못해 그 자리에 앉는다. 두 번째 항해에서 핍은 고래 잡는 줄에 말려들어 줄이 끊어지고 결국 스터브는 고래를 잃게 된다. 첫 번째 불행 이후 스터브는 핍에게 이야기한다. "배에 단단히 붙어있어. 그렇지 않고 뛰어오르면 널 버릇처럼 들어 올려줄 테다. 명심해. 너 같은 놈 때문에 고래를 잃을 여유는 없어. 앨라배마(Alabama)에서는 고래가 핍 너보다 30배는 비싸게 팔릴 게야" 핍의 자유에 대한 이러한 위협은 스터브의 입장에서는 풍자적이지만 핍에게는 두려운 것이다. 왜냐하면 핍은 스터브가 느끼지 못하는 무언가를 절실히 느끼고 있기 때문이다. 흑인이라면 누구나 도망 노예 법령(Fugitive Slave Act)의 국회 통과에 대한 생각을 하게 마련이었다. 그리고 노예가 될 수 있다는 두려운 상상을 매일같이 감당해야 했다.

핍은 고래의 30분의 1에 해당하는 가치밖에 되지 않는다는 평가를 받은 후 바다에 버려진다. 이러한 관찰은 차후에 발생하는 그의 마음의 분열에 엄청난 기폭제가 된다. 가치 평가와 관련한 자본의 힘을 언명하는 스터브의 말은 노예로 전락할 수 있는 너무도 극명한 핍의 운명을 강조하고 그가 자신의 고향인 코네티컷이 아니라 앨라배마와 같은 곳에 놓일 수 있는 가능성을 드러낸다. 모든 선원들과 마찬가지로 핍의 가치는 그가 받게 될 '배당'에 의해 결정된다. 이스마엘이 피쿼드의 소유자들과 항해에 대한 보상으로 그가 받게 될 배상과 관련하여 오랜 시간 협상하는 장면, 인간의 가치에 대해 코믹하게 서술하는 장면은 유명하다. 다른 선원들과 마찬가지로 자신이 제공하는 노동 서비스에 대한 대가와 관련해 이익의 일정 비율을 차지할 수 있도록 자신의 가치에 대해 협상하고 고래잡이배에서 항해한 시간만큼 돈을 받을 수 있도록 핍 역시 준비를 해야 한다. (멜빌이 자신의 소설들에서 종종 귀착하는 주제인) 배에서의 절대적인 규율에 근거하여 핍은 항해 기간에 따라 근본적으로 자신을 팔아야 한다. 따라서 그는 자신이 이미 소유되었으며 그 무엇도 자신이 팔리는 것을 막지 못할 것이라고 생각할지도 모른다. 스터브가 제안하는 것처럼 말이다.

이스마엘은 스터브의 배에서 떨어진 후 미친 상태로 전락하게 되는 핍의 첫 번째 운명에 대해 묘사한다. 그것은 스터브가 경고한 것처럼 자신이 진정으로 완전히 버려졌다는 스스로의 믿음에 따른 것이다.

배가 마침내 그를 구했던 순간, 하지만 사실 그 흑인 핍이 갑판으로 끌려간 순간부터 그는 그들이 이야기한 것처럼 바보가 되어 있었다. 바다는 그의 유한한 몸을 조롱하듯 들어 올렸고 그의 무한한 영혼은 물속으로 집어 삼켰다. 하지만 완전히 물에 빠뜨린 것은 아니었다. 오히려 산 채로 알 수 없는 깊이까지 끌고 내려갔고 그곳에선 이상한 모양을 한 원시 세계가 그의 수동적인 눈앞에서 이리저리 미끄러지듯 움직이고 있었다. 그리고 불쌍한 인어 위즈덤(Wisdom)이 그가 쌓아놓았던 퇴적물을 드러냈고 즐거우면서도 비정한 영원의 세상에서 핍은 거대한 바다와 신의 편재, 산호 벌레들을 보았다. 그것은 거대한 물에서 커다란 구형으로 부풀어 올랐다. 그는 베틀의 발판 위에 있는 신의 발을 보았고 그것에 대해 이야기했다. 그래서 그의 선상 동료들이 그를 미쳤다고 했다. 따라서 인간의 광적 상태는 하늘에 대한 감각이고 죽어야 하는 모든 이유에 대한 의문이다. 인간은 마침내 하늘에 대한 사고에 도달하는데 그것은 터무니없고 광적인 것이다. 그리고 화복(禍福) 어떠한 경우에도 타협하지 않고 신처럼 무심하다.

그래서 핍이 보트에서 두 번째 떨어질 때 그는 자신감을 잃게 될 것이라는 사실을 안다. 비록 그의 버려짐이 스터브에 의한 신중한 행동이 아니라 비극적인 실패라는 것이 밝혀진다 하더라도 말이다. 그리고 그것은 그가 광적 상태로 전락하는 경우에 대해서도 마찬가지인 것처럼 보인다. 하지만 핍의 자기 인식과 자기 상실 모두가 복잡한 미스터리의 일부라는 점을 우리는 알게 된다.

이스마엘은 핍이 버려지기 이전 그가 가지고 있던 쾌활하고 다정하며 유쾌한 자화상, 밝은 모습의 자화상을 강조한다. 이스마엘은 또한 핍의 영민한 특성과 인간으로서의 그의 깊이에 대해서도 이야기한다. 핍의 두 번째 및 마지막 운명에 대해 예견하면서 이스마엘은 다음과 같이 이야기한다. "그 안에 일시적으로 억제되어 있던 것이 종국에는 낯선 도깨비불에 의해 무시무시하게 비추어질 운명에 처해졌다. 그것은 그가 떠들썩한 모임 속에서 번영의 시대를 보내고 아름다운 저녁 무렵 즐거운 하하 웃음소리로 둥근 수평선을 스타 벨 탬버린으로 몰아넣었던 고향 코네티컷의 툴란드 카운티(Tulland County)에서 보였던 자연스러운 빛보다 열 배나 밝은 밝기로 그를 비추었다."

핍의 두 번째 운명은 무엇인가? "나는 본다, 너는 본다, 그가 본다, 우리가 본다, 그대들이 본다, 그들이 본다."라고 그는 이야기한다. 더블룬(Doubloon, 스페인의 옛 금화) 속에서 '보다'라는 동사의 활용을 통한 반복은 시각 개념에 강하게 대비된다. 우리는 본다. 하지만 반드시 시각적으로 봐야 하는 것은 아니다. 핍은 에이해브가 돛대에 매달아 놓은 더

블룬을 바라보고 그것이 배의 '중앙' 이라는 자신의 배가된 시각으로 그것을 바라본다. 그는 한번 돛대에 매달면 배가 침몰할 때까지 더블룬은 풀리지 않는다고 기록한다. 따라서 종국에 이스마엘이 기록했던, 핍이 광적인 지혜를 얻었던 바다 밑으로 들어가야 한다.(더블룬 자체는 부활의 날까지 회복되지 않을 것이다.) 침몰하면서 핍의 광적 상태는 강하게 응축된 형태를 띠고 자기 자신에 대한 감각을 잃는다. 그것은 일종의 엑스터시이다. 핍의 광적상태에 대한 강한 응축은 '보다' 라는 동사의 반복적 활용과 깊은 관련이 있다. 이 동사의 반복은 잠재적으로 '보라, 보라!' 라는 명령적 형태를 통해 우리로 하여금 우리가 모든 시도의 무력함을 보이면서 세상에 대한 우리의 지식을 주장하기 위해 단어를 어떻게 사용할 수 있는지 생각하도록 촉구한다. 그러한 말은 우리가 제정신을 유지하기 위해 받아들일 준비를 하고 있어야 할 것보다 더 현실감 있는 것이다! 이스마엘과 에이해브 모두가 인정하는 광기의 장소로부터 발화된다.(핍과 에이해브의 대화에서 드러나는 치유의 가능성과 서로에 의해 기억될 수 있는 희망은 흰 고래에 대한 에이해브의 집착, 그로 인해 다리를 잃고 인간 세계에서 배제되었다는 사실에 대한 집착에 의해 에이해브로부터 거부당한다. 에이해브의 좁은 시각은 그를 비극적 운명으로 몰아가고 핍의 시각은 그를 또 다른 곳으로 옮겨간다.)

핍의 이름에 또 다른 단서가 담겨 있다. 이스마엘이 기록하는 것처럼 그의 이름은 피핀(Pippin)의 닉네임이다. 그리고 '핍' 이라는 단어의 한 가지 의미는 씨앗이며 따라서 핍은 사과의 씨앗이라 여겨질 수도 있다.

그것은 유혹의 기원, 원죄의 핵심, 인간애를 파라다이스에서 몰아내는 지식이다. 옥스퍼드 영어사전(the OED)은 또 다른 관점에서도 교훈적 가치가 있다. 단어 pip은 또한 엿본다는 뜻의 단어 'peep'의 축약형이기도 하다. 핍의 또 다른 의미는 카드나 주사위에 있는 검은 표식이다. 그것은 그 이름 자체에 기회의 요소를 제공한다. 핍은 피쿼드에 오른 모든 이들을 광적인 시각으로 바라본다. 그는 peeper로서 관찰자로 여겨질 수도 있다. 즉 모든 사건에 대한 비밀의 목격자인 것이다. 이는 사건 자체의 우연성에 굉장히 민감하다.(이 핍에 대한 대단한 기대는 존재하지 않는다.)

  핍의 광기는 셰익스피어의 광대가 지니는 지혜와 정확히 같은 종류는 아니다. 하지만 리어 왕의 광대와 같이 그는 그의 이야기를 듣고 있는 모든 이들에게 지혜를 나누어준다. 특히 악의 화신인 에이해브에게 그러하다. 에이해브는 불쌍한 광인 핍이 자신의 잃어버린 자아를 꾸짖는 모습을 보고 가슴 깊이 감동을 받는다. 그는 다른 누구에게도 감동받지 않는 자임에도 말이다. 그는 흰 고래와 마지막으로 대면하는 순간까지 핍을 자신의 선장실에 계속해서 머물도록 한다. 에이해브는 스타벅에 대한 사랑 다음인 핍에 대한 자신의 사랑이 고래와 대면하기 위해 극복해야 하는 마지막 장애물이라는 사실을 인정한다. 스타벅에 대한 그의 사랑은 아버지와 남편이라는 정체성에서 나오는 것이고 핍에 대한 사랑은 평범한 영락이라는 다른 정체성에서 나오는 것이다. 그는 핍의 깊은 공감이 그를 균형 잡히게 한다는 사실을 안다. 한 가지 일에 몰두하는 자신의 주의를 흩뜨려 흰 고래와 대면하겠다는 자신의 최종 목표를 위험에 빠뜨린다. 에이해브는 핍을 떠날 준비를 하며 이렇게 이야기한다. "불쌍한 핍, 네 안에는 나의 병이 치유되는 것처럼 느끼게 하는 것이 있다. 치료약의 기호와 같이 이 사냥꾼에게는 나의 병이 나에게 가장 바람직한 건강이다." 핍은 이렇게 주장한다. "당신의 잃어버린 다리를 위해 나를 불쌍히 여기십시오. 나를 밟고 가십시오. 더 이상 요구하는 것 없이 당신의 일부분으로 남아있겠습니다." 핍은 1인칭을 사용함으로써 그의 구제 가능성과 그 자신이 타인과 일종의 결합 상태로 회귀하고자 하는 희망에 대한 신호를 드러낸다. 핍의 부재는 에이해브의 실존이며 에이해브가 한 가지 일에만 몰두하는 시각을 얻을 수 있게 되는 방법이다. 하지만 그는 자신의 인생보다 고래에 대해 더 강한 집착을 보이고 있어 핍을 떠나야만 한다. 피쿼드에 있는 그 어떤 살아 있는 영혼보다 더 심각한 혼자 상태로 핍을 남겨두어야 하는 것이다. 맨 처음 스터브에게 버려진 후 이제는 에이해브뿐 아니라 그 자신으로부터도 버려진다. 에이해브가 마지막으로 떠나는 날 핍이 말한다. "그가 여기에 서 있던 순간 나는 그의 공기와 함께 서있지만 혼자입니다. 이제 더 가련해진 핍을 나는 견딜 수 있지만 그는 없습니다. 핍, 핍!" 여기서 핍은 마지막으로 1인칭을 사용하고 영원히 1인칭을 사용하지 않는다. 다른 사람의 공기 아래에 서 있으면서 자신을 잃어버린 사람보다 더 외로울 수가 있겠는가? 이렇듯 중복적으로 자아를 잃어버리는 것은 우리로 하여금 또 다른 질문을 이끌어내는 새로운 단서가 된다. 여기에서 이야기하고 있는 것은 누구인가? 핍은 사라졌다. 그렇다면 그의 자리에서 이야기하고 있는 것은 누구인가?

〈백경〉의 두 번째 초안이 멜빌이 〈리어〉를 읽고 난 후에 집필된 것이라는 찰스 올슨의 발견은 우리로 하여금 핍을 진실을 이야기하는 바보로 여기게 한다. 핍이 자신의 마음을 잃어버렸을 때 그는 또한 묘한 객관성을 획득한다. 즉 셰익스피어의 광대에서는 일반적이지 않은 제3자의 시각이다. 그 위치에서 그는 드러나는 비극의 무자비한 아이러니에 대해 코멘트를 할 수 있다. 하지만 그의 코멘트는 그의 왕인 에이해브에 대한 것보다는 화이트 이벤트에 직면한 이후 그가 겪게 되는 이 또 다른 자아의 상실에 관한 것이 더 많다. 게다가 멜빌은 셰익스피어가 자신의 광대들에게 제공하지 않는 무언가를 핍에게 제공한다. 그의 광기의 기원, 즉 버려짐에 대한 설명이다. [그런 점에서 핍이 진짜 바보라면 그는 리어 왕의 지속적인 동료보다는 영웅적 에드가(Edgar), 베들람(Bedlam)의 탐(Tom)에 더 가깝다.]

핍은 이스마엘의 운명을 예견한다. 이스마엘은 혼자 떠올라 핍 자신이 그랬던 것처럼 완전히 버려진다. 이스마엘의 전체적인 내러티브는 핍만큼 광적인가? 그만큼 현명한가? 이스마엘은 홀로 살아남은 자의 이야기를 들려준다. 우리는 페레츠가 그에 대해 상상하는 것처럼 그에 대해 상상할지도 모른다. 마서즈 비니어드(Martha's Vineyard) 거리에서 자신의 이야기를 하고, 맨해튼(Manhattan)의 선술집을 전전하며 지나가는 사람들에게 황급히 자신의 이야기를 하고, 종국에 핍이 그랬던 것처럼 자신을 미치광이라도 되는 듯 흘끗거리는 사람들의 무관심에 실망하는 이스마엘의 모습을 말이다.

이스마엘에게는 비밀이 있다. 그것이 무엇인가?

핍과 이스마엘, 이스마엘과 핍. 팔릴지도 모른다는 핍의 두려움은 홀로 떠오르면서 공포로 뒤바뀐다. 스터브의 위협이 이제는 소년의 운명에 대한 예언이 되었음을 실감하면서. 이러한 생각은 참을 수 없다. 그래서 핍은 그것에 대한 생각을 그만둔다. 하지만 이 불쌍하게 찢겨진 영혼의 몸은 물 위에 떠서 표류하며 다음 차례를 기다린다. 이 생각 없는 핍은 무엇이 될 것인가? 그는 가치 있는가? 다시 말해 그는 여전히 가치를 소유하고 있는가. 우리가 본 것처럼 항해의 길이에 따라 핍의 가치는 그의 '배당'으로 매겨진다. 이러한 가치 평가에서 어떻게 판매되고 구매되는 것 사이의 핵심적인 관계를 보지 않을 수 있겠는가?

가치와 가격의 관계에 관한 홉스의 공식은 〈백경〉에서 완벽하게 구현된다. 에이해브의 오만을 넘어 그것과 별개로 그의 광기를 흐르고 있는 것은 외로운 자아의 내재적 삶에 대한 불가해한 가치와 관련된 상보적(相補的) 긴장 속에 존재하는 가치에 대한 지속적인 계산이다. 동등한 가치를 부여하려는 시도는 교환 가능한 부분까지 선원의 수를 줄인다. 그것은 또한 선원들 서로가 모든 선원들의 가치를 높이기 위해서, 혹은 부정적으로 이야기하면 실패한 항해에 따른 가혹한 평가를 피하기 위한 공통의 프로젝트에 참여하려고 노력하면서 상호 간의 관계를 강화한다. 따라서 핍과 마찬가지로 이스마엘은 스스로 노예화의 가능성에 대한 위협을 받고 있다고 생각한다. 핍과 마찬가지로 이스마엘은 상황을 엿보는 관찰자이며 피쿼드의 후갑판이라는 특정 위치에서만 관찰할 수 있는 사건에 대해 서술한다. 핍과 마찬가지로 이스마엘은 바다에 표류하게 되어 밤낮을 바다 위에 머물며 우연히 레이첼(Rachel)호에 의해 구조되고 그 배 위에서 잃어버린 선원들을 찾는다. 핍과 마찬가지로 이스마엘은 난처한 상황에 놓여 있으며 영민하고 똑똑한, 의심할 바 없이 마음은 뉴요커가 된 코네티컷 사람, 바다 위에서 자신의 배당금은 다른 이들의 배당금과 별도로 계산될 수 없다고 생각하는 사람이다.

  나는 이렇게 이야기하려고 한다. 〈백경〉에서 비극의 엔진은 이스마엘이 핍이라는 사실이다. 우리에게 자신을 이스마엘이라고 부르라고 요구 혹은 제안, 간청하는 서술자의 분열된 정체성은 피쿼드에서 가장 중요성이 떨어지는 선원 핍의 마음속에 있는 그것이다. 홀로 남아 이야기를 들려주는 것은 상상 속 선원의 정체성을 가정하는 보조요리사이자 새로운 정체성을 가지고 지나가는 중요하지 않은 관찰자 핍이다. 배 위에서 일어나는 크고 작은 일의 조용한 목격자가 핍이다. 우리로 하여금 이스마일이라 부르도록 요구하고 선원이라고 주장하는 것이 핍이며 검은 교회 안으로 들어가길 망설이다 쫓겨나는 자신의 모습을 상상하는 것이 핍이다. 종국에 사랑하는 퀴퀘그(Queequeg)의 검음에서 추방당했다고 처음 주장하는 핍이다. 핍의 바다 속으로의 침몰을 기록하는 것이 핍이며, 핍이 그가 보았던 베틀 위의 신의 발을 묘사하는 것이다. 핍은 핍의 경험에 대한 목격담을 이야기하는 것이다.

이야기의 재구성에서 이 모든 사건들은 아이러니한 혹은 어쩌면 촌스러운 설정을 가정한다. 이렇듯 시간의 전후관계와 인과관계를 혼동하고 있는 정체성은 그가 타인의 행동을 관찰하는 동안, 그가 낮은 위치에서 좀 더 상승한 지위를 꿈꾸는 동안, 스터브의 배에 대한 서비스를 강요당하는 동안, 화이트 이벤트의 개인적 경험이 그를 자아로부터의 분열로 몰고 가는 동안, 그리고 마지막으로 그가 배 위에서 가장 중요한 인물이라는 자신감에 근접하는 동안 보조 요리사인 그에게 훌륭한 위장술을 제공하는 것으로 쉽게 이해될 수 있다. 춤을 추고 탬버린을 연주하는 밝고 영민한 예술가는 피쿼드 위에서 벌어지는 드라마를 상세히 기술할 만한 감각을 지니고 있고 표류하는 동안 그는 마지막에 자신이 본 것, 즉 바다의 가장 깊은 곳을 보게 될 선원의 마지막 운명을 예견한다.

　핍은 누구인가? 이스마엘이 이야기하는 것처럼 그가 현명한 사람이라고 상상해보자. 하지만 그에 그칠 것이 아니라 좀 더 상상의 범위를 넓혀보자. 가령 이런 것이 될 수 있을 것이다. 그는 유명인의 첫째 아들이다. 주인과 하인의 결합에서 태어난 아이로 이스마엘이라는 이름을 얻게 된다. 그가 바로 잃어버린 아들, 서자, 잃어버린 부족의 설립자 (설령 구성원이 오직 자신뿐인 부족이라 하더라도 말이다), 훨씬 사랑받는 합법적인 아들보다 먼저 태어난 버려진 첫째 아들, 랜돌프 가의 이족(異族) 혼혈 흑인 아이이기 때문이다. 그는 악마적이고 운명이 정해진 피쿼드 호의 파카고니아인 선원에 대한 성경에 버금가는 또 다른 이야기를 가지고 있다.

핍이 이스마엘이라고 상상한다면 우리는 더 많은 것을 상상할 수 있을 것이다. 여러 이본(異本)의 교합을 통해 형성된 미국적 자아, 그 자신의 해명의 비극에 의해 분열되고 모든 자아가 팔리거나 사질 수 있다는 절망적인 지식에 부합하지 못하는, 그리고 모든 척도가 가격이라는 공통 분모로 단순화되는 난처함에 빠진 미국적 자아가 그것이다. 그렇다면 이야기는 또 다른 교훈을 담게 된다. 미국에서 외롭다는 것은 현명한 흑인으로 사는 것이다. 늘 판매되거나 구매될 위험에 노출되어 있고 권력과 상실의 깊은 계보에 얽혀 시간이 지날수록 파국이 심화되기만 하는 비밀의 목격자가 되는 것이다.

화이트 이벤트

〈백경〉의 완전한 의미를 파악하기 위해서 우리는 '화이트 이벤트의 수수께끼 같은 왕국'에서 벌어지는 재난의 우화적 성격을 이해해야만 한다고 페레츠는 이야기한다. 화이트로 대변되는 것들-고래, 에이해브, 그의 울음과 외침이 남아 있는 선원들의 목소리와 섞여 하얀 소음으로 변화되는 것-과 이스마엘의 조우는 모든 앎의 가능성을 없애버리는 재난과 대면할 때 풀 수 없는 정체성의 수수께끼를 드러낸다. 이 재난은 인생의 파괴에 직면하여 삶에 의해 압도되는 느낌을 경험하는 것에 지나지 않는다. 우리의 완전한 반응을 요구하는 만남이다. "'나'의 벌거벗은 실체(the living nudity)를 발견하게 하는, 이렇듯 상처를 주는 요청은 동시에 단일화의 요청이기도 하다. 그리고 그것은 내가 가진 것들을 잃게 하고 그것에 노출되는 것은 나 역시 그것에 반응하여 그것의 이름을 부르고 그것에 책임져야 하는 것을 의미한다. 비록 그것이 나로부터 원하는 것이 무엇인지 내가 알 수 없다 하더라도 말이다. 나는 또한 나의 존재, 나의 인생을 정당화하기 위해 그 앞에 있는 내가 누구인지에 반응해야 하는 임무를 가지고 있다. 그것은 그 판단 앞에 노출되어 있다."

결국 이러한 책임과 그 해결 불가능성이 현대 소설의 주제 문제이다. 페레츠는 이렇게 쓰고 있다.

이 사건의 우화적 성격은 현실 도피적 환상을 제공하는 것으로만 이해되어서는 안 된다. 왜냐하면 그 우화적 기원을 가진 화이트 이벤트가 재난적이고 잊지 못할 상처로 남은 사건임을 우리가 보았기 때문이다. 이 사건에 개입된 '나'의 붕괴는 '나'에게 익숙하고 안정적인 세상을 파괴하는 상처를 입히는 참화이다. 따라서 우화적, 괴물적, 재난적인 것 모두가 함께 열리고 같은 순간 어우러지며 언어적으로 울음과 연계된다.

이 울음은 우리가 화이트 이벤트에 직면하여 가지는 모든 것이며 우리를 움직이게 하고 현대의 비극 그 자체의 핵심이 된다. 요청의 형태로 나타나는 이 울음은 인간과 비인간을 구분한다. 그것은 울부짖음이요, 더 이상 아래로 떨어질 수 없는, 인간의 상태를 유지하게 하는 마지노선이다.

　세상의 파괴에 직면해 나타나는 '나'의 붕괴는 〈백경〉의 특징적 사건이라고 불러도 좋을 것이다. 그렇다면, 그리고 핍이 이 붕괴의 나레이터라는 것 또한 사실이라면, '이야기를 들려주는' 이스마엘로서의 그의 미스터리한 생존은 그를 두 개의 상호 얽혀져 있는 정치적 문제를 함축하는 독특한 지위에 올려놓는다. 노예 문화 속의 아프리카계 미국인이라는 지위와 외로운 존재에 대한 아바타로서 분열된 정체성을 지닌 보편적 표류자의 지위가 그것이다. 이러한 점에서 아프리카계 미국인의 경험이라는 비극을 푸는 것은 미국의 정치 사고에서 불가능한 프로젝트로 남아 있다. 그리고 그것은 모든 미국인들이 종국에 우리 자신을 스스로 구출하기 위해 세상에 제시해야 하는 사항이다. 우리 주변을 맴도는 노예 문제를 받아들여야 할 뿐 아니라 이와는 조금 다른 성격의 제노사이드와 우리 시대가 대면을 꺼리는 권력의 제노사이드에 우리 스스로가 자주 노출되는 점을 인정하는 방향으로 나아가야 하는 것이다. 왜냐하면 〈백경〉의 외로운 자아의 경험에 의해 전면에 나타나는 또 다른 유사한 문제가 여전히 존재하기 때문이다. 파괴되고 미친 노예와 강제 수용소의 수용자 사이에 유사 관계가 존재하고, 그것들 모두 페레츠가 '벌거벗은 실체(the living nudity)'라고 부르는 벌거벗은 인생의 현대적 형태에 대한 대안적 체현(體現)으로 존재한다.

　이러한 벌거벗겨짐, 화이트 이벤트의 아무것도 없음(nothingness)에 대한 노출은 극단적 상태에 놓인 외로운 자아의 이야기되지 않은, 어쩌면 이야기할 수 없는 경험이다. 우리는 이러한 어둠의 심장을 느끼지 못하게 되어 있다. 그리고 우리들 중 어느 누구도 그것을 이야기할 수 없다. 화이트 이벤트에 대한 요청은 서구의 세속적 역사 속에서 역사를 적극적으로 바라보면서 스스로 움직인다. 그러한 역사에 대한 적극적인 목격은 역사 밖에서 주관적인 토대를 다지면서 사냥에 참여하기도 하고 목격자로서 울부짖으면서도 여전히 그 역사를 극복하는 것에 대해 예언적 상상을 하는 등의 행위와 결합되어 나타난다. 미국인들 중에서 대서양 중앙항로(the Middle Passage, 아프리카 서해안과 서인도 제도를 잇는 중앙항로)를 경험한 사람보다 화이트 이벤트에 대해 더 잘 안다고 주장할 수 있는 사람이 누가 있겠는가? 가족들과 찢겨져 족쇄를 차고 아프리카 서해안으로 옮겨져 노예선이라는 블랙홀 안에 던져진 채로 알지도 못하는 바다를 건너 미지의 땅으로 건너온 사람들. 정신적으로나 신체적으로 분열된 채로 말로 형용할 수도 없고 끝도 없는 지루한 항해에 직면해 노래를 부르며 미 대륙의 동부 해안으로 오게 되었던 이 다른 부류의 아프리카 이주민들은 그에 따른 새로운 문화의 형성에 결정적인 영향을 미쳤다. 그들은 우리로 하여금 이곳에 잠재하고 있는 공포와 악의 근원에 대해 알아갈 준비를 하도록 했다. 우리가 화이트 이벤트의 경험이라고 부를만한 미국적 숭고함은 이제 전 세계에 나타나고 있다. 그것은 제국의 오래된 모험에 등장하는 베트남인들, 필리핀인들, 멕시코인들, 일본인들, 미국 인디언의 형상으로 나타났던 것이 아니라면 아부 그라이브(Abu Ghraib)에 있는 제국의 교도소에 수감된 채 학대받고 굴욕을 당하고 있는 자들의 새로운 형상으로 나타난다. 이러한 사건들은 화이트 이벤트의 극악무도함을 하나의 이미지로 구체화하고 그러한 과거의 주장들을 동시대화하며 우리가 부지불식간에 만들고 있는 제국을 기다리고 있는 거대한 재난에 대해 우리에게 경고를 한다.

이러한 지속적인 재난과 관련하여 우리는 핍의 광기를 어떻게 이해할 것인가? 핍은 바다 속 밑바닥까지 가라앉아 소중한 지혜의 광활한 공간을 목격한다. 그의 침몰은 그로 하여금 이성을 넘어서 보게 하고 숨겨진 이면, '뒤틀림 없는 원시 세계'를 보게 한다. "따라서 인간의 광적 상태는 하늘에 대한 감각이고 죽어야 하는 모든 이유에 대한 의문이다. 인간은 마침내 하늘에 대한 사고에 도달하는데 그것은 터무니없고 광적인 것이다. 그리고 화복(禍福) 어떠한 경우에도 타협하지 않고 신처럼 무심하다." 그러한 무심함으로 그는 모든 것을 목격할 수 있고 베틀 위에 놓인 신의 발에 대해 이야기할 수 있다. 하지만 그가 목격하는 것은 무엇인가? 그는 그 자신에 대한 관찰자, 완전한 혼자가 된다. 그 이후로 그는 제3자가 된다. 이 사실을 알지 못한 채 "핍은 어디에 있는가?"라고 그는 묻는다. 이것은 그가 이제 핍이 아님을 의미한다. 핍의 육체는 형상으로 존재하지만 그의 자아는 새로운 정체성 안으로 녹아들어가 버렸다. 이것은 외로운 자아에 의한 정신 분열 상태로 그러한 상태가 작동하면 당신 스스로에 대해 마치 그곳에 존재하지 않는 것처럼 이야기할 수 있게 된다. 이러한 이상한 감각으로 핍은 데카르트적 자아의 종착점이 된다. 더 이상 그가 누구인지 알지 못하는 영적인 자아가 가지는 궁극적 형태가 되는 것이다.

  핍은 이스마엘이라 불리길 원하는 이러한 다른 자아 속으로 사라진다. 그는 사라졌다. 하지만 이것은 무엇을 의미하는가? 그 결과 영적 생존, 핍에 의한 이스마엘의 출현, 그리고 모든 미국 문헌이 생겨났는가? 만약 그렇다면 이러한 의식 가장자리의 문헌이 어떻게 우리로 하여금 이렇듯 외롭고 중요하지 않은 존재의 절망적인 경험을 이해할 수 있게 하는가? 만약 핍의 파괴로부터 이스마엘이 출현하는 것이라고 한다면 우리는 좀 더 거대한 정치적 서술 안으로 한 걸음 움직이고 외로운 자아의 운명에 대한 또 다른 노력을 기울여볼 수 있을 것이다. 그것은 다음과 같은 질문으로 바꿔볼 수 있을 것이다. 이처럼 가장 주변적인 성격이 정치적 주체인 우리의 경험의 중심으로 들어오면 무슨 일이 발생하는가?

  만약 핍이 자아의 완전한 소멸로부터 그러한 움직임을 나타낸다면 윌리 로만(Willy Loman)의 붕괴와는 차이가 있다. 그는 그의 자아를 다른 자아로 대체하지 않고 미래에 대한 그릇된 희망으로 그 자신의 자아를 죽인다. 죽음 이후에도 지옥 같은 판매 기제는 계속된다. 소유되는 부류가 아닌 소유권 자체가 다른 부류의 종착점이 되고 그것은 회피하기 훨씬 어려운 이상한 결말을 제공한다. 소로는 이렇게 이야기한 바 있다. "남쪽을 바라보는 자를 발견하는 것은 어렵다. 북쪽을 바라보는 자를 발견하는 것은 그보다 나쁘다. 그리고 가장 나쁜 것은 당신이 스스로를 노예 상태로 몰아갈 때이다."note9 더 좋고 나쁜 것에 대한 그의 신념에 대해 의문을 품을 지도 모르지만 그가 하려는 이야기의 핵심은 충분히 직접적이다. 소유권이 그 자신이 노예라는 것을 의미하는 자기 소유된 인간에 의한 깨달음은 그가 자신을 잃어버렸다는 트라우마의 발현이다. 그는 언젠가 판매되거나 구매될 또 다른 소유된 존재일 뿐이라는 사실을 깨닫게 된다.

　윌리 로만은 또한 그 자신의 화이트 이벤트를 향해 분투한다. 훌륭한 삶이 무엇인지에 관한 우리의 가정을 부수어버리고 그러면서도 그가 경험한 세계만큼 거대한 재난에서 움직여 나올 수 있게 하는 조건으로 그의 삶을 끝냄으로써 말이다. 만약 이 사건의 수확물을 거두어들이는 자가 윌리가 아니라면 그것은 아마도 진정 '쓸모없는 인간(nothing man)'인 비프가 될 것이다. 소유의 개인주의가 만연한 상황에서 또 다른 출구를 찾기 위해 낮은 상태에서 더 낮은 상태를 찾아 가는 사람 비프. 비프와 윌리의 관계가 이스마엘과 핍의 관계와 같다면 외로운 자아의 페이소스를 알려주는 이러한 상실, 이러한 무(無)의 의미를 가장 완벽하게 구현할 수 있는 또 다른 사람은 누구인가?

　핍과 윌리는 외로운 자아의 종착점인 유아론(唯我論)의 대표적 인간들이다. 핍은 작가 헐먼 멜빌의 상상이 만들어낸 허구적 인물로 그에게 배당금을 지불하는 자로부터 괴롭힘을 당하고 혼자 죽게 될 것이다. 누구도 그의 긴박하고 광적인 이야기나 외로운 자아에서 벗어나려는 그의 모호한 열망의 표현에 관심을 기울이지 않는 상황 속에서 말이다. 핍은 아무도 아니다. 핍은 문학 작품의 역사에 등장하는 그 어떤 인물 못지않게 외로운 사람으로, 바로 모두가 하나인 'all-one'이자 깊은 사고에 빠져드는 자이다. 그는 이스마엘이자 잃어버린 형제, 보이지 않는 사람, 분열된 조각, 멋진 배 피쿼드에서 가장 보잘 것 없는 사람, 화이트 이벤트의 목격자이며 바다에 표류하며 상상 속 친구의 틀에 갇힌 미치고 상실된 외로운 자아이다. 윌리는 20세기 미국의 영리한 아들(역자 주: 아서 밀러)이 만들어낸 창조물로 편리한 삶에 대한 오만한 열망이 얼마나 끔찍한 대가를 요구하는지 아는 자이다. 윌리는 넘버원의 세상에 살고 있는 지위가 낮은 사람이다. 넘버원의 세계에서는 최고가 아니면 아무것도 얻지 못하며 지위가 낮은 사람에게도 관심을 기울여야 한다는 주장이 무시된다. 우리는 윌리와 같은 자로부터 눈을 돌린다. 아서 밀러는 멜빌과 같은 불가능한 꿈을 꾸며 멜빌이 우리에게 최고의 소설을 내놓았듯 최고의 희곡을 내놓고 그를 계승한다.

  이들 캐릭터들을 지켜본 것처럼 우리는 우리의 유령들, 우리 자신의 잃어버리고 가련한 자아들을 바라본다. 이것이 바로 미국에서 외롭다는 것의 의미이다.

CHAPTER 03
사랑

표면적으로 보면 사랑하고 있는 사람은
자신이 사랑하는 사람을 원하고 있다. 물론 이것은 사실이 아니다.
-앤 칼슨(Anne Carson), 《달콤 쓸쓸한 에로스(Eros the Bittersweet)》

어머니의 언어

코딜리아는 계산을 하고 그녀의 사랑을 나눈다. 역설적으로 그녀가 그렇게 하는 것은 신중하게 따져 측정한 진실한 사랑, 자기 것을 남기고 아버지에게 드릴 수 있는 모든 사랑의 말을 아버지에게 전하기 위해서이다.

하지만 코딜리아의 계산에는 아버지에 대한 사랑을 표현하는 것 이상의 의미가 담겨 있다. 코딜리아의 말이 계산되는 것은 부분적으로 그녀가 엄마의 상실이라는 고통을 겪었기 때문이다. 잃어버린 엄마의 문제를 시작하는 것은 프로이드의 말을 빌리자면 끝없는 분석을 시작하는 것이다. 하지만 이 사실이 분열된 사랑의 문제를 풀기 위해 우리가 노력하는 과정에서 나타나는 외로움의 상황을 위해 우리가 무언가 다른 것을 할 수 있다는 것을 의미하는 것은 아니다. 이것은 사실이다. 그것은 단지 리어 왕의 아내가 권력 이양의 순간에 이미 죽고 없었다는 사실 때문만은 아니다. 이 희곡에는 외로운 자아에 대한 좀 더 폭넓은 이야기가 담겨 있다. 아버지에 대한 딸의 사랑을 평가하는 것은 단지 부분적인 문제이다. 우리 인간은 본래의 상태, 원시 통합의 재결합 상태인 유아기 상태로 돌아가려고 노력하는 찢기고 분열된 존재들이다. 언어와 체현(體現)의 복잡한 상호 작용은 우리의 외로움을 이해하려는 스스로의 노력을 조절한다. 하지만 우리의 언어라는 바로 그 사실조차 결국에는 처음과 마찬가지로 우리가 여성으로부터 태어난 것이라는 사실을 이야기한다. 그 매트릭스가 우리가 스스로를 표현하는 방식을 만들어 낸다.

《월든(Walden)》에서 언어와 관련한 소로의 주장은 노골적으로 성차별적이긴 하지만 여기에서도 적절하게 적용된다. 소로는 《월든》에서 어머니의 언어(mother tongue)와 아버지의 언어(father tongue)가 구분된다고 쓰고 있다.

"하나는 일반적으로 일시적인 것으로 소리이고 말이며 단지 방언이기도 하다. 거의 동물적인 것으로 우리는 엄마들로부터 무의식적으로 그것을 배운다. 짐승들처럼. 또 다른 것은 완성된 형태로 그것의 경험으로 나타난다. 그것을 어머니의 언어라고 부른다면 이 다른 것은 아버지의 언어이다. 그것은 제한적이고 선택된 표현으로 귀에 들리기에는 너무나 의미심장하고 그것을 말하기 위해서 우리는 다시 태어나야만 한다." note1

이 부분에서 소로가 주장하는 바는 공사(公私) 노동의 구분 및 가정과 학교의 구분을 반영하고 있는, 성적(性的)으로 굉장히 잘 구분된 것이다. 어머니의 언어는 짐승들이 배우는 것이고 아버지의 언어는 짐승들이 어떤 능력의 성취를 통해 배우는 것이다. 소로가 이러한 차이를 강조하는 것은 탄생의 경험을 재창조하기 위해서이다. 무언의 야만적 시작에서 벗어나 우리는 과거의 일에 대한 기억의 기초가 되는 또 다른 무언의 경험을 향해 나아간다. 우리는 그것을 읽기, 쓰기 혹은 사고하기라고 말한다.

　소로의 관심은 단순히 아버지의 언어를 도입하는 것이나 글쓰기가 만들어낼 수 있는 문화에 대한 주장에 관한 것이 아니다. 그가 관심을 가진 것은 그러한 글쓰기를 통해 귀에 들려질 수 있는 소리뿐 아니라 침묵에 관한 것이고 그러한 글쓰기 없이는 우리가 들을 수 없는 소리와 침묵에 관한 것이다. 그는 다음과 같이 쓰고 있다. "로마와 그리스의 군중들이 들을 수 없던 것들을 그 시대가 소멸하고 난 후 소수의 학자들이 읽게 되었고 여전히 소수의 학자들만이 그것을 읽고 있다." 소로에게 있어 어머니의 언어와 아버지의 언어 사이의 이러한 소멸은 민주주의를 향한 열망을 나타낸다. 읽고 쓰는 능력이 좀 더 보편화되어 우리 모두가 읽는 것을 배우게 되고 그 결과 그러한 능력이 없이는 들을 수 없는 것을 듣게 되는 불확실한 미래의 민주주의가 아마도 그것일 것이다.

　말하는 언어와 읽는 언어 사이의 소멸에 대한 개념은 소로에게 있어 보편적인 철학적 중요성을 지닌다. 소리에 대한 그의 이론은 소멸에 의

존한다. 시간의 소멸이 그에게는 인간의 일반적 표출에 대한 주요 표현이기도 하기 때문이다.

    땅은 잎을 통해 그 자신을 바깥으로 표현하고 내적으로 그러한 생각을 간직한 채 그러한 노동을 한다는 사실에는 의심할 바가 없다. 원자들은 이미 이 법칙을 배웠고 그에 따라 풍요로워진다. 높게 걸린 나뭇잎은 여기에서 그 원형을 본다. 내적으로는 구형이든 동물의 몸이든 그것은 축축하고 두꺼운 엽(葉, lobe)이며 특히 간(liver)이나 폐(lungs), 비옥한 나뭇잎(leaves)에 적용되는 단어이다 [-, 노동(labor), 과오(lapsus), 흐름, 아래로 미끄러짐, 소멸: -, 구형(globus), 엽(lobe), 구(globe): lap, flap 등 다른 여러 단어들을 나타냄]. 외적으로는 마르고 얇은 잎(a dry thin leaf)에서 f와 v조차 막히고 공기가 차단된 b이다. 엽(lobe)의 축약형은 lb로 나타나고 이는 유음 l이 b 뒤에서 그것을 앞으로 밀어주어 부드러운 형태의 b가 된다(single lobed, or B, double lobed). 축약형 glb로 나타낼 수 있는 단어 globe에서는 후음 g가 더해져 그 의미에 목의 능력을 더해 준다… 나무 전체는 그러나 하나의 나뭇잎이다. 그리고 강은 여전히 좀 더 거대한 나뭇잎들이며 그 과육이 땅 사이에 끼어든다. 그리고 마을과 도시는 잎에 놓인 곤충들의 알이다.

    이 문단에서 소로는 다른 부분에서와 마찬가지로 우리로 하여금 입을 움직여 단어를 형성하는 글자들의 소리 형태를 큰 소리로 읽게 하려는 듯하다. 이렇게 단어의 소리에 뛰어드는 낯선 구체화가 삶의 근원적 기초로서의 나뭇잎에 대한 논의에 기초하고 있다는 사실은 우연이 아니다. 소로는 우리로 하여금 단어와 그것의 구체적 현상, 세상에 대한 구체화 사이의 심오한 연관성을 되새기게 하고자 한다. 후음 g는 목구멍을 구체화하고 그것은 발화의 울림에 대한 입의 자각 및 글로 쓴 언어와 말하는 언어를 연결하는 단어의 글자들 안에 그것이 보존되도록 부연한다. 소로는 글로 쓰는 언어와 말로 하는 언어 사이의 거리를 강조하고 그것들이 분리되는 최초의 순간을 구체적으로 재현함으로써 우리 스스로를 재구성하는 방법을 제시하려는 것처럼 보인다. 그가 언급하는 입술은 입과 입술을 모두 아우르는 것이며 아이를 낳는 출산이라는 노동은 은유적으로 단어를 생성해내는 노동과 유사하다. 이렇듯 단어를 구성하는 글자에 대한 후음의 소리내기를 통해 소리와 시각을 연계하는 것은 우리로 하여금 탄생을 만들어내는 기관인 두 개의 입-단어를 만들어내는 기관과 우리를 세상에 나오게 하는 기관-의 분리 순간에 깔려 있는 연속성을 회고하게 한다. 이 같은 어머니와 아버지의 화해의 순간은 소리에 대한 소로의 감각으로 여겨질지도 모른다. 그것은 또한 코딜리아의 계산된 언어에 대한 리어 왕의 반응을 대안적으로 나타내는 역할을 할지도 모른다는 생각을 해본다.

 소리에 대한 이러한 감각은 구체화에 대한 소로의 심오한 이해와 헌신의 일부분이다. 그는 인간의 출산에 대해 상상한다. 그것은 우리의 경험 혹은 어머니의 언어에 대한 주장에 깊이 새겨져 있을 뿐 아니라 진흙 덩어리에서 만들어진 아담(Adam)의 성서적 알레고리의 심연에 내재된 것처럼 세속적 인간의 가능성을 넘어선 초세속적 성격을 지닌 아버지의 출산이라는 측면도 담고 있다.

인간은 진흙을 녹여 만든 덩어리가 아니고 무엇인가? 인간 손가락의 구형은 물방울이 응축된 것이다. 손가락과 발가락은 녹아내리는 몸의 덩어리로부터 가능한 한계까지 흘러간다. 인간의 몸이 어디까지 확장되고 흘러갈지 누가 아는가? 혼은 잎과 잎맥을 가진 퍼져나가는 종려의 잎이 아닌가? 귀는 머리의 측면에 붙어 스스로의 잎이나 균핵을 가진 이끼, umbilicaria로 여겨질지도 모른다. 입술(lip)-labor에서 파생된 labium(입술)-은 동굴 같은 입의 측면으로부터 포개진다.

이러한 입술의 포개짐 혹은 입의 움직임이, 소로가 새로운 언어의 읽기와 말하기를 재탄생의 사건에 연결시키는 방식이다. 그것은 우리가 아버지의 언어를 채택할 때, 쓰는 언어와 말하는 언어 사이의 소멸을 통해 우리가 읽는 언어가 우리가 말하는 언어가 될 때 나타나는 입술의 노동이다. 이것은 우리를 새로운 의미로 전환시키는 방식으로서 단어를 말로, 몸으로 되돌려놓는 소리의 일이다.

이것은 또한 우리가 항상 글로 쓰는, 어머니에 대한 포기를 함축하는 언어의 스캔들이 아닌가? 이것은 리어 왕이 말하지 않은 채로 남아있어야만 하는, 유산을 받기 위해 협상 불가능한 조건으로서 어머니로부터 우리가 멀어지는 스캔들인가? 우리가 말할 때마다 매번 어머니와 의절한다면 어떻게 잃어버린 엄마와의 화해, 평화를 요구할 수 있겠는가? 어쩌면 침묵한 채로 있는 것이 더 나을 것이다. 하지만 그러면 또 다시 침묵하지 않는 것이 더 나은 것이 될 것이다.

1장: 집에서의 전쟁

내가 결혼 생활을 지속하던 중 더 이상 아내와 함께 가족이라는 이름으로 한 공간에서 지내야 한다는 사실이 참을 수 없는 순간이 찾아왔다. 나의 아내와 나는 계속해서 싸움을 했고 수년간 지속된 그 싸움은 우리가 함께 경험했던 것들 중 최악의 경험이었다. 아마도 이러한 과정은 많은 이들의 결혼 생활 속에서 나타날 것이다. 그리고 그러한 긴장은 부부가 가정생활을 지속하는 데 따른 부담을 지나치게 동등하게 나누려고 할 때 나타나며 특히 아이를 낳은 후에 더욱 극명해진다. 또한 자신의 시간이나 배우자의 시간에 대해 예전과 동일한 가치를 부여하고 그것을 고수하려 할 때 심화된다. 열정이 습관으로 변화함에 따라, 아이가 태어나면서 갖게 되었던 유아에 대한 호기심이 육아에 대한 고통으로 변함에 따라, 그리고 일이나 사회생활에 대한 도전과 흥미가 가정에서의 경제적 고충으로 잠식되어감에 따라 부부 중 어느 한 쪽이 가정의 유지를 위해 더 많은 일을 해야 하는 상황은, 가정을 지켜야 한다는 일종의 지조에 대한 폐소공포증을 낳고 짜증이 쌓이게 한다. 이 모든 삶의 조건들이 일순간 우리 모두를 강타한다. 가끔은 사랑의 결합이라는 단순한 의미를 지닌 결혼이라는 것이 불합리한 것처럼 느껴지기도 한다. 결혼을 통해 우리가 얻는 것은 사랑의 결합이 아닌 조용한 전쟁이다. 브렌다는 우리의 상황에 대해 줄다리기라는 은유적 표현을 사용함으로써 정확하게 묘사하였다. 그녀가 말한 줄다리기란 우리들 중 하나가 자신의 일과 바깥 생활로 줄을 끌고 가면 다른 한 쪽이 기저귀와 세탁물, 가사, 장보기 등의 진흙 구덩이에 빠지게 되는 흉측한 게임을 의미했다. 우리는 계속해서 휴전할 수 있는 방법을 모색했다. 가끔은 휴전 상태가 길어지기도 했지만 결국 둘 중 하나가 조건을 위반하고 또 다시 싸움이 시작되곤 했다. 우리는 서로에 대한 책임감으로 외적인 요구나 열망과의 균형을 맞추려고 노력했지만 종국에는 그러한 노력 때문에 지쳐버리고 말았다.

하지만 우리가 지쳐가는 동안 무언가 다른 일이 벌어지고 있었다. 좁아지는 생활반경, 자유의 상실, 정신을 홀딱 빼놓는 육아 활동 등 이 모든 것의 근원이라 여겨졌던 우리의 두 아이들이 점차 사람이 되어가고 있었던 것이다. 소위 우리의 삶이라 말할 수 있는 것들에서 동떨어진 존재들로만 여겨졌던 우리의 아이들이 우리가 끌고 가던 바로 그 삶에서 떨어질 수 없는 불가분적 요소라고 아우성치고 있었다. 그들이 특별해서가 아니라 −물론 그들은 우리가 살고 있는 목가적인 뉴잉글랜드 대학 도시의 여느 아이들과 마찬가지로 특별했고 지금도 특별하다− 유년기를 통한 그들의 성장 궤도가 우리로 하여금 어른이 되어 가는 경로를 알게 해주었기 때문이다. 아이들은 우리들로부터 습관의 일상화를 통한 지속적 반복이 아닌 다른 새로운 반응을 이끌어냈다. 하지만 이것이 평범한 가정의 정상적인 생활이라 할 수 있는 것들을 우리 가족이 공유했다거나, 주변에서 아이가 없는 친구들은 어른으로 성장하는 데 필수적인 요소가 결여되어 있음을 의미하는 것은 아니다. 그것은 단순히 우리 스스로가 어떻게 어른이 되어왔는지에 관한 이야기일 뿐이다. 우리가 어른이 되었던 경로는 나의 부모님의 것과는 달랐다.(혹은 윌리와 린다 로만의 것과 달랐다고 이야기할 수 있다.) 그것은 어떠한 성공을 위해 한 사람이 노력하고 나머지 가족 모두는 그 한 사람에게 매달리는 형식이 아니었다. 오히려 가족이란 어떤 모습이어야 하는지에 대해 좀 더 개방적이고 분명하게 합의된 감각이 큰 영향을 미쳤다.

 나는 가끔 다른 사람들이 나를 좋은 부모라 여긴다는 사실을 알고 놀라곤 했다. 나라는 사람은 읽기나 쓰기, (어쩌면) 가르치기 이외의 다른 어떤 것에도 경쟁력이 없는 사람이 분명한데도 말이다. 나는 굉장히 열악한 양육 환경에서 성장했고 그러한 과거는 나의 아이들을 키우는 과정에 많은 영향을 미쳤다. 과거의 화가 나의 아이들에게 세대를 거쳐 전이되는 것을 극복하기 위해 특별한 노력을 기울인다 해도 과거와 단절하는 것은 쉬운 일이 아님을 나는 알고 있다. (가끔은 걸음마 단계에 들어선 딸이 나의 삶을 파괴하고 있다고 조용히 원망하기도 했고, 신생아 아들이 울음을 그치지 않을 때면 아이를 침실 벽에 던져버리는 상상을 하다 아이가 눈을 감으면 마침내 침실에서 나온 적도 있었다.) 하지만 내가 양육되었던 방식은 앞으로 내가 살아갈 모습의 일부분이라는 사실 또한 깨닫게 되었다. 어리둥절한 채 어떻게 지금의 내가 되었는지에 대해 의문을 품고 그것을 이해하려고 노력하는 내 삶의 일부분인 것이다.

이러한 점에서 나는 가족의 상황이나 좀 더 넓은 맥락에서 가족의 공간이라는 것에 대해 생각하는 것이 아이들을 키우는 데 상처가 되지 않는다는 사실을 깨닫게 되었다. 브렌다와 내가 서로를 상대로 했던 공공연한 투쟁의 본질, 그 속에 담겨진 화와 유머 등이 다소간 사랑의 회피를 피하고자 하는 것이었으며 소유와 박탈이라는 분열적인 힘에 좌지우지되는 문화 속에서의 비틀거림이었음을 깨달았다. 우리는 많은 이야기를 나누었고 우리들은 대화를 통해 서로의 가치를 끝없이 재평가했다. 위트와 유머(그리고 진정으로 친밀한 사이에서만 일어날 수 있는 상처주기)를 통한 대화는 많은 문제를 낳았음에도 불구하고 서로에게 커다란 위안이 되었다.

  부모인 우리가 우리의 삶을 차지하고 있는 아이들의 공간에 대처하기 위해 분투하는 사이 나의 아이들이 무슨 생각을 했는지에 대해서는 상상하고 싶지 않다. 지금 그들이 무슨 생각을 하고 있을지를 역시 상상하지 않으려고 노력한다. 나의 어린 시절에 대한 기억과 내 아이들의 현실 사이에는 커다란 간극이 존재하기에 내가 어린 시절에 대한 언급을 할 때 그 과거는 비록 나에게 생생하게 기억되고 있다 하더라도 현재 아이들의 삶과는 단순한 비교가 불가능하다. 게다가 내가 과연 어린 시절에 대한 느낌을 정확히 기억하고 있다고 할 수 있는가? 그 과거와 현재 사이의 간극은 연결될 수 없는 것처럼 느껴진다. 기억 속에서 지속적으로 평행선을 그리고 있는 그 간극은 우리가 계속해서 좁혀 나가야 할 간극이라고 할 수 있다. 어쩌면 나의 아이들은 자신들의 어린 시절과 관련된 아픈 기억과 즐거움의 근원을 나보다 더 잘 알고 있을지도 모른다.

  과거와 현재의 화해라는 문제와 관련하여 나에게 중요한 것은 우리가 실패할 것이라는 사실보다 우리가 어째서 그것에 실패하게 될 것인가 하는 점이다. 과거와의 화해라는 개념은 결코 실현될 수 없는 것이다. 그것은 항상 떠들썩한 기억이 될 것이다. 가족의 경험이라는 기원으로 회귀하는 희극과 비극 모두가 그 간극과 얽혀있다. 슬픈 이야기인 〈리어 왕〉에서처럼 비극이란 그 지속적인 간극과의 화해 방식에 대한 협상 실패와 관련이 있고 희극이란 우리 삶 속에 지속적으로 존재하는 그 간극에 우리가 성공적으로 무릎을 꿇는 것과 관련이 있다.

  이렇듯 연결할 수 없는 간극을 이어보려는 고집스러운 노력 중 하나가 우리가 아이들에 대해 잘 아는 체 하는 것이다. 우리는 아이들을 관찰하고 그러한 관찰을 통해 다소간 아이들을 만들어 간다고 생각한다. 나는 특히 우리 문화권에 속한 대부분의 부모들이 기억하고 있는 한순간에 주목한다. 그 순간이란 아이가 탄생하는 순간이 아니라 새로 태어난 아이가 병원을 떠나 처음 집으로 오는 순간을 말한다. 당신은 그 순간의 주인공으로 참여하고 있으며 이 모호하면서도 믿을 수 없을 만큼 벅찬 일에 전적으로 책임을 지고 있다. 이제 매 순간이 그 아이들이 조연에서 주연으로 자립하는 순간을 향한 발전의 도구가 된다. 그리고 우리는 우리 스스로가 독립적인 성인임을 다시 한 번 떠올리게 된다. 그러는 사이 우리가 만들어낸 또 다른 성인들은 순수한 사랑과 완벽한 평화를 가지고 우리의 주변을 채운다. 그때야말로 우리는 혼자가 되었음을 인정하고 재혼에 대해 생각할 수 있다. 어쩌면 그 재혼의 상대는 우리가 항상 결혼 관계를 유지하고 있었던 상대가 될 수도 있다. 인생은 우리를 위한 지도를 가지고 있고 우리는 우리가 통제할 수 있는 계획을 따라가고 있는 것처럼 보인다. 그리고 우리가 아는 범위 내에서 최고의 부모가 되어 행복한 결말을 맞이할 수 있는 것처럼 보인다. 마치 그럴 수 있는 것처럼 보인다.

물론 이것은 새로운 통찰이 아니다. 일찍이 17세기 말 존 로크(John Locke)는 아이들에 대한 부모의 권위와 관련해 굉장히 직선적인 글을 쓴 바 있다.

아이들이 세상에 나왔을 때 그리고 그 이후로도 얼마간 그들의 부모는 아이들에 대한 일종의 규칙과 관할권을 가진다. 하지만 그것은 일시적인 것이다. 이러한 종속의 끈은 유아기의 나약한 상태에 있는 아이들을 감싸 기대게 해주는 포대기와 같다. 아이들이 자라면서 나이와 이성이 그 끈을 느슨하게 하고, 마침내 그 끈이 풀리면 자신의 의사에 따라 문제를 처리하는 사람이 되는 것이다.note2

로크는 부모의 권위와 그것의 제한에 관심이 있었다. 이성으로부터 정당하게 파생되는 정치 권력과 군주 전제 권력을 부당하게 정당화하는 아버지의 권위로부터 파생되는 왜곡된 정치 권력을 구분하고자 했기 때문이다. 종속의 포대기는 이성과 성숙의 내적 유대에 길을 내주거나 혹은 심지어 그것들 간의 유대를 만들어내기 위해 고안된 것이었다. 우리는 이성적 사유를 할 수 있는 나이가 되면 시민으로서의 역할을 받아들일 준비가 된다. 시간이 흐르면서 우리 부모들은 아이들이 자라는 것을 본다. 첫 발을 떼더니 두 번째 발걸음을 내딛고, 첫 단어를 말하더니 문장을 이야기하고, 열정만으로 비논리적인 말을 내뱉는 청소년기를 지나 조용한 성인이 되어 우리 앞에 선다. 그들은 이제 우리에게 낯설게 느껴지는 자유를 찾은 존재들이 된다. 이것이 가족 문제의 본질이며, 어떤 형태로든 가족의 유지에 대한 고유의 논쟁거리를 제공한다.

아이들이 자유 이성을 가진 존재로 성장한다는 로크의 시각은 지난 수 세기 동안 많은 비판을 받아왔다. 이성은 흔히 권력을 구속하는 형태로 나타나고 포대기는 쉽게 노예의 사슬로 바뀔 수 있다. 가정에서 아이들을 만드는 부드러운 존재로서의 가족이라는 그림이 기껏해야 불완전한 것이라는 사실을 우리는 알고 있다. 특히 아버지의 권력에 대한 냉담한 평가인 오이디푸스 콤플렉스의 분노와 에로틱 사랑에 대한 집착이라 할 수 있는 어머니의 보살핌에 대한 억압이 동등한 힘으로 가족이라는 그림에 잘 맞아 떨어진다는 사실 또한 알고 있다. 그러나 마지막에 통제 불가능한 것으로 판명되는 통제를 향한 잘못된 열망에서 파생되는 아이에 대한 억압은 어머니에 대한 분노를 낳고 가족파괴로 이어지기도 한다. 실질적인 권력은 우리를 압도하여 유혹으로 이끌고 역설적으로 우리가 이성적으로 되어가는 것을 방해한다.

게다가 이성의 힘은 너무도 쉽게 비이성의 힘과 대비가 되며, 그로써 사람들이 스스로 주체가 될 수 있게 하는 구체적인 관습들은 너무도 빨리 주관성 그 자체와 완벽히 일치하는 것으로 추정된다. 우리는 남편, 아내, 아들, 딸 등 편의상의 정체성을 받아들인다. 하지만 우리 시대에 살고 있는 많은 이들이 정체성으로서의 가치를 지닌다고 여겨지는 것들에 대해 의문을 가져 왔다. 예를 들어 헤테르(Heather, 호모에 대응되는 표현)와 두 명의 엄마로 이루어진 가족에 대해 우리는 어떻게 생각하는가? 우리가 아이를 포대기에 안고 있다고 가정할 때 아이를 그렇게 감싸 안은 채 게이로 자라도 좋다고 옹호할 수 있겠는가? 상호 끌림이나 친밀함만으로 만들어낸 오직 성인으로만 구성된 가족에 대해서는 어떤 생각을 하는가? 그런 가족을 가족이라고 인정할 수 있겠는가? 한 아버지의 권위 아래 여러 명의 아내들이 종속되어 있는 것이 굉장한 은총이라 여기는 일부다처제하의 가족은 어떠한가?

　이러한 질문들은 가족적 경험의 다양성에 대해 이야기한다. 특히 로크나 그의 추종자들에 의해 만들어진 가족의 정의에 따라 가족을 바라볼 때 그러하다. 하지만 우리는 가족에 대한 고유의 기억에 근거한 사고에 갇히기도 한다. 이러한 기억들은 현재나 미래를 정당화하기 위해 특별히 끌어낸 것이 아니라 하더라도 중요하다. 어린 시절에 가졌던 고립이라는 외로운 느낌을 분명하게 이해한다는 것이 가능한가? 우리로 하여금 미래를 준비하게 했던 기억을 구분해내는 것이 가능한 것인가 말이다. 프로이드의 기제를 적용하기 위해, 과거의 자아라는 우리 자신의 유령과 평화를 모색하기 위해 우리는 반드시 충분히 알고 있어야만 하는가? 아니면 이러한 우울한 장면이 폭력적으로 되풀이되는 것에 운명

을 맡겨야만 하는 것인가?note3

이것들은 익숙한 질문들이지만 내가 그것들을 여기에 내놓은 형식이 기묘하게 느껴질 것이다. 하지만 질문의 형식은 우리가 누구인지를 결정하는 가족의 삶이 지닌 힘에 대해 우리가 논의해온 위험들을 강조하려고 고안된 것일 뿐이다. 그럼에도 불구하고 우리는 문명이 불안정한 모험이라는 것을 안다. 우리는 항상 타락, 도덕적 실패, 권력과 적부(的否)의 문화를 만들어내기 위해 우리가 기울여온 모든 노력에 대한 대가를 치러야 할 위험에 노출되어있다. 우리는 아이들에게 최선이 되는 것을 원하기 때문에 아이들의 삶을 훌륭하게 만들 수 있다는 보장만 있다면 무엇이든 하려고 한다. 하지만 이러한 열망이 우리가 느끼는 외로움의 일부분이라면 어찌할 것인가? 우리는 아이들을 위해 희생하면서도 그 어떤 희생도 충분하지 않다는 사실을 깨닫게 될지도 모른다. 일을 하면서도 그것이 헛되지 않다는 보장이 없음을 깨닫게 될지도 모른다. 고통을 수반하는 기쁨을 포기하는 것을 배울 때 비로소 후회의 교훈을 가장 확실하게 배우게 될지도 모른다.

이 모든 투쟁 과정을 통해 우리가 (열망의 기억의) 경계를 넘어서는 무언가를 붙잡고 있음을 깨닫게 될지도 모른다. 그 경계는 우리가 세상과 연결되어 있다는 우리가 가진 가장 자비로운 환상을 버리지 않고는 건널 수 없는 것이다. 그 경계의 양측에서는 강력한 힘이 작동하고 있다. 우리가 어린 시절이라는 초현실적인 정경에 다가가려면 언제나 우리의 동기에 대해 의심할 수밖에 없다. 우리는 주인공이라는 지위를 차지하자마자 이전의 조연의 자리로 돌아가고자 하는 모습을 보일지도 모른다. 하지만 이러한 요구는 결국 아무런 도움이 되지 않는다. 우리는 결국 어른이 된 자아라는 혼란의 상태에 머물 수밖에 없기 때문이다. 따라서 이것은 위험으로 가득 찬 경계를 건너는 것이다.

그리고 어린 시절로 돌아가는 것을 위험하게 만드는 요소는 우리가 바라는 대로 순결한 상태를 회복할 수 있다는 환상뿐만이 아니다. 그 경계의 다른 쪽에는 예전의 자아라는 괴물이 존재한다. 우리의 아이들을 보호하기 위한 걱정은 우리 자신의 순결함과 그것의 부재에 관련된 진실로부터 우리의 자아를 보호하기 위한 걱정이기도 하다. 우리의 문화는 어른이라는 포식자들의 횡포로부터 아이들을 보호해야 할 필요에 대해 지나친 우려를 표명하기 때문에 우리는 초기 자아의 열망에 관한 우리의 죄와 관련된 더 깊은 공포와 대면하는 데 실패하게 된다. 그럼에도 불구하고 자아에 대한 이해를 구하려고 한다면 우리는 거의 강박적으로 스스로가 굉장히 신중하게 지켜온 주인공과 조연 사이의 경계를 건너려고 한다. 그것은 단순히 행복을 좇기 위해서가 아니라 그러한 추구의 과정에 우리가 사랑하는 아이들을 더 잘 보살피기 위한 열쇠가 놓여 있다는 사실을 알기 때문이다. 사실 아이들을 지키겠다는 열망은 대개 깊은 대면과 깊은 보살핌의 수준을 회피하기 위한 수단이 된다. 그것은 옛날부터 동일하게 전개되는 스토리이다. 우리가 올바른 일을 하려고 노력할수록 실패의 가능성은 더욱 높아지기 마련이다. 그 이유는 무엇인가?

이는 푸코가 가족 개념의 잘못된 주입(perverse implantation)이라고 말한 것의 기저에 깔려 있다. 푸코는 그것이 현대 성 역사의 핵심에 놓여 있다고 보았다. 그는 현재까지 지속되고 있는 19세기 가족의 모습에 대해 이야기하면서 그것은 우리의 사고 속에 가족의 전형으로 확고한 지위를 차지하고 있는 핵가족의 기초로서의 일부일처제이자 좀 더 복잡한 네트워크의 핵심이라고 기술하였다.

(가족은) 다양한 관점에서 뿐 아니라 전환 가능한 관계에 따라 연결되어 있는 기쁨과 힘의 네트워크였다. 성인과 아이들의 분리, 부모의 침실과 아이들의 침실의 분리…, 아들과 딸의 상대적 분리, 양육 대상인 아이를 돌보기 위한 엄격한 규율…, 유아기 성에 집중된 관심, 자위에 대해 위험하다고 생각하는 것, 사춘기의 중요성, 부모에게 필요한 감시 방법, 훈계, 비밀, 공포, (값지고 걱정스러운) 종복의 존재: 이 모든 것이 가장 작은 분석 단위나 복잡한 네트워크로 전락한 때조차 복합적, 분열적, 유동적인 성적 관심으로 포화한 가족을 만들어 냈다.note4

이러한 외로운 가족은 열망에 대한 스트레스 및 그것이 존재하도록 부추기는 힘에 대항해 붙잡고 있는 요구에 의해 분열된다. 이러한 긴장을 반영하는 가족의 외로움에 대해 탐구한다면 우리는 이러한 딜레마, 사랑의 딜레마에 대한 이해에 한층 다가설 수 있을지도 모른다. 우리가 사랑하는 그들의 존재로 인해 우리의 심장이 부풀어 오르는 것처럼, 우리가 방치함으로써 그들이 공허하게 되는 것처럼, 외로운 사랑의 실타래가 함께 엉켜 풀리지 않게 되는 것은 모두 가족 안에서의 일이다.

부재의 존재

한 남자가 자기 자신에게만 보이는 곧게 뻗은 길을 따라 불모의 사막 위를 걷고 있다. 그는 빈 플라스틱 주전자를 들고 있다. 그는 선술집이 있는 길가에 멈추어 선다. 주전자가 빈 것을 확인하고 차가운 어둠 속으로 걸어 들어가 통에 담긴 얼음을 향해 손을 뻗어 얼음을 먹기 시작하더니 바닥에 쓰러진다. 트래비스(Travis)라는 이름을 가진 이 남자는 미지의 장소(nowhere)에서 돌아오는 길이다. 그를 알고 있는 사람들이 사는 세상에서 사라졌다 2년 만에 삶 속으로 다시 들어오는 길이다. 그는 끔찍한 사건들로 충격을 받아 말이 없다. 그는 이름과 전화번호가 적힌 카드를 지니고 있다. 그를 진찰한 의사가 그 번호로 전화를 걸어 로스앤젤레스(Los Angeles)에 살고 있는 그의 동생 월트(Walt)와 연락이 닿게 된다. 트래비스가 다시 나타났다는 사실과 그의 몸 상태에 대해 전해들은 월트는 그를 캘리포니아(California)에 있는 자신의 집으로 다시 데려오겠다는 생각에 텍사스로 달려간다. 월트는 자신과 아내 앤(Ann)이 트래비스의 아들 헌터(Hunter)를 보살펴 왔다는 소식을 트래비스에게 전한다. 4년 전 트래비스가 사라진 직후 헌터는 쪽지 한 장을 들고 그들의 집 현관에 서 있었다. 아마도 트래비스의 아내 제인(Jane)이 사라지면서 헌터를 그곳에 두고 갔을 것이다.

이것은 독일 감독 빔 벤더스(Wim Wenders)와 미국 극작가 샘 셰퍼드(Sam Shepard)의 합작 영화 〈파리 텍사스(Paris, Texas)〉의 첫 장면이다.note5 이 작품은 1984년 발표되어 칸영화제(the Cannes Film

Festival) 그랑프리(Grand Prize) 황금종려상(Palme d'Or)을 수상하였다. 미국에서 발표 당시 파장을 불러 일으켰지만 곧 빛을 잃고 컬트영화가 되었다. 특히 벤더스의 팬들로부터는 벤더스의 진정한 작품이라는 칭송을 받았다. 이 영화에는 여러 주제가 담겨 있지만 그중에서도 미국 서부의 운명에 대한 일련의 고찰이 담겨 있다. 그리고 서부 자체가 미래의 가능성에 대한 메타포가 되면서 영화의 광활함은 우리로 하여금 인간의 주소 및 공허함의 의미에 대해 생각하게 한다. 트래비스는 발단적인 인물이다. 그는 황폐한 공간을 가로질러 늘어서 있는 전기 에너지 아크의 선을 따라 걷는다. 그는 어디든 자신이 있는 곳을 벗어나려 한다. 하지만 그가 아무리 먼 곳으로 이동해 간다 한들 그의 운명은 항상 가족의 운명과 묶여 있다. 영화의 주제는 외로운 가족이 어떻게 하나로 모이고 서부의 풍경에서 멀어지게 되는지에 관한 것이다. 결론은 사랑 이야기이지만 자아 속에서 구원을 찾게 하는 것이 아닌 아주 독특한 내용이다.

영화 DVD판의 코멘트에서 벤더스는 이 영화가 미지의 공간(nowhere)에서 나와 미지의 공간(nowhere)으로 가는 한 남자의 운명에 대한 자신과 셰퍼드의 단순한 시각에서 시작되었다고 이야기한다. 따라서 그들은 외로운 자아에 대해 이야기하는 주제를 바로 끄집어낸다. 미지의 장소에 도달하게 되면 우리는 깊은 수준에 있는 회의주의와 대면하게 된다. 미지의 장소에서 돌아오는 것은 그 회의주의와 대면하는 것이고 그것을 겪으며 살기 시작하는 것이며 자아의 회복 혹은 자아와의 재결합을 향한 발걸음을 옮기는 것이다. 이러한 서구의 땅에 대한 조각 맞추기는 과거의 파괴에 대한 회복 없이 미래의 꿈의 최후를 환기시킨다. [영화의 첫 부분은 한 화면에서 이루어지며 오프닝 장면은 미국 남서부의 텍사스 주 빅 벤드(Big Bend)의 불모지를 배경으로 한다. 불모지이지만 원시적인 모습은 아니다. 쓰레기와 녹슨 기계, 시골의 외곽에서 흔히 발견되는 버려진 잔해들이 어지럽게 놓여 있다. 벤더스는 인간이 남긴 잔해들이 풍광을 오염시키는 모습을 결코 숨기지 않는다.] 트래비스의 단순한 걷는 동작은—걷는 것이 어때야 하는지에 대한 소로의 생각을 패러디 혹은 모방하며—과거와 미래의 불안정한 관계를 지속적으로 보여준다.

영화 초반에서 월트는 트래비스를 모텔로 옮겨 체크인을 하고 옷가지와 신발을 구입해 트래비스의 누더기를 갈아입힌다. 하지만 트래비스는 거울에 비친 자신의 모습을 보고 그것들을 다시 벗어버린다.(거울에 비친 트래비스의 모습은 스스로를 아픔과 부끄러움으로 몰아넣는다.) 이제 그는 철길을 따라 걷는다. 월트가 그를 따라와 묻는다. "어디로 가고 있는지 말하고 싶지 않겠지, 트래비스? 거기에 뭐가 있다는 거야? 그곳에는 아무것도 없어(nothing)." 그곳에 아무것도 없다(nothing)는 것이 핵심이다. 그곳이 바로 트래비스가 자신의 얼굴을 본 후 돌아가고자 하는 곳이기 때문이다. 그 이유는 무엇인가?

이 질문에 대한 답은 현대 상업 영화의 전통에서는 낯설게 느껴지는 기묘한 리듬에 따라 서서히 드러난다. 이 영화는 종종 침묵으로 일관되는 고통스럽고 어려운 대화로 이루어진, 대화의 영화이다. 대화는 인공적이면서도 표현할 수 있는 범위 내에서 최대한 현실에 근접한 것으로 여겨지는 자연스런 배경에 맞서 펼쳐지고 감독과 영화 촬영 기사의 힘겨운 노력을 통해 카메라에 담기게 된다. [마이클 샤피로(Michael Shapiro)는 신호와 언어로 가득한 배경에 대해 서부의 풍경을 파편화되고 무질서한 것으로 묘사하고자 하는 벤더스의 야심이 담긴 것이라고 이야기하였다.] 대화에는 영화의 풍경에 대한 내용도 있다. 터링구아(Terlingua) 마을(글자 그대로는 '제3의 언어'라는 뜻을 지님)은 헌터의 확장된 가족들이 구사하는 스페인어, 프랑스어, 미국 영어 등 다양한 언어뿐 아니라 영화의 국제적 분위기를 향한 몸짓을 선보인다. 도시 장면에서조차 침묵이 심화되는 형태로 나타나는 풍경의 공백(emptiness)은 이러한 대화 개입의 중요성을 부각시킨다. 풍경으로 이루어진 배경에 맞선 장면이나 자동차 안의 장면 등 각각의 장면에는 중요한 이야기가 담겨있다. 하지만 처음에는 그저 평범한 언어로 보일 뿐이다.

예를 들어 트래비스가 오랜 침묵을 깨고 처음으로 말을 내뱉는 순간은 로스앤젤레스로 돌아오는 기나긴 자동차 여행에서이다. 월트는 격앙된 목소리로 트래비스에게 이야기할 것을 종용하다 자신도 침묵하겠다고 그를 위협한다. "제길, 나는 형의 동생이야. 이야기 좀 하는 게 어때. 혼자 떠드는 것도 이제 지쳤어." 이 첫 번째 자극은 아무런 결과를 낳지 못한다. 하지만 다음 날 월트는 다음과 같은 이야기를 한 후 자신의 불평과 위협에 대한 답을 얻게 된다. "이렇게 반복되는 침묵에 지쳐버렸어. 이야기 좀 할 수 있잖아. 나도 침묵할 줄 안다고." 이 순간 트래비스는 마침내 입을 연다. 그는 "파리, 파리, 파리."라는 말로 월트에게 답한다. 그리고 파리에 대한 생각이 그의 회복에 핵심 요인이 될 것임이 드러난다.

트래비스에게 말을 하라는 월트의 요구가 코딜리아에게 다시 말해보라고 하는 리어 왕의 요구에 대한 섬뜩한 메아리라는 사실은 아무런 가치를 지니지 않는다. 하지만 월트의 요구는 자식으로서의 요구이지 아버지로서의 요구가 아니다. 사실 그는 아버지로서 이야기해야 하는 부담에 지쳐 있다. 또한 그는 보살피는 존재가 되어야 한다거나 사랑하면서도 떨어져 지낸 아들을 결국에 떠맡게 될 자신의 형을 지지하는 존재가 되어야 한다는 책임감에 지쳐 있다. 그에게 트래비스는 풀어야 할 암호와 같은 존재이다. 그리고 그의 침묵은 그가 돌아온 것에 대한 미스테리를 심화할 뿐이다. 따라서 월트의 요구와 트래비스의 반응이 움직여 가는 것은 비극의 수레바퀴가 아니라 일상에서 벌어지는 비극의 결과로부터 기묘하게 회복시키는 수레바퀴이다.

마침내 여러 조각들과 불분명한 시작점들 속에서 트래비스의 마음속에 있는 파리가 프랑스 파리가 아니라 텍사스 파리임이 드러난다. 벤더스는 영화에 대한 코멘트에서 이 두 개의 말이 트래비스의 인생에 존재하는 기묘한 역설의 핵심이 된다고 이야기한다. 텍사스의 중앙에 있는 작은 시골 마을은 거대한 프랑스 수도의 이름을 따서 만든 것이다. 어쩌면 월터 벤자민(Walter Benjamin)이 한때 이야기한 것처럼 수도 파리의 19세기 모습에서 이름을 딴 것일 수도 있다. 나중에 트래비스는 이 마을이 그가 태어난 곳이라기보다는 그가 의식을 형성한 장소이자 세월이 묻어있는 곳이라고 설명한다. 그곳이 바로 그의 진정한 시작의 장소인 것이다. 그는 월트에게 흙과 돌로 되어 있는 비어있는 부지의 사진을 보여준다. 그리고 자신이 그것을 소유하고 있으며 텍사스에는 그런 곳이 많다고 이야기한다. 월트는 "그곳에는 아무것도 없어(nothing)."라고 이야기한다. 그는 트래비스에게 그것을 산 이유가 무엇인지 묻는다. 그리고 트래비스는 그 이유가 생각나지 않는다고 이야기한다. 트래비스에게 기원(origin)은 망각으로 이어지고 망각은 기억으로 연결된다. 그것은 트래비스가 월트에게 그들의 엄마의 '맨 처음 이름'이 무엇인지 묻는 대화 직후의 일이다. 이때 첫 이름이란 엄마의 결혼 전 성이 무엇인지를 묻는 것이다. 이 영화에는 엄마도 아빠도 존재하지 않는다. 그것이 엄마들과 아빠들로 충만한 내용임에도 불구하고 말이다. 사랑의 고립에서 벗어나 부모의 자격을 얻는 것이 이 영화의 여러 주제 중 하나로 여겨질 수 있다.

 트래비스는 미지의 사람(nowhere man)이다. 그는 잃어버린 기원을 찾으려고 노력하고 그로 하여금 자신을 잃어버리게 했던 엄청난 상실로부터 회복하기 위해 다시 말을 한다. 또한 그는 자신의 존재와 관련해 초시간적 속성이 있다고 믿는 것처럼 보인다는 점에서 시간 밖에 존재한다. 하지만 그는 시간이 흘러간 세상으로 돌아와야 함을 깨닫는다. 비록 이 시간을 기록하는 데는 실패했지만 말이다. 그들이 캘리포니아로 돌아오는 길에 트래비스는 비행기 탑승을 거부한다. 그는 땅에서 발을 뗀다는 떠난다는 사실을 받아들이지 못한다. 식당에서 이루어진 대화에서 월트는 "형은 오랜 시간 떠나 있었어."라고 이야기한다. 트래비스는 "4년이 오랜 시간인가?"라는 질문으로 대답을 한다. 그리고 월트는 다소 급한 말투로 "아이에게는 그렇지. 그의 인생의 절반을 의미하는 것이니까."

잃어버린 시간은 이들을 짓누른다. 그리고 이제 두 사람의 아버지를 둔 헌터를 통해 그것이 집중 조명된다. 사라졌다 다시 나타난 트레비스로 인해 헌터에게는 두 개의 가족이 생긴다. 아버지 월트와 어머니 앤, 그리고 아버지 트래비스와 어머니 제인. 헌터는 캘리포니아의 어머니 앤을 떠나 아버지 트래비스와 함께 어머니 제인을 찾아 휴스턴(Houston)으로 떠나게 될 것이다. 이 가족은 다시 만나게 되지만 결국 함께 지내지 못한다. 제인과 헌터가 다시 만나게 된 후 트래비스는 다시 사라지기 때문이다.

이것은 두 개의 두드러진 독백에 방점이 찍히는 대화의 영화이다. 이 가족 드라마의 절정은 트래비스와 제인의 대화에서 나타난다. 트래비스의 긴 독백을 통해 이야기는 절정에 도달하고 그 과정에서 가족의 비극에 숨겨진 비밀이 드러난다. 그와 제인의 마지막 만남은 휴스턴 중심가의 변두리에 위치한 그다지 주변 환경이 좋지 않은 스트립쇼 장 '키홀 클럽(The Keyhole Club)'에서 이루어진다. 그곳은 그녀가 일하는 곳이다. 제인이 트래비스를 볼 수 없게 가리고 있는 전화 부스를 사이에 두고 트래비스는 그녀에게 전화로 이야기를 한다. 그녀는 마치 한쪽 방향에서만 보이는 거울로 된 창문을 바라보고 있는 것 같은 상황이다. 이 장면에서의 카메라 기술은 정말 놀랍다. 관객들은 반사된 모습이 반사된 것을 보게 된다. 한 얼굴이 다른 사람을 찾고 있지만 보지는 못한다. 다른 얼굴은 숨어 있지만 모든 것을 보지는 못한다. 이 영화의 촬영 기술은 항상 등장인물과 그들의 이야기를 위해 존재한다. 전달할 내용만을 이야기하면서 말이다.

트래비스의 유일한 희망은 헌터를 제인의 품에 돌려주는 것이다. 제인과 정식으로 만나 자신의 모습을 드러내기 이전에 휴스턴에서 제인을 처음 본 트래비스는 그들이 공유하고 있는 과거의 고통이 극복될 수 없는 것임을 깨닫는다. 그 뜻을 녹음기에 담아 헌터에게 전달한 후 그는 아들을 호텔에 남겨두고 작별을 고한다. "내가 가지고 있던 가장 큰 꿈이 결코 실현될 수 없다는 것을 이제 알게 되었다. 너는 엄마와 함께 지내거라." 하지만 그는 함께 하지 않는다. 무슨 일인가가 벌어졌다. "그것은 내가 극복할 수 없었던 방식으로 나를 혼자 남겨두었다." 홀로 남는 것만이 그가 마지막으로 쉴 수 있는 방법이다. 하지만 그것은 제인을 마지막으로 보고 난 이후에나 가능하다. 그에게는 치유해야 할 것이 있다. 비록 그 자신은 치유되지 못한다 해도 말이다.

제인과의 마지막 만남에서 트래비스는 그들의 사랑 및 그와 그녀의 결혼에 대한 이야기를 한다. 하지만 그는 제3자의 화법을 이용한다. "이야기를 하나 들려줘도 되겠소?" 그는 그녀 앞에 있는 스트립쇼 장 부스

유리의 반대편에 앉으며 이야기한다. 그녀는 그가 누구인지 알지 못한 채 이야기를 듣기 위해 자리에 앉는다. 그는 그녀에게 등을 돌리고 전화기를 응시한다. 그것은 간단한 이야기이다. 가정 폭력에 대해서는 거의 전형적인 묘사이다.

 두 사람이 있었고 그들은 서로를 사랑했지요. 여자는 아마 열일곱 살이나 열여덟 살 정도 된 아름답고 젊은 여인이었고 남자는 그보다는 조금 나이가 들었고 제멋대로에 거친 사람이었죠. 그들이 함께 하면서 모든 게 모험처럼 변해 버렸죠. 그녀는 그것을 좋아했습니다. 식료품점에 가는 것은 모험이었어요. 그들은 항상 함께 했습니다. 아주 행복했죠. 그는 그녀를 사랑했어요. 그래서 그는 그녀와 함께 있고 싶어 일까지 그만뒀지요. 곧 그녀는 걱정하기 시작했습니다…돈에 대해서요. 그는 마음이 찢어졌습니다. 그는 일을 해야 했지만 그녀를 떠나 있는 것을 견딜 수가 없었어요. 그는 상상을 하기 시작했죠. 그는 그녀가 이동주택에 있는 다른 남자들과 함께 있는 것을 비난했어요. 그래요. 그들은 이동주택에 살고 있었습니다.(이 대목에서 제인의 얼굴 표정에서 유리 저편에 있는 사람이 트래비스임을 알아차렸다는 것이 드러난다.) 그는 술을 마시기 시작했습니다. 과음을 했었죠. 그리고 그녀를 시험하기 위해 아주 늦게까지 밖에 머물렀습니다. 그녀가 질투하는지 보기 위해서였죠. 하지만 그녀는 그러지 않았어요. 그는 그녀가 질투하지 않는다면 그것은 자신을 사랑하지 않는다는 의미라고 생각했어요. 그때 그녀가 그에게 임신 사실을 이야기했죠… 그녀는 바뀌기 시작했어요. 그녀는 주변에 있는 모든 것에 대해 짜증을 냈죠. 2년 동안 그는 둘의 사이를 다시 되돌리기 위해 노력했어요… 그는 다시 술에 빠졌습니다. 이번에는 사나워지기까지 했죠. 그녀는 도망을 꿈꿨어요. 그는 그녀의 발목에 방울을 달았습니다. 그녀를 스토브에 묶었죠. 그곳에서 그녀의 울부짖음 소리와 아이의 울음소리를 들으면서 말이죠. 처음으로 그는 멀리 떠나 말도 길도 없는 곳으로 가고 싶었어요. 그가 깨어났을 때 주변은 불타고 있었죠. 그때 그는 달렸어요. 다시는 불구덩이를 쳐다보지 않았죠. 그는 인간의 흔적이 완전히 사라질 때까지 달렸어요.

우리는 이전에 이러한 이야기를 들어본 적이 있다. 이는 가정 폭력의 전형적인 모습이다. 남자의 사랑이 소유욕으로 이어진다. 그는 사랑하는 사람과 함께 하고자 하는 열망에 압도되어 "내적으로 찢겨진다." 그녀와 함께 하기 위해 그가 시도하는 방법은 그녀를 완전히 통제하는 것이다. 그는 그녀의 질투를 유도해 그녀를 시험하고자 하지만 그녀에 대한 자신의 불안감을 드러낼 뿐이다. 그리고 그녀가 자기처럼 되지 않을 때 그는 더욱 처참함을 느낀다. 질투는 위험에 처한 소유의 감정이다. 하지만 절대적으로 소유하려고 노력할수록 소유에 대한 상대의 반발은 더욱 심해질 뿐이다. 이 독백에서 언어의 간결함, 시간의 간결함, 트래비스가 이야기를 들려주며 상황을 묘사하는 꿈같은 장면이 (사랑하는 여인에 대한 아버지나 남편의 단순한 야만적 행태에 의한 플래쉬백보다는 해리 딘 스탠튼(Harry Dean Stanton)의 목소리와 고뇌에 찬 눈빛에 힘입어) 사랑의 역설적 불가능에 대한 본질적 진실에 근접하게 한다.

트래비스의 바람은 언어나 길이 없는 곳으로 가는 것이다. 이것은 인간들로부터 멀어져 문명의 모든 신호로부터 벗어나고자 하는 바람이다. 어머니의 언어와 아버지의 언어 모두를 거부하려는 움직임이다. 그것은 완전한 독점에 대한 꿈이며 사랑의 고통에서 벗어나 위안을 얻고자 하는 인간의 상실에 대한 꿈이다. 이것은 불가능한 꿈이다. 하지만 그럼에도 그의 사랑이 그를 이끌어간 곳이다. 너무도 심오한 외로움이 그를 자신으로부터 사라지게 한 것이다.

에로스에 대한 고찰에서 앤 카슨은 그녀가 가장자리(edge)라고 부르는 불가능의 논리에 대해 설명한다.

> 에로스는 경계의 문제이다. 그가 존재하는 이유는 특정의 경계가 존재하기 때문이다. 팔을 뻗는 것과 붙잡는 것의 사이에서, '사랑해'와 '나도 사랑해' 사이에서, 부재의 존재에 대한 열망이 살아난다. 하지만 시간과 바라봄, 그리고 사랑한다는 것의 경계는 에로스를 만들어내는 피할 수 없는 주요 경계, 너와 나 사이에 존재하는 영과 육의 경계의 여파일 뿐이다. 그리고 내가 그 경계를 해체할 수 있는 때는 오직 지금, 아주 갑작스러운 순간뿐이다. 나는 결코 그럴 수 없다는 것을 안다.note6

카슨은 "부재의 존재에 대한 열망"이 어떻게 에로틱한 사랑이라는 문제에 존재하는 좀 더 일반적인 딜레마를 고착화하지 않고 그 반대의 문제를 불러일으키는지, 어째서 에로틱한 사랑이 우리에게 제시된 일반적인 딜레마인지를 관찰한다. 영화에서 이러한 에로틱한 긴장은 제인과 헌터의 재결합을 통한 엄마와 아들의 만남에 담긴 근친의 사랑에서 나타난다. 헌터가 자신의 다리로 제인의 몸 중앙을 완전히 감싸고 그들은 서로의 눈을 깊이 바라본다.

하지만 좀 더 직접적으로 트래비스가 불타는 침대에서 도망칠 때 그는 자신의 육체를 관통해 정신적 분해의 가능성으로 치닫는다. 그것은 그가 혼자서 여행해야 하는 길이다. 그리고 우리가 그의 경험의 황폐함을 볼 수 있는 것은 오직 영화의 오프닝 장면에서 뿐이다. 경계를 다시 가로지르며, 부재의 존재에 대한 트라우마가 텍사스와 멕시코의 경계를 따라 메아리를 울려 퍼지게 하면서 트래비스는 4년이라는 시간을 흘려보낸다. 세상에서 죽은 것으로 여겨지며 사라진 것이다. 그의 회귀는 놀라운 것이다. 왜냐하면 그가 넘은 경계가 그를 죽여야만 했기 때문이다. 하지만 다소 믿을 수 없게 그는 살아남는다.

그리고 그가 떠난 동안 그는 여전히 잊히지는 않는다. 월트와 앤의 회상에서 그들이 망각을 기대한 적이 있는지는 모르지만 말이다. 과거에도 그랬고 앞으로도 계속해서 아들에 대한 필요성을 인정할 수 없다고 주장하는 아버지에게 아이를 넘겨주어야 하는 새엄마와 새아빠로서의 애끓는 마음은 거의 거짓말 같은 것이 되었을 것이다. 그들이 사실상 그를 그 아버지에게 이미 넘겨주었었다면 말이다. 트래비스에게 제인과의 만남에 대해 이야기하며 로스앤젤레스에서 휴스턴으로 향하는 여행에 불을 지핀 앤은 항상 트래비스의 동기에 의심을 한다. 분명 그의 아픈 마음에 분명히 공감하고 제인에 관련된 비밀 정보(그녀가 심지어 남편

월트에게도 알려주지 않는 정보이다.)를 이야기해줄 만큼 공감을 느끼면서도 말이다. 헌터에 따르면 이와 같이 로크의 철학에 공감하는 부모들은 더 좋은 대우를 받을 만하지만 트래비스는 분명 더 나쁜 대우를 받아야 한다. 하지만 트래비스는 경계를 다시 세우려 하고 그의 행동은 아들을 엄마에게 돌려주는 것으로 나타난다.

트래비스는 헌터와 함께 떠난다. 이 아이의 대리는 끝부분에서 이 모든 등장인물들을 미래로 몰아간다. 침대맡에 스타워즈(Star Wars) 종이를 붙이고 우주 비행에 익숙한 모습-트래비스와 헌터의 여행 도중 헌터가 빛의 속도와 시간여행의 역설에 관해 잘못 알고 있는 익숙한 내용을 설명하는 핵심적인 장면이 나타난다-을 보이는 헌터는 미국의 우주 미션을 통제하는 도시 휴스턴(또 다른 역설의 장소)에 간 것이 가치 있는 일임을 드러낸다. 사실 트래비스와 함께 가겠다고 주장한 것은 헌터이다. 트래비스의 계획에 대해 알게 된 후 그는 "함께 가고 싶어요. 저도 엄마를 찾고 싶어요."라고 이야기한다. 비행기를 결코 타지 않으려는 트래비스와 달리 -그는 한 장면에서 월트에게 이렇게 이야기한다. "나는 높이 올라가는 게 두려운 게 아니야. 추락하는 게 두려운 거지."- 헌터는 외기권 우주로 갈 준비를 하고 있다. 그는 미래의 어린이이고 그의 아버지는 과거의 환영받지 않는 존재이다. 이러한 대비는 헌터가 트래비스와 함께 학교에서 집까지 걸어가기를 거절한 이후 헌터와 월트 사이에 나타나는 초반 대화에서 가장 분명하게 드러난다. 헌터는 트래비스를 피하는 문제에 관한 대화 주제를 다른 주제로 전환하고자 하는 마음에 월트에게 묻는다. "언제쯤 자동차를 만드는 것처럼 우주선을 만들어낼 수 있을까요?" 월트는 "트래비스가 학교에 갔었어. 너와 함께 집까지 걸어오고 싶어 했단다."라고 이야기한다. 헌터는 "아무도(nobody) 걷지 않아요."라고 대답한다.

  트래비스는 걷는다. 그의 특징은 걷는 데에서 나타난다. 그는 게으름뱅이가 아니다. 그는 전기선, 기차 트랙을 따라 경계를 지우기 위해 걷는다. 그는 아무도 아닌 자(nobody), 걸어 다니는 이름 없는 자(nobody)이다.(월트와 함께 비행기를 타고 로스앤젤레스의 집으로 오기를 거부하는 그의 행위는 남서부의 풍광을 따라 먼 길을 운전해서 오게 하는데, 그러한 그의 거부는 떨어지는 것에 대한 공포심은 물론 땅과의 접촉을 못할 수도 있다는 공포심에서 비롯된 것이다.) 헌터는 그의 아버지를 아무도 아닌 자(nobody)로 인식한다. 그리고 그의 아들에 어울리는 여행자가 되고자 한다면 트래비스에게 누군가(somebody)가 되기 위한 시련이 따를 것이다. 그는 아무도 아닌 자에서 헌터의 아버지가 되는 것으로 옮겨갈 필요가 있다. 그에게 헌터를 데려갈 권리가 있다고 주장할 수 있게 되기 위한 이러한 방향 전환의 첫 걸음은 월트가 텍사스에서 사준 노동자복 같은 옷을 벗어버리고 월트의 좀 더 멋진 복장, 쓰리피스 정장으로 바꿔 입는 것이다. 그럼으로써 월트가 월트 자신의 집에서 누리고 있는 권위를 상징적으로 밀어내고 형으로서의 제대로 된 위치를 과시할 수 있다. 트래비스는 멕시코인 가정부 애버(Aver)의 도움을 받게 된다. 애버는 정장을 찾아 건네면서 그에게 이야기한다. "세

노르 트래비스, 부자 아버지가 되려면 하늘만 바라보도록 해요. 결코 땅을 봐서는 안 돼요!" 그는 아버지처럼 보이는 방법을 찾고 있다고 설명하려고 하지만 그에 대해 그녀는 세상에는 오직 부자인 아버지와 가난한 아버지만이 있을 뿐 중간은 없다고 이야기한다. 그래서 트래비스는 부자 아버지의 의상을 받아들고 하늘을 바라보며 아들의 아버지가 된다. 그의 재산이 줄어든 것은 문제가 되지 않는다. 그리고 정장이 약간 낡긴 했지만, 어쩌면 재활용된 것인지도 모르는, 페도라(챙이 말려 있고 높이가 낮은 중절모)로 마무리한 이 무대 의상 같은 새로운 복장이 트래비스가 이용하는 권리가 아니라 스스로 받아들이고 있는 역할이라는 사실을 강조한다. 그럼에도 불구하고 이 순간 그는 권력의 예복을 입은 리어 왕과 같은 통치자가 된다. 물론 그의 왕국에 대한 포기가 리어 왕과는 다른 결과를 가져오긴 하지만 말이다.

헌터와 함께 월트와 앤의 집으로 돌아오기 위해 부자 아버지의 정장을 입고 학교 앞에 모습을 드러냄으로써 트래비스는 헌터에게 진정한 아버지가 된다. 헌터는 친구들에게 그 전날 자신을 집까지 태워주어 트래비스와 집까지 걷지 않아도 되도록 했던 사람이 누구인지 설명하고 이날 자신과 집까지 걸어가기 위해 기다리고 있는 사람이 자기 아버지라고 얘기한다. 그의 친구들은 월트가 헌터의 아버지라는 사실에 깜짝 놀라 묻는다. "어떻게 아버지가 둘이나 있을 수 있어?" 헌터가 대답한다. "그냥 운이 좋은 거겠지." 헌터에게는 두 명의 아버지가 있다. 그리고 엄마도 두 명이다. 이렇듯 부모님이 둘씩 있는 것이 헌터에게는 풍족한 것으로 여겨지지만 이 영화에서는 복잡한 친족관계와 체념을 만들어 낸다. 형제들과 아내들의 혼합, 실망과 희망의 복잡한 얽힘 모두가 이 아이의 미래에 중심이 된다. 그것은 마치 부모들의 갱생이 재산에 대한 교환으로 아이들에게 기대되는 자식의 효심에 따른 것이 아니라 아이에 대한 스스로의 사랑을 분명히 알게 되는 때까지 계속해서 이루어지는 것임을 의미하는 것 같다. 하지만 포용뿐 아니라 방치를 통해 궤도에서 벗어나 괴상하게 표현되는 것이 항상 사랑이다.

　월트의 아내이자 헌터의 새엄마인 앤은 예외인 것처럼 보인다. 왜냐하면 그녀는 그와 아주 가깝게 지내왔고 그녀의 인생에 헌터가 존재함으로써 가장 많은 은혜를 입은 사람이었기 때문이다. 그것은 또한 헌터가 떠남으로써 가장 많은 것을 잃게 되는 사람이 앤임을 의미했다. 앤은 월트로부터 트래비스가 다시 나타났다는 이야기를 듣게 된 순간 헌터를 잃게 될 것이라는 사실을 알았다고 이야기한다. 그럼에도 그녀는 트래비스에게 제인이 있는 곳을 알려주고 그 정보로 인해 트래비스가 헌터를 데리고 휴스턴으로 떠나게 된다. 그녀가 이렇게 하는 이유는 무엇인가? 트래비스에 대한 그녀의 인정은 트래비스와 헌터의 문제를 놓고 월트와 언쟁을 한 직후에 나타난다. 월트는 트래비스가 도움을 받아야 한다고 주장한다. 그것이 헌터를 그와 함께 떠나보내는 것을 의미한다 하더라도 말이다. 왜냐하면 트래비스는 결국 헌터의 아버지이기 때문이다. 앤은 헌터를 붙잡고 있는 자신의 힘이 얼마나 유약한 것인지를 깨닫는다. 그녀는 트래비스를 돕고 싶긴 하지만 헌터를 지키고 싶기도 하다.

헌터가 집으로 전화를 걸어 앤과 월트에게 트래비스와 함께 떠난다는 사실을 알리자 앤은 스타워즈 종이로 뒤덮인 헌터의 침대에 엎드려 운다. 그 직후 우리는 헌터가 모텔 침대에 누워 트레비스에게 이야기하는 것을 보게 된다. "저는 그녀를 '엄마'라고 부르는 게 너무 익숙해요."

 이것이 이 영화에서 앤에 대한 마지막 언급이다. 이 이야기에서 잃어버린 엄마인 제인은 로크 철학에 공감하는 부모를 대변하는 앤이 사라지면서 이 이야기 속의 잃어버린 엄마 제인이 되살아난다. 대체가 일어나는 것이다. 무언가가 자리를 내주자 무언가가 회복된다. 무엇인가?

 잃어버린 엄마 제인은 마지막까지 트래비스의 강탈에 대한 암호가 된다. 학대로 고통받다가 그러한 학대를 극복한 여성으로서의 그녀의 대리자가 영화의 핵심으로 부각된다. 거의 가리지 않은 에로틱한 그녀와 헌터의 재결합을 통해 그녀는 마침내 엄마로서의 자리를 채운다. 영화의 줄거리 속에서 제인은 맨 처음 영화 속의 영화에서 모습을 드러낸다. 캘리포니아에 있는 월트의 집에서 트래비스가 보게 되는 가족 영화에서 그녀가 등장하는 것이다. 월트는 고집스럽게 영화를 보여주려고 한다. 마치 트래비스로 하여금 그가 현재의 상태까지 오게 된 이유가 무엇인지 이야기하게 하려는 듯이 말이다. 이 가족영화를 보고 있는 모든 사람이 그 안에 있다. 월트, 앤, 트래비스, 헌터. 제인 역시 영화 안에 있다. 그리고 그로 인해 그녀의 부재가 명백해진다. 그것은 가슴을 저미는 가족 영화이다. 텍사스만 해변에서 휴가를 보내는 가족들의 즐거운 시간과 단순한 사랑을 담고 있다. 멕시코 아코디언의 멜로디가 사운드 트랙으로 울려 퍼진다. 아무런 말도 들리지 않는다. 조용한 영화에서나 고요한 거실에서나. 하지만 그 순간 이후로 우리는 제인을 향한 여행이 이 이야기가 해결책을 발견하는 방법이라는 사실을 알게 된다.

영화의 복잡성에도 불구하고 여전히 단순함은 존재한다. 우리가 소유하는 가장 깊은 열망은 계속해서 우리로부터 멀어지는 것을 위한 것이다. 자신의 열망 -질투- 의 요청에 대한 트래비스의 반응은 그와 자신이 사랑하는 여인 사이의 모든 선을 지워버리고자 하는 지점까지 깊어진다. 열망의 순간을 지나치게 확장하여 마치 그 자신과 제인 사이의 경계가 다시 재건될 수 없는 것처럼 보여준다. 하지만 제인은 그가 승리하고 그녀는 완전히 지게 될 것임을 깨닫는다. 이 드라마에서 예상되지 않지만 피할 수 없는 사실은 제인의 배반이다. 그들의 집에 불을 지르고 부부의 침대를 불태우는 것. 하지만 이것은 또한 그녀로 하여금 아들을 포기하고 남편의 형제에게 양육 책임을 떠넘기도록 하였다. 그녀의 독립은 아이의 상실이라는 희생을 치르고 얻어진다.

휴스턴에서 그녀가 가지는 스트립 걸이라는 직업은 몇몇의 선과 경계를 다시 만든다. 거울처럼 비춘 창문에 반사된 복잡한 모습, 제인의 방에서 고객으로부터 걸려온 전화를 통해 전개되는 대화들, 전화를 통한 그녀의 들어주는 능력뿐 아니라 말하는 능력, 모든 것들이 시각적으로든 상징적으로든 그녀를 성적 열망에 대한 평범한 요구들로부터 멀어지게 하는 역설적 장벽을 쌓는 역할을 한다. 제인이 떨어져 있는 거리는 트라우마 혹은 힘으로 해석될 수 있다. 그녀의 폭력 행위에 뒤이어서는 둘 다라고 이야기할 수도 있다. 하지만 그녀의 직업이 가진 에로틱한 성격이 영화 말미에서 그녀의 헌터에 대한 엄마로서의/에로틱한 포용을 기대하게 한다.

따라서 제인의 연기는 그들 모두를 자유롭게 한다. 비록 그것이 그들이 발견하게 되는 호된 자유, 공허함의 자유라고 하더라도 말이다. 이것은 아이자이어 벌린(Isaiah Berlin)에 의한 자유주의의 핵심에 한때 부각되어 놓여있던, 가장 심오하게 비어 있는 부정적인 자유이다. 부정의 자유, 방해받지 않는 흐름의 자유, 상실의 자유, 결핍의 자유, 무(無)의 자유. 영화에서 나타나는 이러한 무(無)로의 침강에서 리어 왕의 통치 유산이 다시 드러난다. 이 잃어버린 가족의 일원들은 리어와 그의 아이들의 계승자들이 된다. 하지만 리어 왕이 소중한 여왕과 아들과 함께 우주로 나아가게 될 것임을 알게 되는 것은 이번뿐이다. 외로운 자아가 다시 한 번 길 끝에서 그 자신을 발견하게 되면서 사랑과 상실의 사이클을 완성하고 새로운 세상을 고대한다. 무(無)에서 무(無)가 나온다. 하지만 여전히 논의되어야 할 다른 문제가 있다.

어디에도 없는 곳으로의 항해

이 영화에서 방점이 찍히는 독백이 두 개 존재한다는 사실을 앞서 언급한 바 있다. 결론에 근접하여 트래비스가 이야기하는 체념과 치유의 이야기는 미래에 대한 희망을 만들어 낸다. 하지만 그에 앞서 이를 방해하는, 그러한 희망에 대한 일말의 가능성조차 의심하게 하는 순간이 드러난다. 이 장면은 앤이 트래비스에게 자신이 제인이 휴스턴에서 머물고 있는 곳을 안다고 이야기하고 트래비스가 그녀를 찾으러 가겠다고 월트에게 이야기하러 가는 길에 나타난다. 그는 이른 아침 동트기 전 로스앤젤레스의 뒷거리를 배경으로 하여 다시 걷고 있다. 그는 술집을 지나 각 방향이 8차선으로 되어 있는 남부 캘리포니아의 주요 고속도로 [아마도 샌 페르난도 밸리(San Fernando valley)로 이어지는 로스앤젤레스 북쪽의 샌디에이고(San Diego)고속도로일 것이다] 위를 가로지르는 다리 위로 움직여간다. 길을 따라 걷다가 그는 목청껏 소리치는 남자의 목소리를 듣게 된다. 그의 말은 처음에는 아래쪽에 있는 차들의 소리에 묻혀 불분명하고 먼 거리에 있는 것처럼 들린다. 트래비스가 가까이 다가갈수록 그 말은 점점 분명해진다. 그 남자가 시야에 들어올 정도로 가까워지자 그는 멈추어 서서 그의 이야기를 듣는다. 소리치는 남자는 예언을 한다.

너희 모두는 기저귀를 내린 채 붙잡히게 될 거야! 장담하지! 내가 어머니의 머리 위에서 너희들에게 약속한다고! 오늘, 바로 여기, 망할 놈의 재봉사로부터 태어나지 않은 모든 사람들이 뼛속 깊이 이해하고 알아야 하는 하나님의 녹색 대지(God Green Earth), 내 어머니의 머리 위에 서서 말이야! 그들이 너희들의 침실에 침입할 것이다! 그들이 뜨거운 욕조에서 너희들을 끌어내 갈 것이야! 그들이 너희들이 타고 있는 멋진 스포츠카에서 너희들을 끌어 내릴 거라고! 어디에도 없는 곳! 하나님으로부터 버려진 이 계곡에서는 완전히 아무것도 없는 곳! 나는 바로 여기에 서서 빌어먹을 모하비 사막(Mojave Desert) 너머까지 분명히 들릴만한 소리로 이야기하고 있는 것이다! 바스토우(Barstow) 너머 애리조나(Arizona)까지 계곡의 다른 모든 곳에서 분명히 들릴 수 있게! 그 어느 곳도 안전지대가 될 수는 없을 것이다! 안전지대는 없어! 안전지대는 소멸될 것이야! 내가 보장하지! 안전지대는 모두 사라질 거라고! 너희들은 모두 결코 돌아올 수 없는 곳(the Land of No Return)으로 보내질 거야! 그건 바로 어디에도 없는 곳으로의 항해인 게지! 그리고 만약 그게 재미있을 것 같다고 생각한다면 다른 일이 벌어질 것을 생각해야만 해! 나는 어쩌면 더러운 인간일지도 몰라. 하지만 나를 믿으라고. 나는 내가 지금 무슨 말을 하고 있는지 알고 있으니까! 나는 미치지 않았어! 그리고 내가 너희들에게 경고하지 않았다고 이야기하지 마! 나는 경고했어! 너희들 모두에게 경고했다고!

소리치는 남자의 예언은 우리에게 포스트모던의 환상이 담긴 곳으로 여겨지는, 그 자체로는 유지되기 어려운 거대한 사막 지역 캘리포니아를 구체적으로 지적하고 있을 뿐 아니라 범죄인 인도법이 우리 모두에게 적용된다는 점에서 인간 전반에 대한 보편적 특성을 지닌다. 어디에도 없는 곳을 향한 이 여행길에서 그것은 우리 모두를 향해 다가오고 있다. 소리치는 남자는 유아기 상태를 떠올리게 하는 말들로부터 시작한다. 엄마에게서 태어나 기저귀가 내려지고 장난감을 빼앗긴다. 따뜻하고 포근한 침대에서 끌어내어져 욕조 속에 벌거벗겨진 채 엄청난 상실로 고통을 받게 될 것이다. 그 상실은 무엇인가? 영화는 냉전시대의 마지막 긴장감이 감돌던 1980년대 초에 제작되었다. 그리고 벤더스와 셰퍼드가 소리치는 남자의 역할에 톰 파렐(Tom Farrell)을 캐스팅했을 때 분명 핵전쟁의 구체적인 공포가 엄습하고 있었을 것이다. (소리치는 남자는 그들의 바람을 담아 이 연설의 일부를 즉석에서 만들어냈다.)

하지만 핵에 의한 멸망이 안전지대의 상실이 가정하는 유일한 형태는 분명 아니다. 소리치는 남자는 분명 모든 이들이 마침내 돌이킬 수 없이 어른이 될 것이며 돌아올 수 없는 곳(the land of no return)이란 아이들이 성장하지 않는 네버랜드(Neverland)와 관계된 어른의 땅을 의미한다는 점을 경고하려는 것일 게다. 우리는 언젠가 죽게 될 것이라는 사실을 처음 깨달을 때 이전에 결코 경험해본 적 없는 방식으로 혼자가 된다. 사춘기가 되면서 알게 되는 이러한 인식론적인 외로움은 결코 쉽게 떨쳐낼 수 없다. 그러한 공포와 우리가 어떻게 협상하는지는 별개의 문제이다. 하지만 반복하건대 우리는 세상을 알아가면서 세상의 끝과 항상 마주하고 있다. 우리의 한계를 인정하는 데 실패하면 우리는 운명의 예언, 외로운 자아의 종착점인 무(無)와 지속적으로 대면하게 될 것이다. 우리의 받아들이는 행태에 따라 우리가 남은 인생을 어떻게 살아갈 것인지의 모습이 결정될 것이다.

연설이 끝나자 트래비스는 팔을 뻗어 소리치는 남자의 팔을 붙잡는다. 마치 그를 위로하려는 것처럼. 또 한편 그가 남자의 연설을 다 들었으며 그것을 마음에 새기겠다는 것을 인정하는 것처럼. 그러한 이해를 함으로써 그는 마침내 자신이 이전에 회피해왔던 것을 인정하게 된다.

그것은 가족의 재결합이 이루어지지 않을 수도 있으며 따라서 그 자신이 꿈꾸던 인생이 요원하다는 사실을 받아들일 수 있음을 의미한다. 그리고 제인에 대한 사랑의 폭력과 그에 대한 그녀의 반응으로 만들어진 끔찍한 상처가 치유되지 않을 것이라는 사실을 이해할 수 있음을 의미한다. 하지만 고려되어야 할 또 다른 인물로 헌터가 있으며 여행을 감행하는 것은 결국 헌터를 위한 것이다.

  트래비스의 운명에 있어 이러한 전환은 제인을 처음 보게 되는 순간까지 분명하게 드러나지 않는다. 하지만 제인을 보는 순간 전조가 나타나며 그 순간 이후 소리치는 남자와 조우하게 되면서 트래비스는 이전에 생각지 못했던 구분을 하기 시작한다. 이 장면 직후 월트를 만나게 되는데 이때 월트는 높은 광고판에 또 다른 광고를 집어넣고 있다. 그는 트래비스의 걱정스러운 표정을 보고 그의 고소공포증에 대해 이야기한다. 이때가 바로 트래비스가 "나는 높이 올라가는 게 두려운 게 아니야. 추락하는 게 두려운 거지."라고 이야기하는 순간이다. 이 순간 트래비스는 객관적인 세상과 그 세상에 대한 그의 반응이 각기 다른 두 개의 사실이라는 점을 깨닫게 된다. 한 마디로 그는 그가 생각하는 세상과 그가 정신적으로 교감하는 세상이 동일하지 않다는 에머슨의 통찰에 따라 비틀거리는 것이다. 그리고 마침내 그가 그러한 차이에 진실해지게 되는 것이다. 다시 말해 그는 위대한 경험의 교훈을 깨닫고 그를 외로운 장소로 이끌었던 상황을 극복하게 된다. 오랜 시간 걸으며 트래비스는 그러한 구분을 지워버리려고 노력하고 거의 성공에 가까워진다. 하지만 그러한 행동은 그 자신의 죽음을 재촉하는 위험을 자초한다. 하지만 이제 그는 다른 사람이 되어 다시 인생을 살게 된다. 인간의 조건에 다시 몸을 맡기게 되는 것이다.

〈파리 텍사스〉의 결말은 단순하다. 헌터는 제인과 함께 그의 삶을 시작한다. 트래비스는 다시 사라진다. 월트와 앤은 그들의 삶을 계속 살아가게 될 것이다. 우리와 마찬가지로 그들은 돌아올 수 없는 땅으로 인도되어질 것이다. 하지만 그들은 상상의 가족이며 그들의 사랑은 상상 속의 사랑이다. 이러한 결말은 깔끔한 결말로 이어진다는 점에서 로크 철학적이다. 아이는 주인공의 지위까지 성장하고 훌륭한 아들로 길러진다. 상실의 조각을 넘어 성과가 만들어진다. 하지만 소리치는 남자는 여전히 우리에게 자연의 상태로 돌아올 수 없음을 일깨운다. 우리의 어머니라 할 수 있는 어머니 대지는 분노하여 우리를 침대에서 끌어내리고 우리를 방황의 사막으로 던져버릴 것이다. 그리고 우리는 뒤를 돌아보며 언젠가 더 나은 때가 있었는지, 영화 속 16밀리 가족영화가 겉으로 드러내는 것만큼 숨기고 있는 것이 있지 않은지 의문을 품게 될 것이다.

2장: 키홀 클럽(The Keyhole Club)

이야기할 것이 아직 더 남아 있다. 내가 영화 〈파리 텍사스〉를 끌어들인 것은 나의 어린 시절의 기억으로 인한 다른 이유들 때문이다. 이 영화는 나로 하여금 기억하기와 망각하기에 관련된 몇 가지 구체적인 사건들을 불러일으킨다. 어린 시절은 묘하게 목가적이고 평화로운, 즉 순수한 시절로 기억되는 경우가 많다. 어두운 사상가 월터 벤자민에게 조차 말이다.note7 이러한 순수함은 무한한 열망으로 미쳐 날뛰는 힘이나 삐걱거리는 유혹의 소리, 분노에 의해 변질된다. 헌터라는 이름은 자신의 욕구, 엄마의 사랑을 찾는 그리 순수하지 않은 소년의 성격에 걸맞다. 그녀에 대한 헌터의 탐구는 그의 아버지를 성공적으로 죽이는 것으로 읽혀질 수 있다. 종국에 트래비스는 떠나버리고 헌터 혼자 제인을 차지하게 되기 때문이다. 하지만 그들의 작업은 여전히 협력적이다. 사랑의 삼각관계인 것이다. 사랑이라는 단순한 사실만큼 단순한 것도 없다.

많은 사람들의 삶에 있어 욕구에 대한 오이디푸스 콤플렉스의 구상에 대해서는 많은 논란이 제기되지만 여전히 결정적인 힘을 지니는 것이 사실이다. 우리는 우리들 각자의 엄마를 사랑한다. 아마도 엄마가 없을 때 특히 더 그러할 것이다.

몇 년 전 어느 따사로운 봄날 아침 펜실베이니아(Pennsylvania) 주 서쪽 지방의 작은 도시에서 아홉 아이의 엄마가 지친 몸으로 부엌 테이블에 앉아 늦은 모닝커피를 마시며 담배를 피우고 있었다. 그녀는 이제 막 가장 어린 세 아이들을 집 밖으로 내보낸 상태였다. 그녀는 셋 중 가장 나이가 많은 다섯 살짜리 남자 아이 토미(Tommy)에게 두 살짜리 여동생과 한 살짜리 남동생이 모래놀이장에서 노는 모습을 지켜보라고 지시했다. 모래놀이장은 부엌 창문 아래에 있는 뒤뜰의 커다란 단풍나무 그늘에 있었다. 토미는 즉시 모래를 파기 시작했다. 아이는 장난감 트럭

이 지나다니는 고속도로를 만들려고 하는 것 같았다. 여동생 테레스(Therese)는 그 모습을 잠시 바라보더니 곧 자신의 모래 삽으로 모래 언덕을 만들기 시작했다. 잠시 후—아마 일이 분도 채 지나지 않았을 것이다—토미가 고개를 들고는 아기 데니(Denny)가 사라진 것을 발견했다. 흘낏 보니 막내 동생이 예의 걸음마 단계 아이들 특유의 어기적거리는 걸음으로 뜰 밖의 차도를 향해 뛰어가는 것이 눈에 들어왔다. 엄마가 자신에게 동생들 돌보는 임무를 맡기신 것을 기억하고 토미는 동생을 쫓아갔다. 하지만 토미가 도로변에 도착하기도 전에 데니는 이미 도로로 진입해버렸고 교차로 한가운데에 풀썩 쓰러져 눈이 퉁퉁 붓도록 울고 있었다. 토미가 알고 있던 사실 중 하나는 차도에는 절대로 들어가서는 안 된다는 것이었다. 그래서 동생에게 가장 근접한 도로변으로 가서 "이리 나와, 데니. 이리 나와!"라고 소리쳤다. 하지만 동생은 나오지 않았다. 동생은 그곳에 앉아 울고 있었다. 설상가상으로 버키츠(Buckets)라는 이름을 가진 이웃의 나이든 개가 근처의 골목에서 나오더니 데니 옆에 앉아 짖기 시작했다. 데니는 더 큰 소리로 울었고 그때 차들이 몰려오기 시작하더니 그 앞에 멈추어 서서 경적을 울리기 시작했다. 경적 소리가 아이와 개를 움직이게 할 것이라고 생각하는 듯이 말이다. 토미는 어찌할 바를 몰라 길가에서 동생을 계속 불러댔다.

갑자기 어디에도 없는 공간에서 튀어나온 것처럼 8학년에 재학 중인 토미의 큰 형 조니(Johnny)가 튀어나와 데니를 양 팔로 들어 올려 집으로 돌아왔다. 그는 근처에 있던 지방 학교에서 점심을 먹기 위해 집으로 오던 길이었다. 눈 앞의 화면이 쿵하고 닫혔다. 그리고 그것이 토미가 기억하는 마지막이었다.

내 아이들이 테레스와 데니, 토미 정도 나이의 어린 아이들이었을 때 나는 아이들이 잠자기 전 침대 맡에서 이 이야기를 들려주곤 했다. 우리 가족의 개 프레드(Fred)가 침대 옆에서 함께 이야기를 듣곤 했으며 데니가 울고 버키츠가 짖는 장면에 이야기가 다다를 때면 우리는 다 함께 울부짖곤 했다. 이야기가 계속되면서 버키츠는 맹렬하고 사나운 전설의 늑대개가 되어갔으며 나의 형이 영웅처럼 도로로 뛰어들어 데니를 구출할 때 선수를 빼앗기는 존재가 되었다. 데니의 탈출 드라마나 그의 형 토미의 공포, 도로와 이웃에 대한 상세한 사항들은 어린 시절에 얽힌 다른 기억들과 달리 생생해지곤 했다. 이야기가 구전되며 그것은 〈데니, 버키츠, 그리고 놀라운 구출〉이라는 작품이 되었다. 그것은 이야기의 기억 조각이다.

어떤 이야기들은 나에게 신비롭게 남아 있다. 좀 더 정확하게는 의심스럽게 남아 있다고 할 수 있을 것이다. 그날 아침 나의 엄마는 무슨 생각을 하고 있었던 것일까? 다섯 살짜리 아이에게 걸음마 단계의 아이들을 둘씩이나 맡긴 채 말이다. 나는 어째서 그 이후의 일은 전혀 기억하지 못하는 것일까? 그 이야기에 대해서만큼 정확하게는 아니라도 어찌 조금도 기억하지 못한단 말인가. 여기에 서술적 종결을 향한 단순한 본능적 욕구가 작동하고 있는 것인가 아니면 끝내고자 하는 욕구가 무언가 나의 기억을 변화시키는 신호가 되는 것인가? 나의 기억 속에는 공포의 암류(暗流)와 나의 어린 시절에 상실된 무언가에 대한 슬픔이 존재한다. 이것은 행복한 가족의 모습이 아니었다. 이제는 엄마가 당신만이 아는 외로움으로 고통 받고 계셨다는 사실을 쉽게 알 수 있다. 20년 동안 (두 번의 유산을 경험하고) 아홉 명의 아이들을 낳고 길러야 하는 압박으로 고통을 받으셨고, 아버지께서 보험 영업을 하시느라 밤낮없이 밖으로 돌아다니시는 동안 홀로 가정을 돌보시느라 애쓰셔야 했다. 엄청난 양의 빨래와 청소, 식사 준비 (수십 년간 매일같이 열한 명의 식사를 준비해야 했다), 잠자리를 정리하고 우리를 깨워 학교 갈 준비를 도와주시는 일 등 이 모든 일들을 다른 성인의 도움 없이 하루 종일 홀로 하는 것은 엄청난 희생을 요하는 것이다.

모든 임신 기간이 끝나자 엄마는 임산부 시절이 그립다는 말씀을 하곤 하셨다. 출산을 하고 나면 며칠간 산후 휴가를 얻어 병원에서 쉴 수 있었기 때문이다. 병원에 있는 동안은 하루 종일 침대에 누워 간호사들이 가져다주는 식사를 하면 되었다. 아이들이 하나씩 태어나면서 엄마의 산후 휴가 기간은 점차 길어지는 듯했고 그녀의 슬픔과 화는 점차 두드러졌다. 그리고 집으로 돌아온 이후 침대에서 보내는 시간도 길어졌다. 가임 기간이 끝나고 나서 엄마는 가끔 며칠씩 침대에 누워 계시곤 했다. 허리가 좋지 않았기 때문이다. 탈구된 디스크로 신경이 눌린 것이라고 했다. 나는 종종 허리가 좋지 않다는 게 어떤 건지 의구심이 들곤 했다.

식구가 많았던 우리 가족의 특징 중 하나는 늦게 태어난 아이일수록 관심을 덜 받는다는 것이었다. 모두에게 동등한 사랑을 베푸신다는 부모님의 언명은 가능한 선에 있어서만 사실이었다. 그 말은 공식적으로나 우연하게는 사실이었지만 시간이 지나면서 실질적으로는 그다지 사실이 아니었다는 말이다. 분명 부모님께서 가장 좋아하는 아이들이 있었다. -그게 당연했다- 그리고 셋째 혹은 넷째 이후에 태어난 우리들은 그들과 같은 대우를 받지 못했다. 우리는 분명 상대적으로 관심을 덜 받았고 그들에 비하면 살짝 부족한 복제품들이었다. (우리 막내 그룹의 아이들은 형들이나 누나들과 닮아 보였지만 그들은 우리와 닮아 보이지 않았다.) 우리 가족의 사진은 어쩔 수 없이 이러한 사실을 반영했다. 큰누나와 큰 형의 사진은 많지만 아래로 내려갈수록 사진의 수가 점점 줄어들다 막내의 경우에는 사진 수가 확 증가한다. 마치 우리 부모님들께서 드디어 끝을 봤다는 사실을 아신 것처럼 말이다. 아홉 명 중 일곱째였던 나는 사진에 대해 이야기하자면 거의 익명의 존재나 마찬가지였다고 할 수 있다. 몇몇 단체 사진에서나 모습을 드러내고 독사진은 한 두 컷에 불과하다. 가령 영성체 날 나의 순수한 영혼을 상징하는 하얀 정장을 입고 타이를 맨 독사진의 경우가 그것이다.

　하지만 나는 다른 방식으로 관심을 끌었다. 아마도 그런 것처럼 보였다. 나의 형제들은 가끔씩 내가 다루기 어려운 아이라는 사실을 상기시켰다. 빽 하고 소리를 지르며 욱하는 감정을 드러내거나 화를 내고 지루해하며 독설을 하고 때로는 못되게 군다는 것이었다. 나는 형들의 잔인함에 화가 나고 짜증이 났던 것, 전반적으로 부당한 대우를 받는 느낌을 가졌던 것을 굉장히 구체적으로 기억한다. 그리고 그러한 잔인함은 남동생에게 응축된 분노의 형태로 표출되었다. 나는 소외받은 아이가 되어 책에 빠져들곤 했다. 백과사전이나 〈리더스 다이제스트(Reader's Digest)〉, 심지어 지역 신문까지 읽었고 곧 공공 도서관의 대출카드를 가득 채웠다. 내가 몰고 다니는 산만한 분위기 때문에 나는 '안개(Foggy)'라고 불리었고 그건 때로는 애정 어린 것이었지만 때로는 그렇지 않은 것이기도 했다. 나는 천식에 콧물을 줄줄 흘리고 뼈가 앙상했으며 안경을 쓰고 불쾌함을 느끼곤 했기 때문에 같은 배에서 나온 자식들 중 가장 약한 놈이라는 말을 듣기도 했다. 부모님의 형편으로는 감당하기 어려울 정도로 병원을 자주 들락거렸다. 그것은 또 다른 긴장 요소이기도 했다.

나는 엄마와 아빠의 언쟁을 기억한다. 그들 사이에 흐르던 침묵, 집안에 감돌던 긴장감, 저녁 식사 시간에 오가던 비난조의 대화, 화난 분위기. 어린 시절 후반기에 나는 학교를 사랑하게 되었고 심지어 자비의 성모 동정회(Sisters of Mercy)와 함께 하는 루드르의 성모 마리아(Our Lady of Lourdes) 학교마저 사랑했다. 단순히 그들과 함께 있는 나의 현재 상태가 어떠한지를 거의 항상 알 수 있다는 이유에서였다. 도덕적 결함이 있는, 지속적인 치유를 요하는 나의 더럽혀진 영혼 상태를 확인할 수 있었기 때문이다. 집에서는 분위기가 어찌될지 결코 알 수 없었다. 특히 형이나 누나들이 집을 떠나 거친 세상에 뛰어들면서 더욱 그랬다. 그들은 베트남으로 가서 간호사가 되거나 평화봉사단(Peace Corps)에 참여하고 전쟁 반대 시위를 벌였다. 정치 권력에 대항한 그들의 세대적 반정부 행위들을 부모님들은 그들에 대한 개인적 공격으로 간주했다.

필리핀에서 편지가 오거나 펜실베이니아 주의 SDS(Students for Democratic Society, 민주 사회를 위한 학생연합, 미국의 과격 학생단체)에 관한 소식이 지역 신문의 헤드라인을 장식할 때, 저녁 뉴스에서 월터 크롱카이트(Walter Cronkite) 앵커가 전쟁에 관한 보도를 할 때면 저녁 식사 자리에는 폭풍이 일었다. 남은 우리들은 형이나 누나에 대한 우리 부모님의 날 선 분노를 참아내야만 했다.

하지만 나의 문제는 그러한 일들이 일어나기 전 집안에서 벌어졌다. 그것은 엄마와의 문제였다. 나에게는 엄마에 대한 두려움이 있었다. 엄마는 내가 말썽을 부릴 때에만 나에게 관심을 가지시는 것처럼 보였다. 그래서 나는 할 수 있는 한 말썽을 부렸던 것 같다. 내가 짜증을 부리면 엄마는 나를 식당 계단 아래의 작은 벽장에 가두셨다. 한 번에 몇 시간씩 갇혀 있었던 것으로 기억하지만 나의 또 다른 일부는 그것이 그렇게 긴 시간은 아니었으며 그 순간에만 그렇게 느껴졌던 것이고 그것이 그렇게 기억되는 것이라는 사실을 또한 알고 있다. 나의 큰형 존이 데니를 구출해 집안으로 데리고 들어간 이후의 일을 내가 기억하지 못하는 것은 무언가 나쁜 일이 일어났었음을 의미하는 것일 게다. 아마도 엄마로부터 벌을 받거나 굴욕을 당했을 것이며 더 많은 눈물을 흘리고 더 많은 상처를 받았던 것일 게다. 하지만 평범함의 선을 벗어난 일, 우리 가정에서 평범한 것으로 정의되는 범위를 벗어난 일은 발생하지 않았던 게 분명하다.

  하지만 이것들은 사랑 이야기이다. 이 벽장과 그곳에서 받은 벌에 대한 기억 속에는 에로틱한 향기 이상의 것이 존재한다. 눈에 보이지 않는 상황에서도 받았던 관심, 한 쪽 눈으로 열쇠 구멍을 통해 바깥세상의 빛을 보고 중간중간 형제들이 보내주는 신호를 찾으며 숨겨진 상태로 갇혀있으면서도 그에 못지않게 보호를 받았다. 그것은 나의 기억을 다시 일깨울 만큼 강렬한 느낌이다. 나는 벽장 속의 색깔과 날카로운 냄새, 먼지까지도 생생하게 기억한다. (벽장 속에는 엄마의 다리미판과 진공청소기가 놓여 있었다. 그것들은 근심걱정에 묻힌 엄마의 도구들이었다.) 이러한 과거, 깨끗하게 다려진 옷의 희미한 냄새나 진공 청소기의 시끄러운 소리가 담긴 이러한 과거를 잃어버리게 될 지도 모른다는 생각이 들 때마다 내가 이 세상에 존재하고 있다는 확신을 하게 되며 그러한 나의 과거가 지금의 현재를 만들었다는 사실을 상기하게 된다. 트래비스가 잃어버린 아내를 찾아 키홀 클럽을 찾았던 것처럼 나는 나를 사랑할 수 없었던 엄마와 그에 따라 내가 사랑할 수 없었던 엄마, 그리고 잃어버린 사랑의 광경으로 돌아간다.

  벽장의 냄새, 문틈으로 새어들던 빛 등은 잃어버린 엄마에 대한 나의 기억을 불러일으키는 감각의 단서들이다. 그녀가 내가 쓰고 있는 글이나 내가 생각하는 것들의 형체를 만들었다는 사실이 놀랍다. 그리고 이제는 더 이상 분노가 아니라 나의 가족 혹은 모든 가족에 대한 새로운 이미지화에 대한 그리움으로 과거를 돌아볼 수 있다는 점이나 우리가 공존하는 현실에 녹아있는 외로움을 향한 독자적인 길을 만들어갈 수 있다는 사실 또한 놀랍다. 이것은 그녀가 나에게 준 선물이었고 지금 내가 살고 있는 이 세상으로 나아가게 해준 기초가 되었다. 다른 모든 것들에도 불구하고 말이다. 그녀로부터 나는 처음으로 살아가는 방법으로서의 외로움에 대한 감각을 갖게 되었다.

  나의 형제들과 누이들은 일정 기간 동안 여러 대륙에서 흩어져 살았다. 하지만 －물론 예외는 있지만－ 우리는 나이가 들고 가장 맏이가 은퇴해야 할 시점에 이르게 되면서 점차 가까워지게 되었다. 우리는 가끔 격정의 시간동안 흩어져 지낸 것을 비난하기도 한다. 국내외적 전시 상황에서 우리들 각자는 다른 방식으로 성장했다. 정치적 시위, 인도적 봉사라는 소명, 그에 따라 우리들 중 일부는 약물과 알코올이라는 재난에 가까운 약탈 상황에 빠져들기도 했다. 하지만 그것은 또한 우리가 피해왔던 것이고 지금도 계속 피하고 있는 것이기도 하다.

  나의 아버지는 지금도 여전히 고향에서 홀로 살고 계신다. 50년 이상 아내의 자리를 지키고 있던, 몇 년 전 돌아가신 어머니를 애도하면서.(엄마는 돌아가시기 일주일 전 마침내 임상우울증 진단을 받으셨다. 하지만 그때는 항우울제로 치료하기에 이미 너무 늦은 시기였다.) 아버지와 나는 잘 지낸다. 여느 부자(父子)보다 더 가까운 유대감을 느끼면서 말이다. 그것은 같은 상실을 경험했다는 사실에 의한 것이다. 나는 일요일마다 아버지께 전화를 드린다. 우리는 정치나 오페라 〈해적(the Pirates)〉, 레드 삭스(the Red Sox), 펜실베이니아 주 미식축구에 대한 이야기를 한다. 이 장을 읽으면서 아버지께서 무슨 생각을 하실지 모르겠다. 왜냐하면 아버지께서는 엄마가 훌륭한 엄마라고 생각하시며 그녀의 인생은 우리의 엄마라는 사실로 완성되었다고 확신하시기 때문이다. 그녀는 아이들을 위해 희생했다고 여기고 계실 것이며 엄마의 다른 인생에 대한 시각, 자신의 인생을 잃고 살았던 엄마의 삶에 대해서는 받아들일 수 없다고 여기실 게 분명하다. 아버지는 매주 엄마의 무덤을 찾으신다. 그녀 곁에 머물고자 하는 바람이 있기 때문이다. 어쩌면 나는 책이 출판되고 난 후 그 사실을 아버지께 말씀드리지 않을지도 모른다. 한편으로는 아버지께 걱정을 끼쳐드리지 않기 위해서이며 한편으로는 여전히 아버지의 화에 대한 두려움이 남아 있기 때문이다. 이제는 연로해 부드러워진 아버지시지만 방탕한 아들에게는 아직 쏟아내실 힘이 남아 있을지 모른다는 두려움이 있다.

 우리 형제들은 모두 각자의 기억을 가지고 있다. 그리고 우리들이 기억하는 어린 시절의 모습은 제각기 다른 모습을 하고 있음에 틀림없다. 우리들 중에는 분노로 과거를 떠올리는 이도 있고 후회로 돌아보는 이도 있다. 하지만 단언하건대 우리들 중 기쁜 마음으로 어린 시절을 회상하는 이는 아무도 없다. 그러나 우리들 중 누구도 각자가 가진 어린 시절의 이야기나 개인적인 트라우마, 외로운 가족에 대한 주장이 다른 누구의 이야기보다 더 진실하고 권위 있는 것이라고 주장할 수 없다는 것

역시 사실이다. 기억에 대한 질문에 관한 한 전문가는 없다. 우리 모두는 자신의 경험을 기초로 과거를 회상한다. 우리는 공동의 과거에 의해 분열되어 있다.

어떻게 이와 같은 과거가 현재에 영향을 미치는가? 어린 시절에 대한 우리의 기억들이 어떻게 우리의 남은 인생에 굴절되는가? 전(前) 철학적 시기라 할 수 있는 긴 유아기, 존재론적 공포를 처음으로 경험하게 되는 청소년기 훨씬 이전의 시기에 우리는 어떻게 세상에 대한 분리된 감각을 가지게 되는가? 우리는 회의주의에 대한 굴복 없이 그러한 사실을 알게 된다. 우리들 각자가 홀로 시작하는 것이라는 사실을 단순히 받아들이는 것인가? 우리가 기억할 수 있는 한, 우리의 과거에 대해 다시 생각해보려고 하지도 않은 채? 다섯 살이 되면 유아기는 끝이 나고 우리는 고차원의 아동기에 진입한다. 이 시기는 여러 가지 면에서 늦은 순간이며 이미 우리가 기억할 수 없는 것들에 의해 많은 것들이 형성된 상태이다.

어떠한 기억들이 중요한가? 어떤 것이 중요하지 않은가? 외로운 가족, 잃어버린 사랑, 서로에게 가하는 고통, 우리 자신을 극복하려고 노력하는 방식들, 과거에서 벗어나려는 우리의 노력, 심지어 우리가 떨쳐버리지 못하는 것들, 이 모든 것들이 우리를 구속한다. 사람들의 말에 의하면 죽는 순간 그 모든 것들을 기억하게 된다고 한다. 어쩌면 엄청난 망각의 힘이 작동해 망각의 상태만이 남게 될지도 모른다. 우리는 그 순간을 고대하면서 또한 우리의 과거를 들여다본다. 상실감에 의문을 품고, 우리의 외로운 사랑에 대해 생각하는 것을 통해 얻을 수 있는 것이 있다면 그것이 무엇일지에 대해 의문을 품으며 두 개의 불가능한 것 사이에 묶인 채 말이다. 우리가 남기게 되는 것은 우리 자신의 흔적들뿐일 것이다. 닳아빠진 신발처럼 오랜 사용으로 닳아버린, 미래의 기록 관리자들이 끼워 맞춰야 할 상형문자 같은 흔적들 말이다.

CHAPTER 04
상심

우리가 존재한다는 사실을 발견하는 것은 불행하다.

하지만 도움을 얻기에는 너무 늦었다.

―에머슨(Emerson)

병든 이들의 세상

 1999년 봄, 다양한 종류의 검진과 한 차례의 수술을 거친 후 나의 아내는 흉막중피종(胸膜中皮腫, pleural mesothelioma)이라는 희귀한 형태의 폐암 말기 판정을 받았다. 추가적인 시험적 수술을 통해 아내의 몸속에서 예상보다 많은 종양을 제거하고 가장 강력한 화학치료 및 방사선 치료를 6개월간 시행한 끝에 아내의 삶을 4년 반 정도 연장시킬 수 있었다. 그동안 우리는 커트 보네거트(Kurt Vonnegut)의 '둘의 나라(nation of two)'의 전형이 되었다. 죽음의 문턱에서 단단히 구속된 채 우리가 공유하고 있는 공동의 삶을 끝내야 한다는 절박함을 지속적으로 마음에 새기면서 말이다. 투병과 일시적 회복, 그리고 재발. 이 일련의 과정들이 우리를 그 치명적인 진단을 받기 이전의 상태에서 아내와의 재혼이라는 이상한 코미디로 이끌었다가 상심이 예견되는 슬픔 속으로 몰아가더니 마침내 나만 홀로 남아 존재하는 마지막 이별의 숙명적 사건으로 치닫게 했다. 수술, 치료, 새로운 암의 발생은 그녀의 몸에 시간을 새겼다. 그것은 흘러가는 시간을 눈으로 확인하게 해주는 수단이 되었다.

하지만 아내가 일시적으로 회복되었던 기간 동안 우리는 갱생의 날들을 축하했고, 아직 어린 우리의 아이들이 주는 기쁨을 즐기며 일상의 걱정거리에 무념으로 일관할 수 있다는 은총에 부담스런 행복을 느꼈다. 우리는 최후의 순간이 점점 생생하게 다가온다는 사실을 느끼며 그 순간들을 가능한 한 많이 즐기려고 했다.

혼자 있을 때 나는 가끔 놀라우리만치 고통스러운 순간을 경험하곤 했다. 이상한 감정이 뱃속에서 끌어올라 가슴을 타고 목구멍까지 치밀어 오르곤 했다. 그녀가 없는 세상에 대한 생각이 맹목적으로 떠올라 나를 옭아매고 공포가 엄습했다. 그 공포가 그녀에 대한 나의 사랑에 관한 것이기만을 희망했지만 그것은 그녀의 죽음과 나의 생존에 관한 것이었고, 다가올 미래의 고통과 어리둥절함의 원천이 될, 공포와 두려움의 혼란에 관련된 것이었다. 이러한 종류의 고통은 오직 회상할 때만 이성적 설명을 할 수 있다. 그녀 없이 아이들을 길러야 한다는 생각, 다른 누군가로부터 다시는 사랑받지 못할 것이라는 두려움, 빈 집에 홀로 있게 될 것이라는 두려움등이 복합적으로 작용해 평범한 상실에 대한 넌더리나는 상처를 만들었고, 나는 한밤중에 깨어나 고요함 속에서 적막이 더욱 깊어지는 것을 느꼈다.

　나는 곧잘 자신을 잃어버리곤 했다. 어느 여름날 아침, 집 근처의 자전거 길에서 조깅을 하다가 길을 지나던 사람들이 나를 보고 놀라는 것을 눈치 채고 나서야 내가 흐느끼고 있었다는 사실을 깨달았다. 나는 천천히 걸으며 호흡을 가다듬고 얼굴을 타고 흐르는 눈물을 진정시켰다. 아직 내 것이 아닌 상실감에 상심하고 있었다는 사실에 부끄러워졌다.

　살다보면 죽음으로의 여정이 하나의 사건으로 좀 더 뚜렷이 제 모습을 드러내게 되는 때가 있다. 스스로의 날카로운 감각이 발동해 죽음으로 향해가고 있다는 자각을 하게 되거나 아니면 다른 이에게 나타나는 변화로 인해 죽음을 실감하게 되는 경우가 그것이다. 엄마가 돌아가시기 전 아버지는 몇 달간 엄마가 쇠약해져 가는 것을 지켜보셨다. 그리고 엄마를 보살피고 도우며 엄마 옆에서 함께 고통을 나누고자 하셨다. 아버지의 외로운 상심은 이미 엄마가 천천히 죽어가면서 시작되었으며, 더 이상 병마에 따른 엄마의 물리적 요구를 충족시킬 수 없어 엄마를 아파트에서 요양원으로 옮겨갈 때 시작되었다. 그리고 우울증에 빠지고 공포에 사로잡혀 약간은 정신착란 증세를 보이는 엄마가 행복하지 않은 노인들 특유의 고통스러운 방식으로 자신의 불행을 드러내었을 때 시작된 것이기도 했다. 80대 부모님의 노쇠한 신체는 다른 많은 이들이 나이가 들어감에 따라 경험하는 최종적 쇠퇴를 경험하면서 삶과 함께 닳아버렸다.

　그러한 경험은 우리를 변화시킨다. 어떻게 그러지 않을 수 있겠는가?

40대 중반에 나에게 벌어진 일들이 사람들에게 알려지면서 (나보다 나이가 든 사람들이나 나와 함께 나이 들어가는 사람들 모두를 아울러) 나이든 사람들과 어울리는 것이 좀 더 편안해졌다. 그들은 아내의 병에 대한 진단과 치료 과정을 겪으면서 자신들의 노화 단계나 혈당, 혈압, 콜레스테롤 수치에 대한 검사, 대장암이나 유방암, 전립선암 검사 결과, 심장, 폐, 간, 허리, 무릎의 퇴화 상태에 대한 예상 보고, 의심스러운 자궁경부암 검사 결과, 이상한 종양, 나빠져 가는 시력 등에 대한 정보를 공유했던 사람들이었다. 나와 나의 아내는 죽음과 신체의 배반에 대한 인식이 심화되면서 병원이나 병자들을 둘러싼 아픈 사람들의 커뮤니티가 집과 병원 캐비닛, 부엌을 연결하며 어떻게 만들어지는지 그리고 우리가 냉소적으로 "병든 이들의 세상"이라고 불렀던 이형접합의 세상이 건강한 세상에 어떻게 그늘을 드리우고 때때로 "건강한 이들의 세상"에서 느끼는 고민을 어떻게 압도하는지 알게 되었다.

다른 모든 세상과 마찬가지로 아픈 이들의 세상에도 입회에서 탈퇴에 이르기까지 구성원들 간에 지켜야 할 다양한 규칙이 있다. 거의 모든 사람들이 아픈 이들의 세상에 익숙하다. 비록 우리들 대부분이 가능한 오래도록 그 세상을 피하고 싶어 하긴 하지만 말이다. 수많은 사람들이 좀 더 준엄하고 체계적인 방식으로 묘사해왔던 문제들 가령 현대 의료 과학의 힘이 어떻게 삶의 연장을 가능하게 했으며 건강과 질병, 건강한 사람과 아픈 사람의 구분을 가능하게 했는지와 같은 문제를 우리가 일상의 한 부분으로 받아들이기 시작한 것은 죽음의 속박을 받고 있다는 사실을 새롭게 인식하게 되면서부터이다. 공통점이 없는 사람들의 커뮤니티는 이러한 분리와 비범함의 모드를 통해 우리를 동일하게 만든다. 이 모든 것을 이전에 알지 못했을 만큼 우리가 너무 냉담했던 것은 아니었나?

  죽음이 임박해진 누군가가 죽음에 대해 생각할 시간을 좀 더 가지는 것은 −감염이 순식간에 우리의 목숨을 앗아갔던− 과거보다는 기술적으로 복잡한 문화 속에 살고 있는 현대인들에게 더 일반적일 것이다. 화학 요법이나 관상동맥 바이패스 수술, 혈관 확장술, 프로테아제 억제제(AIDS 치료제)와 같은 생명 연장술과 백신과 항생제, 그리고 서구 의학의 다른 의술들은 우리의 죽음이나 재생의 과정을 저지하거나 늦춰주었다. 그것들의 사용이 줄어들면 많은 이들은 죽음의 랭크에 이름을 올려야 했을 것이다. 죽음의 구속을 받고 있다는 것의 의미를 생각하면서 나는 이러한 기술의 선물이 만들어내는 차이를 어떻게 평가할 수 있을 것인지에 대해 의문을 품게 된다. 생명 연장에 대한 생각은 잘못된 희망을 가중시키는가? 그것은 우리로 하여금 죽음의 현실에 가까워지지 않게 막아주는 하나의 수단에 불과한가? 어쩌면 질문이 그것에 대한 답을 하는지도 모른다. 우리는 새로운 생각을 할 만큼 대담해졌을 뿐 아니라 모든 것이 이야기되고 행해진 이후 우리 자신이 고안한 장치들 앞에 남겨진 채로 집중력이 흐트러지기도 한다. 어쩌면 새로운 형태의 회피가 가장 오래된 거부의 전략을 반영하고 있는 것에 불과할 수도 있다. 그러한 거부는 우리를 계속 살아가게 한다.

이러한 질문들은 아내의 병이 악화되면서 실체를 드러내게 되었다. 암은 '진화하는' 병이다. 그리고 브렌다의 암이 진화하면서 시간에 대한 우리의 감각은 새로운 방식으로 전환되었다. 머뭇거림, 순간에 대한 매달림, 시간의 연장, 지겨움이라는 경험에 관계되어 있으면서 그것을 다른 방식으로 채워가는 불안, 우려의 일반적인 기분 등 이 모든 시간의 굴곡들이 병원의 대기실이나 의사의 사무실, 심리 치료사의 어두운 방 안에서 작동하였다. 이곳들은 우리가 우리의 상실에 집중하게 되는 공간들이며 시간에 다가가게 한다.

하지만 우리의 집은 그 반대이다. 그곳에서는 인생의 충돌이 회복과 쇠퇴에 관계된 모든 세간용품들을 둘러싸고 있다. 심각한 환자가 있는 모든 집에는 환자의 병과 관계된 부스러기들이 존재한다. 굳어버린 티슈와 환자용 변기, 약병, 전기장판, 베게, 안락의자, 산소 발생기, 비강 튜브 등. 기술의 잔여물들은 신체를 망가뜨리는(이 경우에는 하나 남아 있는 점차 망가져가는 폐를 말한다) 외부 대리인에 대항해 힘을 쏟는다. 이러한 일상적인 물건들이 신문이나 잡지, 냉장고의 음식, 아이들의 이벤트가 적힌 달력이나 텔레비전의 울림, 책 더미, 자수, 방문객들과 뒤섞여있으며 일상적인 가사 일에 다른 조명을 비춘다. 우리는 우리의 물건들을 쓰레기로 재분류하고 쓰레기가 좀 더 위안을 준다고 생각할지도 모른다. 그것이 상처를 치유하는 방법이고 우리의 신체와 정신 사이의 구성적 분배를 덮어버리는 방법이 된다. 집은 삶과 죽음이 뒤범벅된 이상하리만치 편안한 곳이 된다.

알폰소 링기스(Alphonso Lingis)는 죽어가는 사람들의 세상으로부터 점차적으로 철수하는 것에 대해 쓴 바 있다. 그들이 공간을 비우고 그 공간들이 다른 것들에 의해 채워짐에 따라 그들의 기능은 점점 사라져 간다. 그는 죽음의 시간이 다른 어떤 시간과는 다르다는 것을 강조한다. "죽음은 시간을 가져간다. 그것은 누군가가 고대하는 시간을 훼손해버리는 이상한 시간을 연장하고 미래와 가능성이 없는 시간, 시간의 존재를 참는 것 외에는 할 것이 전혀 없는 시간을 연장한다. 절박한 것은 완전히 손에 닿지 않는 곳에 있다."note1 우리가 죽음에 가까워지면 세상은 멀어지기 시작하고 더 이해하기 어려워진다. 하지만 우리가 세상에서 철수할 때에도 우리는 스스로를 이해하는 데 더 큰 어려움을 느낀다. 경험을 넘어서는 영역에 가까워지기 때문이다. 단순히 알려지지 않은 것뿐 아니라 알려진 것과 알려지지 않은 것이 만나는 지점을 넘어서는 영역 말이다. 링기스는 죽음이 가까워지면서 우리가 세상으로부터 철수해 세상 속으로 들어간다고 가르친다. 이러한 멀어짐과 들어감은 자아의 상실이라고 명명될 수 있다. 그것이 인생에서 가장 자각적이고 가장 개인적이며 가장 개별화하는 순간이라는 점을 빼면 말이다. 그 안에서 우리는 무(無, nothing)를 공통으로 가진 사람들로 구성된 공동체의 일원이 된다. "죽음의 그림자는 누구에게나 일어날 수 있는 가능성의 끝없는 정렬 속에서 내가 혼자될 수 있음을 규정한다."

아무것도 없음(nothing)에 대한 그의 책의 마지막 문장에서 링기스는 "죽음이 어떤 이를 앗아가고 그 어떤 약물이나 위로도 남은 이에게 소용이 없을 때 남아있는 자가 해야 할 일은 슬퍼하는 것이라는 사실을 안다."라고 쓰고 있다. 상심이 주는 무(無)에 대한 가르침은 사람이 빼앗긴 것을 슬퍼해야 한다는 사실이다. 나 또는 너에게 빼앗겼다는 사실이 아니라 오직 빼앗겼다는 것에 대해 슬퍼해야 할 뿐이다. 곧 상심하는 자가 될 보살핌을 주는 사람은 죽어가는 사람이 여전히 손에 닿는 위치에 있을 때, 그를 만지는 손길에 그 사람이 여전히 위안을 느낄 수 있을 때, 죽어가지만 아직 살아있을 때 그 죽어가는 사람에게 다가가 그 사람을 만진다. "위로의 손길은 그 자체로 치료나 보호의 효과를 가지는 것은 아니다. 그것은 무엇을 해야 할지 어떻게 회피해야 할지에 대해 알 수 없는 고독이다… 위로의 손길은 떠나는 자가 무(nothingness)의 상태도 아닌 아무데도 존재하지 않는(nowhere) 시간 속으로 가라앉을 때, 언젠가 죽게 될 고통에 취약한 남아있는 자가 동반하여 수행해주는 것이다." 링기스의 가르침에 따르면 그 사람이 떠날 때 우리가 슬퍼하는 것은 더 이상 떠나버린 사람을 손으로 만질 수 없기 때문이다.

그 사람을 한 번이라도 손에 만져본 적이 있는가? 우리들 중 누구라도 그러한 질문을 받는다면 어떤 대답을 하겠는가? 우리가 만져온 그리고 우리를 만져왔던 누군가를 더 이상 만질 수 없게 되는 죽음을 경험하는 것은 탄생의 역전된 형태라 할 수 있는 그 사람의 죽음을 경험하는 것이다. 우리의 일부라고 생각했던 것이 이제는 분리된 상태로 있다. 그러한 분리는 상대방이 아무데도 없는 곳으로 가라앉으면서 나타나는 현상이다. 링기스는 고통과 즐거움 속에 있는 상대방에 대해 우리가 책무로서

가지는 관심의 윤리학에서 그러한 규범이 발견된다고 한다. 우리가 그러한 규범을 어떻게 수용하는지, 우리의 자아를 얼마나 신뢰하는지, 상대방을 어떻게 인식하는지에 따라 우리는 기쁨을 경험하게 될지도 모른다. 따라서 우리의 삶은 우리가 무엇을 하고 있는지 인식하지 못하는 순간들의 주변을 맴돌곤 한다. 이러한 점에서 인생의 많은 부분이 회고적이다. 뒤를 돌아볼 때 그리고 예견되는 우리의 실수를 보게 될 때 우리는 부끄러움을 느낀다. 조건들이 오직 회고적으로만 눈에 들어올 때 우리는 분명 리어 왕만큼 길을 잃고 다시는 길을 찾지 못하게 될 것이다. 자연을 벗어나 죽는 것, 우리 자신을 즐기는 것은 미래 지향적으로 생각하는 것이다. 하지만 우리 모두의 미래나 아직 태어나지 않은 이들의 마지막 미래는 모두 우리를 무(無)로 이끄는 경험이다.

그렇다면 우리는 어떻게 살아야 하는가? 대화에서, 예의상, 희망이 없는 코미디 속에서 우리는 이야기한다. 하지만 죽음에 직면하여 그러한 기운을 돋우는 말을 통해 우리가 이야기하려는 것은 무엇인가? 우리는 어떻게 나아가야 하는가?

우리가 죽음에 구속된 상태로 산다는 것은 새로운 사실이 아니다. 그렇지만 아마도 가장 중요한 뉴스일 것이며 어쩌면 유일하게 중요한 뉴스일 수도 있다. 정치에 관한 대화의 대부분은 이러한 사고를 회피한다. 우리로 하여금 시간을 죽이는 비즈니스를 계속하도록 하기 위해 그러한 생각을 억누르는 것이다. 우리는 정치가 정권 연장에만 관심을 둘 때에도 상실의 의미에 대해 주의를 기울일 수 없게 된다. 존재론적 관심으로부터 우리의 주의를 돌리는 정치는 다른 사람들이 우리 앞에서 죽어갈 때, 우리의 세상이 최소한의 가능성만 남기고 좁아질 때, 우리가 상심 속에 홀로 남겨질 때 우리에게 다가오는 외로움의 상태에 대한 공통의 이해를 훼손하는 경향이 있다. 우리가 상실의 경험이나 인간을 고통스럽게 하는 공사(公私)의 재난, 사랑하는 이들이 사라지는 것을 회피, 극복 또는 수용하는 방식들, 상실을 가중시킬 뿐인 상실에 대한 소란스러운 반응 등에 대해 생각한다면 우리의 존재에 대한 끝없는 분석처럼 보이는 무언가 속으로 가라앉게 될지도 모른다. 하지만 애도에 있어 만족스러운 결론에 도달하지 않는다면 우리는 계속해서 살아나가기 위한 노력을 강요받게 될 것이다. 그것은 상실을 간직한 채 살아가는 방법을 배우는 것이며 사라짐을 통해 살아가는 것을 의미한다. 우리가 슬퍼하는 자로서의 우리의 위치를 인정하면 우리는 특별한 모습으로 세상에 존재하게 된다.

이러한 인정을 가능하게 하는 한 가지 방법은 슬퍼하는 사람과 슬퍼하지 않는 사람의 관계에 얽힌 특성에 주목하는 것이다. 간단하면서도 이상하리만치 잔인한 사실은 다수로 이루어진 더 넓은 세상에서 슬퍼하는 사람은 소수에 불과하다는 것이다. 다수는 슬픔에 주목할 수도, 슬퍼하는 자들처럼 슬픔에 참여할 수도 없다. 게다가 슬퍼하는 자들이 표현하는 슬픔의 방식은 굉장히 개인적이다. 가령 죽은 자의 아버지나 어머니, 자식이나 배우자, 친구 등이 표현하는 슬픔의 방식은 각기 다르다. 그것은 우리와 슬픔을 공유하지 않는 타인들이 아주 많이 존재한다는 뜻이 아니라 어떤 때는 사실상 거의 모든 사람이 슬픔을 공유하지만 슬픔을 감내하며 살아가고 있음을 의미하는 것이다. 오히려 우리가 상실을 경험하고 있을 때 우리에게 등을 돌리는 것은 사람이 아니라 세상 그 자체이다. 듀보이스(W. E. B. Du Bois)가 아들이 죽은 날 기록했던 것처럼 우리들이 죽음이라는 현실에 직면해 슬픔을 느끼고 넋이 나간 것과 관계없이 태양은 여전히 빛나고 새들은 여전히 노래한다. 그 누구도 그 죽음에 대해 우리와 똑같은 감정을 가지지 않고 그 죽음은 세상의 달력에 완전히 등록되지도 않는다. 우리는 상심의 일격을 받으면 세상의 남아있는 것들이 현실이 아닌 것처럼 느끼는 특정한 형태의 불신을 경험한다. 우리는 관점을 교정하려고 노력하지만 세상이 주는 낯설음에 좌절을 경험하게 된다.note2 그러한 때 세상과 자아의 어긋난 매치는 심화되고, 실제로는 세상이 끔찍이 아름다운 사람이나 사물, 사건들로 가득 차 있다는 사실에 상심의 길이 더욱 험난해진다.

그러나 개인적인 슬픔과 세상 사이에는 여전히 연결 관계가 있다. 그러한 연결 관계를 어떻게 묘사할 것인가는 어려운 문제이다. 왜냐하면 자아와 세상 사이, 사적인 것과 공적인 것 사이의 연계는 결코 간단하지 않기 때문이다. 아마도 몇 가지 질문을 통해 그 문제를 그려볼 수 있을 것이다. 가령 조지 부시(George W. Bush) 행정부가 이라크에 대한 선제공격을 시작한 이후 거짓 승리로 점차 거만해져가는 행정부의 태도에 따라 국가적 분위기가 애도의 비현실적 성격에서 기묘한 행복감으로 전환되었을 때, 그리고 사망자 수의 증가와 부시 행정부의 악행을 드러내는 수많은 부패, 무능의 스캔들로 씁쓸한 현실이 드러나게 되었을 때 그 모든 사실들이 아내의 죽음이 시작되었다는 사실에 어떠한 변화를 가져왔는가? 전국적으로 일어난 전쟁의 충동과 미국 내에서 끝없이 발생한 분열이 내 가정에서 일어나고 있던 죽음의 과정을 반영하거나 심화시켰던가? 전시(戰時)보다 평화의 시기에 더 나은 죽음이 우리를 맞이할 것이라고 주장하는 것이 가능하기나 한 것인가? 이 마지막 질문에 대해서는 어느 정도 긍정적인 답이 나올 수도 있다. 하지만 그 이유가 무엇인지를 설명하는 것은 결코 간단한 문제가 아니다.

우리의 외로운 존재 방식은 우리 내면의 가장 깊은 곳을 우리 바깥의 가장 외적인 것과 연결시키고 개인적인 것을 정치적인 것에, 개인의 트라우마를 기묘하고 희석된 방식으로 국가의 형성과 연결짓는다. 그것은 그들의 얄팍함을 이용해 서로에 대한 우리의 연결 관계의 힘을 강조한다. 애도하는 주체에 개입함으로써, 개인에서 집합으로 향하는 길이 슬픔을 집단적 우울로 전환하는 것처럼 보이게 하는 경로를 반영함으로써 우리는 외로움의 페이소스에 대해 더 배우게 되는지도 모른다. 즉 상심에 빠진 외로움의 경로는 무(無)를 공통적으로 소유한 사람들의 커뮤니티로 우리를 이끈다는 것이다. 어쩌면 상실을 흡수하는 방식에 대한 대안을 보게 되거나 그러한 흡수 방식의 또 다른 이미지를 그리게 될지도 모른다.

우리 앞에는 탐구해야 할 모델이 있다. 인간의 환멸에 대한 지그문트 프로이드(Sigmund Freud)의 요구와 상실을 통해 우리가 나아갈 길을 협상하는 방식으로써 레비나스 윤리학에 대한 고수를 주장한 주디스 버틀러(Judith Butler)의 선언이 바로 그것이다. 하지만 우리가 나아갈 방향으로 내가 제안하려는 것은 바로 에머슨의 방식이다. 에머슨은 프로이드와 버틀러가 묘사한 우울의 상태를 구체화하면서 트라우마가 있는 정치 조직의 대안적인 재결합으로 우리를 이끈다. 하지만 에머슨이 우리를 한 방향으로 이끌어 간다 하더라도 우리는 또 다른 방향으로의 이동을 모색해볼 필요가 있다. 우리가 애도의 권리라고 부를 수 있는 것으로부터 거부당한 안티고네와 핍과 같은 영락의 주체들을 계승하려는 자들의 노력을 인정하는 방향이 그것이다. 이것이 듀보이스가 기묘한 방식으로 우리를 위로하는 방법이다.

이 위험한 슬픔의 길, 그 우유부단하고 해결되지 않는 슬픔의 위험을 구획하는 것은 바보 같은 모험으로 여겨질 지도 모른다. 어쩌면 단순하게 살거나 그저 꿈에서 꿈으로 옮겨가는 것이 더 낫다고 이야기할지도 모른다. 하지만 나는 그 끝까지 슬픔을 추구하는 것이 무언가 다른 것으로, 끝없는 것으로부터의 전환점으로 우리를 인도할지도 모른다고 생각한다. 좀 더 구체적으로 어쩌면 듀보이스의 말처럼 그것이 아직 희망적이지는 않지만 희망이 없지는 않은 희망으로 우리를 이끌어갈지도 모른다.

유령의 발명

상심의 경로 위에서 우리가 어디에 있는지를 어떻게 이야기할 것인가? 경계선은 분명하게 구분되는 것처럼 보인다. 하지만 외관은 기만적일 수 있다. 프로이드는 1917년 자신의 초기 에세이 〈애도와 우울(Mourning and Melancholia)〉에서 "애도는 사랑하는 사람을 잃거나 조국, 자유, 이상 등이 차지하고 있던 추상적인 것의 상실에 대한 반응이다"라고 주장한다.note3 직설적인 것처럼 보이는 이 문장은 사람을 잃고 조국을 잃고 자유를 잃고 이상을 잃는다는 복잡한 연결의 세트 안에 우리를 엮는다. 애도와 우울의 변화무쌍한 역동성에 관한 프로이드의 주장을 평가하기 위해서는 사람의 상실을 조국, 자유, 이상에 연결하는 그의 주장을 마음에 새기는 것이 중요하다. 애도에 대한 우리의 완전한 이해가 그것에 달려 있기 때문이다.

이 주제에 관한 초기적 사고에서 프로이드는 우울이라는 것이 애도의 잘못된 버전이라고 묘사한다. 애도는 사랑하는 사람의 상실에 대한 반응으로, 적어도 이 에세이에서 프로이드는 그것이 고통스럽지만 결국 어느 정도의 해결에 이르는 과정이라고 이야기한다. "그 임무는 엄청난 시간과 정신 집중에 따른 에너지를 소진하도록 하면서 조금씩 이루어진다. 내내 잃어버린 객체의 존재가 마음에 남아 있다. 그 객체에 대한 성욕을 담은 모든 기억과 희망들이 불러일으켜지고 고도로 집중되며 성욕의 분리가 이루어진다… 하지만 그 사실은 애도의 작업이 끝날 때 에고가 자유로워지고 다시는 아무런 제약을 받지 않게 된다는 것이다." 그러한 상심의 작업에는 시간이 걸린다. 슬퍼하는 사람은 겨우 한숨을 돌릴 때에만 자유롭다고 생각할지도 모른다. 그는 슬픔이 다른 경험의 앵

글을 통해서만 그를 다시 공격할 수 있을 때 그 자신이 슬픔을 극복했다고 생각할 것이다. 하지만 그가 자유를 느끼는 시간은 아직 다가오지 않는다. 어쩌면 프로이드가 이 에세이에서 그렇게 제안하는 것일 수도 있다.

반면 우울의 경우 그러한 분리의 과정이 진행되지 않는다. 그 대신 우울증 환자는 적어도 표면적으로 특별히 강렬한 죄의식과 자기 비하의 파동을 경험한다. 그러한 경험은 흥미롭게도 공적인 방식으로 나타난다.

우울증 환자들의 행동은 일반적으로 후회나 자책에 빠진 사람들의 행동과 모든 점에서 다르다는 것이 우리에게 강한 인상을 남길 것이다. 우울증 환자의 가장 큰 특징은 타인 앞에서 부끄러움을 느끼지 않는다는 점이다. 그러한 부끄러움의 조짐조차 거의 나타나지 않는다. 고집스럽게 자기 자신에 관한 이야기를 지속하고 자신을 노출시켰다는 사실에 기쁨을 느끼는 상반된 특징이 우울증 환자에게 일반적으로 나타난다고 할 수 있다.

프로이드는 우울증 환자가 보이는 임상적 그림은 "자기비난이 실제로는 사랑받는 대상에 대해 자책"하는 사람이며 이 때 "사랑받는 대상은 환자 자신의 자아이다."라고 이야기한다. 그는 우울증 환자들이 부끄러움을 느끼지 않는다고 믿는다. 왜냐하면 그들의 자기 비탄이 실제로 그 자신을 향한 것이 아니라 다른 사람을 향한 것이기 때문이다.

하지만 이 다른 사람은 누구인가? 이 다른 자아는 여전히 우리 자신의 자아이면서 우리가 혐오하는 자아인 외로운 자아인 것으로 판명된다. 프로이드는 우울증에 빠지는 것이 나르시시즘과 유사하다고 생각한다.

처음에는 대상 선택이 이루어지고 성욕 그 자체가 특정인에게 달라붙는다. 그 후 그 사랑하는 사람에 대한 실망이나 실질적인 피해에 따라 이 대상관계가 훼손된다. 그로써 성욕이 이 대상에서 새로운 대상으로 이동해가는 일반적인 결과가 나타나는 것이 아니라 무언가 다른 결과가 나타나는데, 그 다른 결과는 다양한 조건들을 필요로 하는 것처럼 보인다. 대상부착(object-cathexis, 對象附着)은 저항력이 거의 없는 것으로 판명되고 버려졌다. 하지만 자유로운 성욕은 에고로 숨어들었고 다른 대상을 향하지는 않았다. 그것은 어떤 적용 방식도 발견하지 못했고 단순히 에고와 버려진 대상의 일체화(identification)가 나타났다. 따라서 대상의 그늘이 에고에 드리워지고 그 결과 에고(ego)는 버려진 대상과 같은 특별한 정신적 기능에 의해 비난을 받을 수도 있다. 이러한 방식으로 대상의 상실이 에고에서의 상실로 전환되었고 에고와 사랑하는 사람 사이의 투쟁은 에고의 비판하는 기능과 일체화에 의해 대체된 자아 사이의 분열로 전환되었다.

따라서 에고는 대상과 마찬가지로 '특별한 정신적 기능'의 형태로 쪼개진다(하지만 그것이 사실 에고의 양상이다). 이 특별한 정신적 기능은 에고가 대상에 가한 피해를 이유로 에고를 비판한다. 하지만 그것은 또한 사랑하는 대상을 자아의 상실로서의 에고 속에 포함시키며 잃어버린 대상과 동일시한다.

　프로이드는 이러한 에고 일체화가 그 구조 및 역동성의 측면에서 자기도취적이라고 이야기한다. 하지만 그것은 상실에 의해 촉발된 것이고 따라서 그것은 적어도 상심의 과정에서 차용한 것이다. 상실의 트라우마에 직면하여 사랑 관계 속 심연에 내재된 구조적 병존이 전면에 드러난다. 이러한 병존은 우울뿐 아니라 상심의 과정 속에서 부상한다. 그러한 현상은 신경 강박증으로 향하는 모든 기질의 존재가 나타날 때 발생한다. 이것은 자주 볼 수 있는, 인간의 조건이다. 그리고 또한 상심을 실용적으로 정의하는 조건이기도 하다. 하지만 우울증 환자의 경우 이러한 병존의 조건이 −하향 곡선을 야기할 수 있는 죽음과 다른 상실들이 존재한다는 점에서− 더 넓고 −병존의 투쟁이 우울증 환자의 에고에 전이된다는 점에서− 다소 더 깊다. 그것은 잃어버린 사랑하는 이를 대체하는 대상이 된다. "만약 포기될 수 없는 대상−사랑이 대상 자체가 포기된 상태에서 자기도취적 일체화로 도피한다면 혐오가 이 새로운 대체−으로 소비되어 그것을 욕하고 비난하고 고통받게 하여 그 고통으로부터 사디스트적 희열을 끌어낸다. 의심할 바 없이 즐거운 우울증 환자들의 자기 학대는 신경강박증에 대응되는 현상들과 마찬가지로 사디스트적 경향의 희열과 혐오스러운 희열의 전조가 된다. 이 둘은 모두 대상과 관계되며 이러한 방식으로 자아의 주변을 맴돌아 왔다." 우리는 사랑하는 대상이 우리를 방치한 채 자아 상태로 홀로 남겨두고 그로써 자아가 비어버린(empty) 외로운 상태에 남겨지게 되었다는 이유로 혐오로 돌아선다. 게다가 사랑과 대상으로서의 우리의 자아들은 우리의 자아가 될 만하지 않다. 어떻게 그럴 수 있겠는가? 그들은 사랑받는 대상이 아니다. 우울증 환자의 역설 중 핵심은 자아를 사랑할 만한 것, 특히 자신의 자아로부터의 사랑을 받을만한 것으로 인정하려는 의사가 없다는 데 있다.

이러한 혐오로의 전환은 사실 자살로 설명될 수 있다. "우울을 분석한 결과에 따르면 대상부착이 에고로부터 철수한 후 에고가 그 자신을 대상으로 취급할 수 있을 때에만, 에고가 그 자신에 대항하여 대상에 대한 원한을 개시할 수 있을 때–에고의 일부에서 외부 세계에 있는 모든 대상들에게 보이는 원시의 반응이 개시될 때에만 에고가 스스로를 죽일 수 있다." 이러한 전환은 〈본능과 그것의 변천(Instincts and Their Vicissitudes)〉이라는 에세이에서 설명된다. 프로이드는 에고의 형성에 있어 사랑을 넘어서는 혐오의 우선순위–사랑의 병존에 대한 그의 기원적 설명–를 노골적으로 설정한다.note4 우리가 혐오를 느낄 때 우리는 우리 자신의 대상이 되고 자살은 기쁨이 된다.

따라서 우울의 가장 깊은 문제는 사랑하는 대상의 상실에 대처하기 위한 방법으로 에고 일체화를 시행하면서 성욕이 에고로 회귀하는 현상이 나타난다는 것이다. 프로이드는 우울을 만들어내는 세 가지 요소들–대상의 상실, 병존, 에고로의 성욕의 회귀– 중에서 우울의 경우에 특이하게 나타나는 것이 세 번째 요소라고 이야기한다. 그는 다음과 같은 말로 에세이를 마무리한다. "우울의 작업이 끝난 후 처음에는 '구속되어' 있다가 나중에 자유롭게 되어 마니아를 가능하게 하는 카텍시스의 축적은 성욕의 나르시시즘으로의 회귀와 관계 있는 것이 분명하다. 에고에서의 투쟁 즉, 우울 상태에서의 투쟁은 대상을 둘러싸고 밀려드는 고통스러운 투쟁이다. 이는 고통스러운 상처와 같은 작용을 하며 굉장히 강한 반(反)카텍시스를 만들어내는 것이 틀림없다." 다시 말해 우리는 엄선하여 상실의 장소로 돌아가지만 그것을 믿지 못해 우리의 자아를 의심하고 영원히 상처를 받는다. 한마디로 우리는 우리 자신에게 전혀 신경을 쓰지 않고 무기력하게 사라진 것을 찾는 데 시간을 낭비한다.

나중에 프로이드는 상심과 우울 상태 사이의 구분을 완화한 것이 사실이다. 그는 슬퍼하는 주체는 결코 잃어버린 대상으로부터 완전히 분리되지 못할지도 모르며 슬퍼하는 주체가 차후에 달라붙게 되는 다음 대상에 관해 언급하면서 병존을 경험하게 될 수도 있다고 이야기한다.note5 그럼에도 불구하고 이 굉장히 강한 반(反)카텍시스가 무엇으로 구성되어 있는지에 대해 질문을 던지는 것은 여전히 유용하다. 여기에서 나는 '애도와 우울'이 작성된 1917년이 전쟁의 해였다는 점을 주목할 필요가 있다고 생각한다. 프로이드는 전쟁이 사랑과 혐오에 대한 우리의 태도에 어떻게 영향을 미치는지에 대해 할 말이 많았다. 이와 관련해 그는 특히 혐오와 사디즘의 역동성이 죽음에 대한 우리의 태도에 연계되는지에 주목했다. 1915년에 썼던 다른 에세이에서 그는 이러한 연결 관계에 대한 그의 초기적 이해를 드라마틱하게 제시한다.

〈전쟁과 죽음의 시간들에 대한 생각들(Thoughts for the Times on War and Death)〉이라는 에세이에는 고대인들이 평범하지 않은 적-죽이는 자로부터 사랑받고 있던 적- 의 죽음과 자의식의 발생을 연계시키는 내용 [《토템과 터부(Totem and Taboo)》' 와 《문명과 불만(Civilization and Its Discontents)》에 제시된 그의 견해의 일부를 예견하는 광경]이 등장한다.

인간은 이제 죽음을 먼발치에 둘 수 없다. 죽은 이에 대한 상심 속에서 죽음을 맛보았기 때문이다. 하지만 여전히 그것을 완전히 인정하지는 못한다. 그 자신을 죽은 것으로 받아들일 수 없기 때문이다. 그래서 그는 타협점을 마련했다. 그는 죽음이라는 사실, 심지어 그 자신의 죽음마저도 인정했지만 소멸의 의미를 부정했다. 그것은 적의 죽음과 관계된 곳에서 경쟁할 유인이 없음을 의미했다. 사랑하는 이의 시체를 두고 숙고하는 기간 동안 그는 유령을 만들어냈다. 이 새로 태어난 영혼을 악, 끔찍한 악마로 전환시킨 것은 슬픔과 어우러진 만족에 대한 그의 죄의식이었다. 죽음으로 만들어진 변화가 개인의 특성을 몸과 영혼으로 분리할 것, 우선적으로 몇몇 영혼으로 분리할 것을 그에게 제안했다. 이러한 방식으로 그의 사고 훈련은 죽음과 함께 시작되는 분해의 과정과 병행되었다. 죽은 이에 대한 기억의 계속은 다른 존재 형태를 확신하게 하는 기초가 되었고, 표면적으로 드러나는 죽음 이후에도 삶이 계속된다는 생각을 그에게 심어 주었다.note6

프로이드는 종교적 신념이 생겨나게 된 이 순간이 살인하지 말라는 금지 속에 담긴 "윤리 법칙이 희미하게나마 맨 처음" 등장한 시기라고 추정한다. 이러한 금지는 "사랑하는 사람의 죽음에 대한 상심 뒤에 숨겨진 혐오-희열에 대항해 생겨났으며, 점차 사랑하지 않는 이방인들에게 확장되어 마침내 적에게까지 확대되었다."

유령과 함께 살았던 옛날, 우리는 그 유령들이 우리의 취약함을 상기하게 하는 존재라 여기며 소중한 장소에 보관하였다. 그들은 우리가 도덕적으로 진화하는 과정에서 도움을 주는 존재들이었다. 그들의 악마적 존재 우리들의 삶에 공존한다는 사실에 공포를 느끼기도 했다. 하지만 프로이드에 따르면 "이 마지막 확장이 더 이상 문명인들에 의해 경험되지 않음"이 제1차 세계대전에서 확인되었다.note7 우리는 더 이상 우리의 유령들에 가치를 부여하지 않는다. 대신 우리 자신이 유령적인 존재가 되어 스스로를 괴롭히게 되었다.

이렇게 사랑과 두려움의 감각을 확장하는 데 실패하게 된 것이 프로이드에게는 인류애의 발전 과정상의 전환점으로 인식되었다. 우리는 그것을 집단적 형태의 애도의 가능성에서 우울의 자기도취적 모드로의 전환이라고 생각할 수 있을 것이다. 윤리를 보편적으로 확대하는 데 실패했다는 문제는 유령이 소멸하면서 본래적 충동이 사라졌다는 문제에 비하면 덜 심각하다. 우리가 인간화(humanization)의 임무로부터 등을 돌리고 주디스 버틀러의 말처럼 침묵과 우울의 담론에 참여하게 되면서 유령들의 힘이 더 이상 우리로부터 인정받지 못하게 되었고, 그 결과 영혼이 소멸되었다.note8 우리의 침묵은 외로움의 깊이를 드러낸다. 우리의 유령을 인정하는 것은 슬픔의 과정을 잘라내고 그들의 소멸된 존재까지도 무시해버리는 것이 아니라 우리가 상심의 과정을 존중한다는 사실을 새롭게 하는 것이다.

많은 이들이 개인심리학을 사회와 연결 지은 것은 프로이드였다고 이야기해왔다. 하지만 프로이드는 그 어떤 회고적 방식 혹은 단순한 방식으로도 그렇게 연결되지 않았다. 사실 그는 집단으로부터 개인을 분리해낼 수 있다는 가능성에 굉장히 회의적이었다. 그 둘의 연결 방식을 좀 더 분명히 확인하기 위해 그러한 분리를 시도했으면서도 말이다. 깊은 내면의 충동에 대한 자기 이해를 탐구하기 위해 반(反)무자비함에 의존하는 심리 분석 기술이 우울의 병리학을 깨는 임무에 달려 있는 것인지, 만약 그렇다면 어떻게 그러한 것인지, 그리고 심리 분석 연습이 진실에 대한 우리의 자기도취적 저항을 극복하지 못하고 실패할 운명에 놓인 것은 아닌지의 문제는 여전히 시험되고 있고 앞으로도 계속 시험되어야 할 문제들이다. 이쯤에서 일체화의 정치학으로 관심을 돌리는 것이 유용할지도 모르겠다.

서로에 의해 풀어진

주디스 버틀러는 《불확실한 인생(Precarious Life)》에 수록된 '폭력, 애도, 정치학(Violence, Mourning, Politics)'에서 9·11이 미국 사회에 미친 영향에 대해 되돌아보고 유령의 소멸에 대한 아이디어와 유사한 개념을 제안한다. 그것은 대중적 애도의 형태로 나타나는 사망 기사에 관한 측면 관찰(a side observation)이라고 할 수 있다. 그녀는 적의 사망에 대한 기사를 쓰는 것이 불가능하다는 점에 가장 주목하면서 좀 더 일반적으로 대중적 애도의 어려움에 대해서도 이야기한다. 그리고 사망 기사라는 것이 슬퍼할 줄 아는 삶을 고안하는 데 중요한 역할을 한다고 본다.

(사망 기사는) 대중적으로 슬퍼할 줄 아는 삶을 만들어 내거나 그럴 수 없게 하는 수단이다. 국가적인 자기 인식의 아이콘이며 삶이 주목할 만하게 만들어주는 수단이다. 그 결과 우리는 사망 기사를 국가 건설 행위로 간주해야 한다. 그것은 간단한 문제가 아니다. 슬퍼할 줄 모르는 삶은 삶이라고 할 수 없고 삶으로서의 자격을 가지지 않는다. 그것은 주목할 만하지도 않으며, 매장 불가능한 것이 아니라면 아직 매장되지 않은 것이라 할 것이다.

매장 불가능한 것에 대한 버틀러의 언급은 안티고네와 아직 매장되지 않은 불행한 상태 즉, 삶과 죽음 사이의 유예를 암시한다. 이 문단에서 그녀는 유령이 우리들 사이에 남아있는 만큼, 그리고 우리가 그들의 매장을 거부하는 만큼 우리 유령들이 탈진하게 된다고 이야기하는 듯하다.

버틀러는 애도라는 것이 피할 수 없는 대중적 현상이라고 주장한다. 그녀 역시 프로이드와 마찬가지로 상실감이 인간뿐 아니라 장소나 커뮤니티의 상실에 대해서도 적용되는 것으로 이해한다. 하지만 그녀는 의도적으로 심리 분석을 사회, 확장에 대한 프로이드의 이해를 복잡하게 하는 직접적인 힘과 연결시킨다. 그녀는 가장 간단한 사회 수준인 양자 관계에서 대화를 하고 생각할 때조차도 항상 더 넓은 사회적 컨텍스트가 존재한다고 기록한다. 그 컨텍스트 안에서 우리는 상실을 이해하고 그 컨텍스트는 궁극적으로 우리 존재의 구성을 결정한다.

이곳에서 '나'는 독립적으로 존재하고 저곳에서 '너'를 단순하게 잃는 것은 아닌 것 같다. 특히 '너'에 대한 애착이 '나'의 구성 요소 중 일부분이라면 더욱 그렇다. 내가 너를 잃으면 그러한 상황에서 나는 그 상실을 애도할 뿐 아니라 나 자신을 측정할 수 없게 된다. 네가 없는 나는 누가 '되는' 것인가?… 다른 수준에서 아마도 내가 네 '안에서' 잃어버린 것은 (이에 대해서 적당한 용어가 아직 준비되지 않았다) 배타적으로 나 자신이나 너만을 구성하는 것이 아닌 상관관계(relationality)일 것이다. 그것은 그러한 조건들이 차별화되고 연관되도록 하는 끈(the tie)으로 생각될 수 있을 것이다.

버틀러에게 이 '상관관계(relationality)'는 슬픔이 정치화하는 방법이며 슬픔이 우리를 서로 묶어주는 끈을 전면에 드러나게 하는 방법이다. 상심에 빠져 조각난 사람들 속에서 이러한 끈들이 가장 완벽하게 드러나게 된다. 그녀가 능숙하게 이야기하는 것처럼 "그것에 맞서자. 우리는 서로에 의해 풀어진 상태에 있다. 그렇지 않다면 우리는 무언가를 잃고 있는 것이다."

서로서로의 관계에 관한 이러한 사고는 정치적으로 서로에게 어떻게 관여해야 하는지에 대한 어려운 문제들, 슬픔의 순간에 전면에 부상하는 문제들을 제기한다. 예를 들어 신체적 통합과 자결권의 개념에 의존하는 정치권리 담론의 컨텍스트(context) 안에서 타인에 대한 근원적 의존의 문제를 우리는 어떻게 인식하는가? 그 역설의 깊이는 깊다. 왜냐하면 구체화의 요구들이 때로 죽음이나 취약함, 접촉, 폭력, 위험에 대해 생각하도록 할 뿐만 아니라 신체가 공사의 갭을 어떻게 연결하는지 인지할 필요성을 불러일으키기 때문이다. 버틀러의 이야기처럼 "공공 영역에서 사회적 현상으로 구성된 상태라면 나의 몸은 내 것이지만 내 것이 아니다. 처음부터 타인들의 세상에 양도되어 그것은 그들의 흔적을 간직하고 사회적 삶의 도가니 안에서 형성되는 것이다. 한 번이라도 내 몸에 대한 주장을 펼친다면 그것은 나중에서야 약간의 불확실함을 가지고 내 소유로서의 나의 몸에 대한 주장을 하는 것이다."

슬픔은 우리 자신을 소유하지 않는다는 개념이 작동하게 한다. 그렇다고 우리가 타인들에 의해 소유되는 것은 아니며 우리는 이러한 무소유의 형태로 미지의 불규칙한 방향으로 이동해 간다. 이로써 우리는 슬픔에 대한 고삐를 당기려는 시도를 한다. 우리의 슬픔은 소유의 문화에 의해 힘을 보강하여 그 힘에 대항하는 가장 영향력 있는 방어 자세를 취한다. 불치병 진단에 따른 일종의 사형선고에 거부 반응을 보이는 것이 그러한 방어의 대표적인 예이지만, 거부의 힘이 대중적 트라우마의 영역으로 이동해 가면 섬뜩하고 유령적인 육체 이탈의 형태를 취하게 된다. 육체 이탈을 정치적 삶이 반드시 취해야 할 적절한 형태라고 주장하는 그러한 힘들은 앤 노튼(Anne Norton)의 분석에서 말하는 열린 마음과 닫힌 몸의 자유주의의 형태와 상관관계를 가진다.note9 우리가 정치적 존재로 육체 이탈을 할 때 우리 정치의 형태는 상심의 작업이 완성되도록 허락하지 않을 것이며 그 대신 그것을 다른 목적으로 돌리면서 그러한 작업을 막을 것이다. 우리의 우선순위를 정하고 우리를 통합이라는 이름하에 분리하며 외로운 자아의 세상을 압도하고 있는 것은 그러한 다른 힘들이다.

  버틀러는 9·11 직후 조명을 받았던 몇몇 논평에 대한 유용한 관점을 제시한다. 밀턴을 인용하며 우리가 우울을 떨쳐버려야 한다고 주장한 윌리엄 새파이어(William Safire)의 논평과 우리가 슬픔을 떨쳐버렸으며 슬픔을 결연한 행동으로 전환해야 한다고 주장한 부시 대통령(President Bush)의 9월 21일 연설 내용이 바로 그것이다. 이들 논평에 대한 그녀의 인용은 우리가 슬픔의 힘을 얼마나 두려워하게 되었으며 애도 행위를 막고 슬픔을 억제하는 것이 우리를 어떻게 질서정연한 상태와 깨끗하고 완성된 슬픔이라는 환상으로 되돌려 놓을지에 대해 이야기한다. 우리에게 이러한 해를 끼친 세상에 어떤 식으로든 의미 있는 방식으로 연설하려고 한다면 슬픔 그 자체가 거부되어야 할 문제가 된다.(9·11이 모든 것을 변화시켰으며 예전으로 되돌아 갈 수 없다는 주장에 부합한다면 이러한 환상은 훨씬 더 강력해진다. 슬퍼하는 사람에게 있어 이것은 어쩔 수 없는 사실이다. 하지만 우리가 이러한 변화된 존재 상태를 이해하는 방식이 물론 핵심적인 문제이다. 공격 직후 부시 대통령이 우리가 소비를 확대하고 더 많은 가재도구들을 모아야 한다고 당부한 것은 이러한 퍼즐의 한 조각이기도 하다.)

버틀러는 "슬픔의 참을 수 없는 상태에 노출된 채로 폭력을 통해 슬픔에 대한 해결책을 구하려고 노력하지 않는다면" 슬픔에 의해 얻을 것이 없는 것인가를 묻는다. 그녀는 다음과 같이 질문한다. "제1세계(First World) 안보의 혼란이라는 경험이 과연 물질적인 취약성이 지역적으로 분배될 것이라는 철저히 불공평한 방식으로 통찰력이 전환되는 것을 막을 수 있겠는가?" 이러한 종류의 애도에 참여하는 것은 "고통 그 자체를 가지고 일체화의 관점을 개발하는 것"이라고 그녀는 이야기한다.

우리의 지쳐버린 귀에는 이러한 선언이 신선하게 들릴지도 모르지만 그것은 심각한 대안이라고 할 수 있는 논의의 서막이 된다. 여기서 끔찍한 대안이란 특정 종류의 대중적 애도를 금지함에 따라 나타나는 비인간화(dehumanization)이다. '우리의' 삶에 대한 애도 대(對) 타인들의 삶에 대한 애도라는 말에 함축된 인간애(humanity)의 서열에 주목하면서 버틀러는 슬픔 앞에서 머뭇거리는 바로 그 실패에서 시작하여 비인간화로 이어지는 경로를 본다. 하지만 슬퍼할 수 없는 것으로 알려진 사람들은 아직 매장되지 않은 상태로 남아 있다. 그들은 안티고네의 오빠인 폴리네이케스(Polyneices)와 유사하다. 만일 자신의 슬퍼할 힘에 대한 안티고네의 단언이 합법적인 사랑의 구성 요소에 관한 질문을 이끌어내는 것이라면, 우리에게 삶과 죽음 사이의 친족관계에 대한 주장은 어디까지 허용될 것인가? 슬픔이 유예된 국가의 한계를 극복하는 데 도움이 될 만한 그러한 주장의 허용 범위가 어디까지인가 말이다. 그녀의 훌륭한 저서 《안티고네의 주장(Antigone's Claim)》에서 버틀러는 안티고네가 사실성과 국가적 우울증의 운명적인 결합을 대변하는지도 모른다고 이야기한다. 이때 우울증이란 잃어버린 사랑의 대상에 관하여 주체가 깊은 병존의 상태에 있을 때 나타나는 것이다. 버틀러는 이러한 병존이 안티고네와 자신의 오빠이자 아버지인 오이디푸스와 자신의 오빠이자 조카인 폴리네이케스 사이에 존재하는 이상한 관계의 결과라고 이야기한다. 그녀는 안티고네 자신이 "정치적 비유의 남용을 통해 만들어지는 인간의 새로운 분야의 유인이며, 인간보다 하위의 것이 인간처럼 이야기하고 성별이 뒤바뀌었을 때, 친족관계의 설립자들이 그 기초가 되는 법 위에 있을 때 나타나는 것"으로 가장 명확히 이해될지도 모른다고 주장한다.note10

따라서 버틀러는 특정한 형태의 애도를 금지하는 것이 현재 상황에서 얼마나 심각한 것인지를 볼 수 있다. 그녀에 따르면 비인간화는 두서없는 삶의 한계에서 나타난다. 그리고 그것은 '그 결과로 비인간화를 생산해내는 담론의 거부'로 구성된다. 그녀는 다음과 같이 쓰고 있다.

특정한 형태의 대중적 애도 자체를 금지하는 것이 그러한 금지를 바탕으로 대중 영역을 구성한다는 점을 고려해야 한다. 대중은 특정 이미지가 언론에 드러나지 않고, 죽은 이의 특정 이름이 표현될 수 없을 때, 특정의 상실이 상실로 공언되지 않고 폭력이 현실화되지 않을 때 만들어질 것이다.

버틀러는 이러한 금지의 직접적인 효과가 민족주의(nationalism)로 나타나며 또 다른 효과는 새로운 종류의 민족적 주체, '절대 권력을 지닌 법 영역 밖의 주체, 폭력적이고 자기중심적인 주체'의 탄생이라고 기록한다. 애도의 적절한 대상에 대한 담론을 그렇게 금지하는 기초 위에 만들어진 대중 영역은 애도하는 주체를 우울한 존재-완전한 안보에 대한 민족적 도취의 탐구에 빠진 주체-로 전환한다. 따라서 우리는 동일한 -테러- 개념에서 싸워 이길 것이라고 주장하고 그러한 단언이 얼마나 터무니없는 것인지를 받아들일 수 없다고 주장한다. 하지만 그러한 전쟁에 맞서 싸우는 것이 상실의 진실에 맞서는 것보다는 더 나은 것으로 느껴진다.

민족적 도취의 함정에 대한 버틀러의 대답은 그녀가 타인에 대해 생각하는 가장 구체적이고 실재적인 방식이라고 인식하는 것 즉, 에마뉘엘 레비나스(Emmanuel Levinas)의 사고에서 차용한 얼굴의 윤리학으로 눈을 돌리는 것이다. 내 생각에 이러한 반응은 위험한 것이다. 왜냐하면 레비나스의 윤리학에서 약화하는 환경에 대한 이해, 불완전하고 열린 것들의 표현은 결국 인간의 배타적 반복에 길을 내어주고 그 결과 인간 이외에 나타나는 것은 여전히 인간 이하의 것이 되는 결과에 이르기 때문이다. 다시 말해 시작부터 안티고네에 대한 버틀러의 기원적인 글에 나타나는 인간으로의 회귀인 것처럼 보인다. 이러한 반복은 존재방식에 대한 요구에 아무리 민감하게 반응한다 하더라도 아직 인간으로서 인식되지 않는 자들의 정치적 요구를 접수하는 데 실패하게 된다. 물론 이 문제는 모든 윤리학의 주장에 현존하는 위험을 반영하는 것일 수도 있다. 하지만 레비나스의 사고보다 버틀러가 주장하는 바에 좀 더 개방적인 다른 경로가 존재할 가능성이 있다는 점을 염두에 두어야 한다.

한편 레비나스의 얼굴에 대한 버틀러의 주석에 전환점이 나타나고 그때부터 그의 철학에 담긴 핵심적인 윤리적 요구가 드러난다. 얼굴은 말하지 않지만 그럼에도 의미를 드러낸다. 그리고 얼굴이 의미하는 것은 '살인하지 말라'는 명령이다.(이러한 명령의 원천은 어떤 면에서 윤리 명령의 기원에 관한 프로이드의 제안보다 더 근본적이다. 하지만 어쩌면 그것은 더 제한적이기도 하다.) 레비나스를 이용해 버틀러는 이러한 명령이 최소한 부분적으로 얼굴이 가진 무언의 속성 및 얼굴, 목구멍 등에 대한 비유의 남용을 통한 확장의 결과 아니면 '언어로 자리 잡지 않고 단지 발성이 나타나는 입이나 목구멍 자체'의 결과로 이해되는 것이 중요하다고 주장한다. 고통의 언어 없는 발성은 우리를 다른 것에 대한 절대적인 요구에 종속시킨다. 우리는 레비나스의 말에 따르면 평화를 '다른 것의 불완전함에 대한 깨어있음'으로 이해하려고 한다. 이러한 평화는 모든 타자들로 확장된다는 점이 강조되어야만 하며 배타적으로 인간의 얼굴이 아닌 것으로부터 나오는 끈질긴 요구에 기초한다.

우리는 이러한 감성에 박수를 보낼 수 있지만 —그러한 요구에 어떻게 반대를 하겠는가?- 이러한 비유의 남용이 '안티고네의 주장'에서 버틀러가 방어하는 비유의 남용과 스케일에서 어떠한 차이가 있는지 또한 주목할 필요가 있다. 안티고네의 경우 설립하는 기초(foundering founding)나 발생의 불안(dissettling of engenderment), 인간의 새로운 영역의 출현에 대한 그녀의 주장에서 상황의 구체성이 존재한다. 레비나스가 얼굴에서 절대적 원칙의 지위에 올려놓는, 인간이 아닌 요소는 단순히 주장될 뿐 보여지지는 않는 것 같다. 실제로 레비나스의 주장에서 얼굴과 목소리의 주장은 그 스케일상 인간으로 남아 있다. 복잡한 친족 관계가 사회적 논쟁의 장소가 되는 안티고네는 깊이 자리가 잡혀 있지만 레비나스에서 사회 그 자체는 역설을 해소하는 절대적 책임의 요구에 흡수되어 퇴각한다. 반면 안티고네는 구체적인 요소의 역설을 포용한다. 우리는 구체적인 상황에서 행동하지 않을 수 없고 불확실한 삶에도 불구하고 앞으로 나아가지 않을 수 없다. 다른 한 편 우리가 상대방의 얼굴에 대한 고찰을 통해 삶의 불확실성에 참여하려면 행위의 장으로 옮겨가지 않고 어떻게 세계적 인식의 핵심에 다가가겠는가? 레비나스 윤리학은 예상치 못한 예상치 못한, 미지의 존재에 의존하는 것처럼 보인다. 그러한 미지의 존재는 하나님의 말을 우리에게 전하는 목소리 여호와(Yahweh)의 형태를 취한다. 결국 그 목소리, 하나님의 목소리가 중요한 유일의 목소리가 되는 것 같다. 레비나스는 결국 그의 가장 훌륭한 주인공, 최후 인터뷰에서 "이제 하나님만이 우리를 구할 수 있다."라고 했던 하이데거(Heidegger)의 위치로 전락하는 것처럼 보인다.

버틀러는 이러한 비판의 힘을 취하지만 여전히 비폭력의 유대 윤리를 알리는 절대적인 책임의 필요를 인정한다. 그것이 제시하는 또 다른 배척의 위험한 가능성에도 불구하고 말이다. 내 생각에 그녀가 그렇게 하는 이유는 가장 중요한 일반 수준에서 표현의 역설을 나타내는 레비나스의 윤리를 이해하기 때문이다. "인간을 전달하는 표현이라면 표현은 실패임이 틀림없을 뿐 아니라 그 실패를 보여주어야 한다. 그럼에도 우리가 표현하려는 것들 중에 불가능한 것이 있고 그러한 역설은 우리가 나타내는 표현에 담겨 있어야 한다." 따라서 버틀러는 역설을 포용하는 개념을 핵심적인 윤리의 임무로 받아들인다.

하지만 역설을 포용하는 것이 우리가 우리 자신을 찾게 되는 존재론적 상황을 인정하는 것에 버금갈만한 임무인가? 다시 말해 우리는 표현 행위를 통해 이 역설을 보유하는가 아니면 표현 자체가 구조적으로 역설적인가? 그러한 윤리학에서의 당면과제는 언어의 한계 상황에서조차도 언어에 대한 우리의 공동 의존에 대한 고양된 자각에 지나지 않을 것이다. 그리고 만약 그렇다고 한다면 역설의 포용은 기껏해야 시작점에 불과하거나 최악의 경우 우리의 윤리적 바퀴를 굴리는 것이라고 할 수 있다.

다른 관점에서 표현의 역설에 기초하여 윤리를 지속하는 것은 그 자체로 임무로서 가능하지 않을 것이다. 그리고 따라서 그것이 민족적 우울증문제에 대한 가장 주요한 대안으로 제시된다면 우리는 헤겔식 극복의 일종인 초월적 권력의 인간이 되는 것과 관련되는 특정 임무들을 드러낼 위험을 무릅써야 할지도 모른다. 이것은 모든 초월적인 유혹들 중에서 가장 깊은 곳에 내재한 것이며 그들은 결국 좀 더 높은 수준의 추상화에서 인간의 자기도취를 반복하는 것에 불과하게 될 것이다. 그것은 버틀러의 사고나 작업을 알리는 가장 깊은 곳에 내재한 충동은 아니지만 아무리 위험하다 하더라도 쉴 곳을 찾으려는 우리 모두에게 유혹으로 남아있다. 그로부터 우리는 세상에 대해 도덕적인 규칙의 세트에 굴복함이 없이 선해지라고 주장할지도 모른다. 우리가 될 수 있는 한 인간이 되라는 명령(imperative)에 반응하면서도 명령(command)을 피하면서 말이다.

종국에 프로이드가 그토록 걱정한, 심연의 처리하기 어려운 나르시시즘의 문제로 회귀하는 레비나스의 계획에 우리가 의심을 품는다면 우리는 무엇을 해야 할 것인가? 우리는 레비나스의 윤리학보다 안티고네의 급진적인 주장에 더 가까운 것으로 어떤 주장을 할 수 있을 것인가? 미국적 경험의 가망 없는 기초처럼 보이는 것이 어쩌면 놀랍게도 우리가 슬픔을 희석해 헤쳐 나가도록 하는 새로운 출발점을 제공할지도 모른다.

"상심이 나에게 아무런 가르침도 줄 수 없다는 사실에 슬픔을 느낀다."

만약 프로이드와 버틀러가 상실의 경험에 대해 설명하고 상실의 병리학을 해결하려 한 것이라면, 에머슨은 좀 더 복잡한 문제에 직면하게 된다. 그것은 프로이드나 버틀러 모두가 우리에게 제시하는 '우리에게 이미 상실된 세상에서 무언가의 상실을 우리가 어떻게 느낄 것인지'의 문제이다. 이것은 사실 변환의 가능성에 관한 문제이다. 우리에게 변화의 가능성이 있는지, 우리가 이미 갖추고 있는 모습에서 다른 모습이 될 가능성이 있는지의 문제인 것이다. 스탠리 카벨(Stanley Cavell)의 말을 활용하면 에머슨의 답은 기초로써 발견을 만들어 내는 것이다(to establish finding as founding). 이러한 관점에서 에머슨은 우리에게 되어감의 장소, 그가 한때 잡히지 않지만 잡을 수 있는 자아로서 언급했던 것을 실현할 수 있는 장소로서의 세상의 개방성에 대한 대안적 감각을 제공해 줄지도 모른다. 에머슨에게 있어 공개성은 방치하지 않으면 보존될 것의 방치를 통해, 즉 힘에 대한 심리적 삶의 핵심에 있는 개성의 형태를 포기함으로써 달성된다.

슬픔의 정치학에 관한 에머슨의 주장에서 출발점은 슬픔이 경험의 시작되는 조건의 기초가 된다는 주장이다. 그는 자신의 아들 왈도(Waldo)의 죽음을 채무자들의 파산에 비교함으로써 독자들을 놀라게 한다. 그의 주장은 채무자들이 자신에게 빚을 갚지 못함으로써 야기되는 재산의 상실은 그에게 불편을 초래할지 모르지만.

그것이 나를 발견했을 때의 모습으로 내버려 둔다. 더 나아지지도 더 나빠지지도 않게. 따라서 그것은 이러한 재난 때문이다. 그것은 나를 건드리지 않는다. 내가 좋아했던 어떤 것은 나의 일부분이었고, 나를 찢어버리지 않고는 찢겨질 수

없었고 나를 풍요롭게 하지 않고서는 확대될 수 없었다. 나로부터 떨어져도 상처를 남기지 않는다. 그것은 떨어지기 쉬운 것이었다.note11

이 문장들은 엄청난 논란거리가 되어 왔다. 어떤 이들은 그가 얼마나 잔인한지 그가 얼마나 냉담한지에 대해 이야기한다. 어떤 이들은 그의 감정의 깊이 바로 그것이 그로 하여금 자신의 무감각, 쇼크에 대해 묘사하도록 한다고 주장해 왔다. 하지만 여기에는 더 많은 것이 있다. 에세이 〈경험(Experience)〉의 이 섹션에서 특히 이러한 관찰의 틀을 짓는 두 개의 문장(에머슨의 가장 미스터리하게 진실한 문장들 중 두 개의 문장)을 통해 그는 슬픔 그 자체의 가능성에 대해 생각하고 있다. 한 문장 뒤: "나는 상심이 나에게 아무런 가르침도 줄 수 없다는 사실에, 나를 진짜 자연으로 한 발짝도 가까이 데려다 주지 않는다는 사실에 슬픔을 느낀다." 한 페이지 전: "상심이 나에게 가르쳐 준 유일한 사실은 그것이 얼마나 얄팍한 것인가 하는 점이다." 이 두 문장 모두에서 상심은 역설적으로 그것의 결핍으로서, 배울 것이 없는 교훈으로서, 얄팍한 모습으로서 제시된다. 그리고 이러한 결핍의 교훈은 모든 경험으로 연결된다.

좀 더 구체적으로 살펴보면 "나는 상심이 나에게 아무런 가르침도 줄 수 없다는 사실에 슬픔을 느낀다."라는 구절은 굉장히 모호하다. 한편으로 그것은 상심으로부터 무언가를 배울 수 없다는 점에서 상심이 쓸모없는 것이라고 주장한다. 그러한 방식으로 그것은 모순어법으로 보이는 형태를 통해 역설을 제안한다. 상심이 쓸모없는 것이라면 단지 상심의 쓸모없음을 슬퍼하기 위한 것이라고 할지언정 사람은 왜 슬퍼하는가? 사람이 슬퍼하는 것을 슬퍼하는 것은 과정의 쓸모없음을 만들어낼 뿐이다. 하지만 이것이 핵심인지도 모른다. 슬픔의 쓸모없음에 관련된 감정의 진실한 깊이를 통해 우리는 모든 표현들이 지닌 얄팍한 속성을 알게 되고, 이것이 바로 우리가 쓸모없음이라는 감각에 더 충실히 접근하게 하는 방식이 된다. 그러한 쓸모없음의 감각이 이르는 것이 어쩌면 앞으로 나아가는, 우리의 존재를 지속해 나가는 기초를 발견하는 첫 걸음이 될지도 모른다. 이것은 표현 그 자체의 역설에 대해 생각하는 대안적인 방법이다.

다른 한 편으로 그 구절은 상심이 우리에게 무(無, nothing)에 관하여 가르칠 수 있다는 것을 이야기한다. 이 경우 우리는 무(無)에 대해, 미지의 장소(nowhere)로 향하는 죽음의 구속을 받는 여행에 대해 배우게 되는 것을 슬퍼하는 것이다. 그 구절이 이러한 방식으로 해석될 때 우리는 상심이 나에게 무(無)에 대해 가르쳐 줄 수 있다는 사실을 슬퍼하는 것은 나는 인간이며 유한하다는 사실에 대한 깨달음, 언젠가 나는 죽게 된다는 깨달음, 종국에 기대할 것은 죽음 이외에 아무것도 없다(nothing)는 깨달음 속으로 나를 떨어뜨리는 것을 알게 되어 유감이라는 뜻이 될 수 있다. 하지만 아무것도 없음의 교훈은 우리가 코딜리아의 아버지를 통해 이미 알고 있는 것처럼 무(無)에서 무(無)가 나온다는 것이다. 우리는 다시 이야기해야 한다. 왜냐하면 이 에머슨의 문장이 이미 우리에게 두 번이나 이야기하고 있기 때문에 우리는 상심의 교육학으로 가는 길, 기초적인 교육 경험으로 가는 길 위에 있는 것이다.

　이 상심의 교육학으로 통하는 길은 하나가 아니다. 한 가지 길은 진짜 자연으로 들어가는 발걸음을 옮기다 혹은 한 발짝 옮겨진다는 의미가 무엇인지를 묻는 것이다. 그러면 어떤 이는 우리 자신을 발견하게 되는 곳이 어디인지를 묻고 우리는 계단에서 연속적으로(in a series) 우리 자신을 발견한다고 대답하는 에머슨의 〈경험〉의 오프닝 구절을 떠올릴 지도 모른다. 우리는 '연속(series)'이라는 용어가 일련의(a series of) 에세이에서 철학의 글쓰기를 제안하고 그것의 주제는 어떤 이의 경험을 글로 써내는 가능성, 어떤 이의 철학을 글로 써내는 가능성이라는 점에 주목할지도 모른다.note12 우리는 또한 이 에세이의 핵심에서 에머슨 스스로가 자신이 심오한 마음으로 생각하고 대화할 때 '새롭고 멋진 삶의 영역에 대한 근접함'에 알게 된다고 논평한 것에 주목할 수도 있다.

　읽기나 생각하기를 지속함으로써 이 영역은 저절로 한 걸음 더 나아간 신호를 보낸다. 하지만 이 사고의 영역으로부터 나오는 모든 통찰력은 최초로 느껴지는 것으로 후속편을 약속한다. 나는 그것을 만들지 않는다. 나는 그곳에 도착해 이미 그곳에 있던 것을 본다. 나는 만든다! 오 아니다! 나는 무수한 세월 동안 사랑과 존경으로 나이가 들었지만 삶의 생명으로 젊음을 간직한, 사막의 태양으로 빛나는 메카(Mecca)의 웅대함이 내 앞에 처음으로 펼쳐지기 전 아이 같은 기쁨과 놀람으로 박수를 친다. 그리고 미래가 펼쳐진다! 나는 새로운 미의 사랑으로 새로이 가슴이 뛰는 것을 느낀다. 나는 죽어서 자연을 떠나고 이 새로우면서도 접근하기 어려운, 내가 서쪽에서 발견한 미국에 다시 태어날 준비가 되어 있다.

이러한 발견(finding), 이러한 기초(founding)가 상심으로부터 나오는 자연으로부터의 출발이다. 그것은 생각이 없는 죽음의 상태에서 생각이라는 행위로 옮겨가는, 다시 말해 경험 속에서 발걸음을 옮기는 것이다. 또 그것은 또한 무언가가 접근하기 어렵다고 생각하는 것의 의미가 무엇인지를 깨닫고 우리를 재탄생과 갱생이라는 결코 완성될 수 없는 프로젝트로 향하게 한다. 이것이 바로 에머슨이 미국, 그 가까워지기 어려운 국가 미국의 철학에 요구하는 점이다. 우리들 각자 혹은 우리들 모두의 일주를 통해 변화가 나타나는 것처럼 미국이 재발견되고 매일같이 갱생하며 민주적으로 재탄생하길 바라는 것이다.

알 수 없는 목적지로서의 미국은 상실을 극복하는 것에 대한 새로운 주장을 펼치고자 하는 사상가들에게 에머슨이 바치는 열린 땅이다. 이 새로우면서도 접근할 수 없는 미국에서 우리는 같은 시민들이 오고 가는 동안 인류애를 발견하고 그것을 포용하게 된다. 우리 자아의 실현은 이러한 개방성을 통해서만 가능하다. 순응에 대한 혐오, 즉 우리를 생각하지 않게 하는 그 죽은 상태에 대한 혐오와 행동의 기초에 대한 공동의 이해를 통해 타인과 연결하려는 우리의 생각하는 자아들의 힘에 대한 인식, 이 혐오와 인식 모두를 가지고 우리 스스로를 위한 경험을 주장하려는 의지를 통해서만 자아를 실현할 수 있다. 우리 모두에게 이 미국은 우리가 앞으로 나아가야 하는 출발점이며 우리가 다시 돌아와야 할 곳이기도 하다. 출발 후에 우리가 다시 신호를 보내야 하는 삶의 지역이며 따라서 항상 함께 행동하고 떨어져서 행동할 수 있어야 할 곳이다. 공개성의 경험을 통해 이 세상을 실현하는 것은 권능을 부여하는 것이다. 우리는 이동한다. 사고가 행동이 된다. 생각하는 것은 완성되어 가는 행위(an action of becoming) 행위이다.

하지만 이러한 아이디어는 과거를 반성하여 전체가 되도록 하는 방법을 제공하지 않는다는 점에서 이에 반대할 수도 있다. 그러한 움직임은 우리의 도덕적인 측면에서 좋을 수 있지만—그리고 그러한 치료의 결과는 평가절하되어서는 안 된다— 그것들이 우리가 과거를 어떻게 재구성할 것인지를 이해하는 데에는 도움이 되지 않는 것처럼 보인다. 기억하는 것은 에머슨에게 핵심적인 비유이다. 하지만 또 다른 에세이 〈원(Circles)〉에서 에머슨이 경험과 실험의 관계에 대해 다루는 것을 보면 기억하기에서 벗어나 다른 방향으로 이끄는 것처럼 보인다. 그는 다음과 같이 쓰고 있다.

> 하지만 내가 나만의 머리를 가지고 나 자신의 변덕을 존중할 때 다른 누구도 잘못된 길로 이끌지 않기 위해서 독자들에게 내가 단지 실험자일 뿐이라는 사실을 상기시키려고 한다. 내가 하는 것에 최소한의 가치를 부여하거나 혹은 내가 하지 않는 것에 최소한의 의문을 가지지 말라. 마치 내가 그 어떤 것에 대해 진실 혹은 거짓이라고 규정하려 한 것처럼 말이다. 나는 모든 것을 동요시킨다. 그 어

떤 사실도 나에게 신성하지 않다; 그 어떤 것도 불경스럽지 않다; 나는 단순히 실험을 하는 것이며 내 뒤에는 아무런 과거도 없는 끝없는 탐구자이다.note13

'원'에서 현재의 존재와 미래에 대한 그것의 공개는 과거의 부름에는 그 어떤 공간도 남기지 않는 것처럼 보인다. 이러한 압도적인 현재의 감각은 에머슨의 또 다른 에세이 〈미국의 철학자(The American Scholar)〉에서 보강된다. 그는 "나에게 오늘에 대한 통찰력을 달라. 그러면 당신은 고대와 미래의 세계를 갖게 될 것이다."라고 쓰고 있다.note14 이 문단은 -현재에 대한 과거와 미래의 관계를 부인함으로써가 아니라 현재에 대한 지속적이고 진실한 충성을 통해 과거를 재구성할 수 있고 현재는 아직 기록되지 않은 미래에 의해 극복할 수 있다(있거나 아니면 그렇지 않다)고 이야기함으로써-에머슨이 줄어든 과거와 알려지지 않은 미래의 비극에 대해 이야기하는 방법에 관한 신호이다.

이렇게 가차 없는 현재, 우리로 하여금 경험으로부터 배우는 것을 막는 것처럼 보이는 실어증을 극복하기 위해 우리에게 허용된 가능한 수단은 무엇인가? 혹시 모를 의미를 위해 획기적인 방향으로 전환하는 것은 현대식 견해의 역설에 대한 일반적인 해결 방법 중 하나이다. 이것은 하지만 정립된 윤리학에 대한 유혹에 굴복하는 다른 방법, 세상을 들어 올릴 지레의 받침점이 될 수도 있다. 또 다른 방법은 비인격적인 것을 강조하는 것이다. 즉 슬픔의 무감각을 극복하기 위한 수단으로서 혹은 그 자신 또한 놓아버리기 위한 수단으로 타인의 상실을 받아들임으로써 인간성을 파멸시키는 것이다. 상심의 교육학에 발걸음을 내딛는 대인적인 방법 즉, 이 새로우면서도 접근할 수 없는 미국을 향한 에머슨의 전환을 보충하는 방법은 접촉되지 않는다는 것(untouched)의 의미가 무엇인지를 더 완전하게 이해하는 것일 수 있다. 왜냐하면 표면을 덮고 그 표면이 우리가 행동할 수 있는 기초를 제공하도록 하는 능력은 접촉되어지지 않는 우리의 무능력을 극복하는 능력에 의해 보충될 수 있기 때문이다. 이것은 인간적인 것과 비인간적인 것 사이에서 망설이는 것, 에세이 〈경험〉에서 "우리는 불의의 사고들에 의해 번영한다. 우리의 최고 경험들은 우연이었다."라고 표현되는 주장에 의해 조명되는 행동 방식이 될 수 있을 것이다.

하지만 접촉의 문제를 좀 더 자세히 살펴보자. 에머슨은 그의 아들의 죽음이라는 재난이 아무런 상처도 없이 그를 건드려지지 않은 상태(untouched)로 두었다고 주장한다. 그는 "그것은 떨어지기 쉬운 것이었다."라고 쓰고 있다. 그것은 그로부터 떨어져 나가버리고, 애초에 그곳에 그의 아들이 있기는 했었는지에 대한 흔적은 존재하지 않는다. 에머슨은 건드려지지 않고(untouched) 그렇듯 건드려지지 않은 상태에서 그에게 접촉하는 것은 불가능하다(untouchable). 접촉될 수 없다는 것은 고립, 절대적인 외로움의 특징이다. 죽음에 접촉하는 것이 정도를 벗어난, 그러면서도 본질적인 인류애의 정수라고 한 링기스와 마찬가지로 에머슨에게 있어 접촉은 우리가 경험의 세계에서 행위자들이 되기 위해 필수적이며 필연적이고 회피할 수 없는 행동이다. 건드려지지 않는다는 것의 의미에 대한 또 다른 단서는 에세이 〈경험〉 중 에머슨의 즉석 관찰로 보이는 것에서 확인된다. "몸이 결코 접촉하지 않는다는 사실을 발견한 사람이 보스코비치(Boscovich)였던가? 자, 영혼은 그들의 대상을 결코 건드리지 않는다." 접촉(touch)이라는 단어는 옛 프랑스어 toucher에서 파생된 것이다. 이는 두드리다(knock), 치다(stroke)라는 의미의 이탈리아어 tocco, 치다(strike) 혹은 때리다(hit)라는 뜻의 이탈리아어 toccare와 관련이 있는 말로 tocco와 toccare 모두 접촉의 폭력성을 강조한다. 접촉의 폭력성, 육체적 접촉은 에머슨식의 영혼에 의한 거부이며 다른 장소에서 혹은 다른 방식으로 어쩌면 다른 누군가에 의해 극복되어야 할 거부이다. 만진다는 것은 그 안에 데카르트의 전체적인 비판을 포함한다. 그것은 우리로 하여금 우리의 도덕성, 서로에 대한 우리의 필요에 대한 사실, 그리고 버틀러가 이야기하는 것처럼 우리가 서로에 의해 풀어져 있다는 사실을 대면하게 하는 힘이다. [나에게 접촉의 폭력성은 《감시와 처벌(Discipline and Punishment)》에서 마이클 푸코가 이야기하는 몸에 대한 영혼의 질질 끄는 애착에 의해 만들어지는 공간 안으로부터 가장 분명하게 설명된다.]

그의 상실―아들의 죽음이라는 재난―이 지닌 떨어지기 쉬운 성격에 관한 첫 번째 관찰과 그들의 대상을 결코 건드리지 않는 영혼의 기묘한 '사실'에 관한 두 번째 관찰, 이 두 개의 관찰은 철학적 이해에 있어 에머슨의 영혼의 운명에 대한 선험론적 이해를 방해하는 것처럼 보이기도 한다. '떨어지기 쉬운(caducous)'이란 큰 가지가 떨어져 나가는 것을 의미하지만 덧없는 것, 그리고 '간질(falling sickness)'의 대상이 되는 것 즉 간질(epilepsy)에 걸리기 쉬움을 의미하기도 한다. 간질(epilepsy)은 고전적으로 예언의 병으로 알려져 있다. 예언자가 될 사람들에 의해 계약된 것이다. 단어 caducous에서 'cad'는 가장 현대적 의미로 여성의 호의에 대해 신사답지 못한 배신자라는 의미를 가지긴 하지만 '익숙한 영혼(a familiar spirit)'이라는 뜻을 본래적 의미로 가지고 있다. 단어 'cadaver(시체)'는 영혼이 날아가 버린 몸을 의미한다. 또한 'cad'는 'cadet'이라는 단어와도 밀접한 관련이 있는데 그것은 '막내아들'이라는 뜻이다. 군대 조직의 틀을 의미하는 'cadre' 역시 'cad'와 관련이 있다. 따라서 월도의 상실이 지닌 쉽게 떨어지는 속성에는 에머슨으로 하여금 영혼에 대해 생각하게 하는 무언가가 존재한다. 그것은 단순히 아들의 잃어버린 영혼을 의미하는 것이 아니라 우리의 삶을 완전히 경험하는 것에 대한 우리의 실패를 구성하는 영혼의 상실을 의미한다. 우리는 영혼 없이 경험을 할 수 없다. 이러한 통찰력은 니체(Nietzsche)에 대한 에머슨의 교훈 중 하나이다. 에머슨에게 상실의 주문은 기도와 같은 영혼의 주문이어야 하며 그렇지 않다면 그것은 주문이 아니라 단순히 시·공간을 초월한 황량한 밤의 울부짖음일 뿐이다.

에머슨은 유토피아적인 시각을 만족시키기 위해서가 아니라 죽은 이의 영혼을 불러 되돌리기 위해 서구(the West)로 방향을 돌린다. 이것이 불의의 사고들로 번영한다는 것이 의미하는 것이다. 경험의 세계보다 높은 수준에 사고의 영역이 있다는 에머슨의 생각에 대항하여, 혹은 좀 더 단호하게 말해 정신적 자기 의존에 대한 네오 플라토닉의 영역이 세상에 의거하여 행동하려는 모든 시도들을 가장 고차원적인 형태의 자기 의존을 필연적으로 타락하게 만든다는 개념에 대항하여 이 영혼의 주문하기는 항상 존재하는 우리의 존재의 결핍, 우리의 결코 완전히 극복할 수 없는 일시적이고 공간적인 고립을 축소시키는 방법으로 여겨질 수 있다. 이러한 주문하기는 에머슨적 사건으로 불릴 수 있는 것이다. 〈경험〉의 최종 문단에서 에머슨은 우리가 세상에 의지하여 행동할 수 있게 하는 수단을 향한 몸짓을 선보인다. 그것은 '사고의 세계를 실현하기 위한 교묘한 시도'를 통해서가 아니라 우리가 세상에 관해 알고자 하는 것의 영향이 우리에게 질문으로 열려진 채 남아있다는 깨달음을 통해서이다. 그것은 열린 질문이기 때문에 그것을 다루거나 그것에 대항하기 위한 움직임의 수단은 인내심을 연습하는 것이다. "인내심에 인내심, 그러면 우리는 최후에 이길 것이다." 이 인내심은 우리가 회의주의를 부정하거나 억누르지 않고 그것을 간직한 채 살아가려고 한다면 필수적인 것이다. 하지만 우리는 무엇을 이기려고 하는가? "그리고 세상이 존재하면서 깨닫게 될 진정한 로맨스는 천재를 실용적인 힘으로 전환하는 것일 것이다."

어떤 사람들에게는 실용적인 힘이 유용하고 유용한 정치적 이데올로기라는 명백한 목적인 것처럼 보일 것이다. 그러한 종류의 관련성에 매료된 사람들에게는 패배자를 승리자로 전환시키는 것이 목표일 것이고 또한 상실의 기억을 불러일으킬 필요 없이 그렇게 하는 것이 목표일 것이다. 하지만 그러한 이데올로기가 상실을 잊거나 억누르려고 하는 동안 버틀러가 9·11 사태 이후 우리의 정치학의 조건으로서 주목했던 트라우마를 반복하는 것, 그것은 상실의 기념을 희망할 수 없다. 왜냐하면 실용주의자들에게 이러한 종류의 기념은 후회의 늪으로 가라앉는 것으로 이해될 뿐이기 때문이다. 그러한 망각은 에머슨이 우리에게 불러일으키도록 한 실용적인 힘이 아니다. 행위의 이론이 필요하다. 하지만 이 이론은 힘의 아이디어를 실용으로 전환함으로써 개시되지는 않을 것이다.

하지만 그러한 이론은 행위를 '정치적인 것'이라 불리는 영역의 감옥에 가두지 않을 것이다. 행위를 제한하려는 그러한 시도들은 에머슨이 대상들을 우리의 손가락 사이로 빠져 나가게 하는 대상의 움켜쥠이라 언급했던 것의 예로서 이해될 수 있을 것이다. 그러한 대상들의 덧없음과 포착할 수 없음은 "우리의 조건들 중 가장 못난 부분(the most unhandsome part of our condition)"이다.note15 우리가 못난 조건을 완전히 이해할 때, 우리에게 가장 중요한 행위들에 관한 한 단순 명료함이 가장 귀중한 가치가 아니라는 통찰력을 인지할 때, 우리는 더 나아질 수 있다. 우리는 에머슨이 이야기하는 "서로에 대한 우리의 관계는 간접적이고 우연적이다."라는 것을 더 잘 이해할 수 있을 것이다. 다시 이야기하지만 우리는 양날을 볼 수 있다. 우리의 주요한 경험들은 우연적이다, 서로에 대한 우리의 관계들은 우연적이다, 죽음의 구속을 받는 우리의 자아들은 불의의 사고들 가운데 살아가고 있다. 우리는 불의의 사고들에 의해 번영한다.

 에머슨은 《미국의 철학자》에서 "생각하는 것은 부분적인 행위이다."라고 쓰고 있다. 사는 것은 전체적인 행위이다.note16 사는 것은 우리의 지시에 의해서는 붙잡을 수 없다; 사는 것은 그 어떤 목적을 위해서도 요구할 수 없는 풍요이다, 그 목적이 아무리 중요한 것이라 하더라도. 에머슨이 초월성에서 내재성으로, 접촉할 수 없는 것에서 육체적 삶의 포용으로 그의 사고 체계를 전환해 간 것은 바로 이 시점이다. 이런 식으로 행위의 부분적인 본질을 인지하는 것은 전체적인 사고의 무익함을 받아들이고 접촉할 수 없음의 절대적 고립에서 삶의 열린 영역에서 우리에게 무한히 허용되는 부분적인 행위들로 전환되는 것이다. 이러한 형식화는 우리가 일반적으로 몸과 마음 사이를 극단적으로 구분 짓는 행위를 해소하도록 돕고 에머슨이 자신의 에세이에 쓴 시에서 그랬던 것처럼 "말 또한 행위이며, 행위는 말의 일종이다."라는 것을 인정할 수 있게 한다.note17

 우리의 말은 행위이며 우리의 행위는 우리가 세상을 이해하기 위해 하는 말이다. 하지만 세상은 다루기 힘들고 부당한 곳이다. 만약 상실의 주문이 애도의 작업을 수행하고 우리에게 전환의 행위를 통해 세상을 헤쳐 나가도록 하는 수단을 허락한다면 우리는 세상에 영혼을 다시 불어넣기 위한 길 위에 있을 것이다. 〈경험〉의 말미에 나타나는 에머슨의 격려하는 말, "비웃음은 개의치 말라. 패배는 개의치 말라. 오래된 가슴

이여, 다시 일어나라!"라는 말은 우리의 사전에 있는 그 어떤 말만큼이나 힘들여 얻은 것이다. 가슴이 방향을 전환해 상실을 극복하고 앞으로 나아간다. 그것은 행위인 우리의 말의 원천을 통해서, 기록하는 비유(전환)를 통해서, 그렇게 하고 언어와 경험이라는 공동 자산으로 우리를 다시 묶는다.

민주주의 안에서 그리고 민주주의를 통해서 되돌아옴의 가능성은 불러일으킴의 모드가 된다. 그것은 조치를 취하는 사람이라면 누구에게나 무한하게 허용될 것이다. 따라서 애도가 대중 영역에 얽매이게 되는 것이다. 민주주의가 침체되어 있는 때에 무슨 원천이 그러한 조치를 가능하게 하겠는가? 그리고 그것은 누구를 위해서인가? 에머슨을 계승해 민주주의를 주장하는 사람들은 듀보이스(W. E. B. Du Bois)가 착수한 상실의 청산을 관찰함으로써 자신감을 얻을 수 있을 것이다.

희망차지 않은 희망

에머슨이 아들 월도의 죽음에 상심한 것처럼 듀보이스 역시 아들 버가트(Burghardt)의 죽음으로 상심했다. 아들의 죽음에 대한 듀보이스의 회고는 저서 《흑인의 영혼(The Souls of Black Folk)》에서 겨우 몇 페이지를 차지할 뿐이다. 하지만 그것은 상심의 상황을 통한 에머슨의 작업에 답을 하고 그것을 좀 더 심화하는 역할을 한다. 듀보이스의 상심은 에머슨의 상심과는 뚜렷하게 대비되는 것처럼 보인다. 그리고 맨 처음 이것은 에머슨이 뉴잉글랜드의 자산가이자 자유로운 백인 여성으로서 향유했던 특권에 조용하긴 하지만 터무니없이 의존하는 것처럼 보인다. 마치 정의를 실현하기 위해 노예제를 폐지하길 염원하는 사람처럼, 마치 우리 모두가 자유를 실현하게 해주는 침묵의 과정을 통해 노예의 고통을 느끼고 있으면서도 매사추세츠(Massachusetts) 주의 콩코드(Concord)에 있는 자신의 집에서 이 모든 것을 관망하며 특권을 누리고 있는 사람처럼 말이다. 듀보이스 역시 하버드를 졸업하고 당대를 선도하는 지식인이었지만 에머슨이 누렸던 특권은 누리지 못했다. 그리고 이것은 단지 그가 유색인종, 흑인이라는 이유 때문이었다. 따라서 우리가 그의 상실을 인정하려면 우리는 듀보이스가 경험한 이렇듯 끔찍한 부당함의 얼룩이 묻은 상실의 계산법을 받아들이려고 노력해야 한다. 그것은 에머슨의 것과는 다른 것이다. 그리고 민주주의자로서 우리는 그의 상실뿐 아니라 그러한 부당함으로 직접적인 고통을 받았던 피해자들과 직접적인 고통을 받지는 않았지만 그에 따른 피해를 두려워하여 지금까지 침묵할 수밖에 없었던 목격자들, 그리고 부분적으로 우리 문화의 집단적인 유산으로 고통받은 수백만의 타인들에 의해 배가된 그의 상실을 받아들이려고 노력해야 한다. 이러한 상실은 우리가 손실을 이득으로 전환할 때 얻을 수 있는 것보다 더한 무언가가 되어야 한다. 우리가 듀보이스의 상심의 경험에서 조치를 취하고자 한다면 우리의 첫 번째 조치는 우리 모두가 얼마나 얼룩으로 더럽혀졌는지를 이해하는 것이 될 것이다.

    이를 실천하는 또 다른 방법은 아들의 죽음에 대한 듀보이스의 반성은 이중의식(double-consciousness)에 영향을 받았다고 제안하는 것이다. 이중의식이란 법률상(de jure) 인종분리정책이 시행되었던 삶으로부터 자유를 얻었던 순간을 되돌아볼 때 알 수 있듯이 인종적 편견이 그 레짐(regime)에 속해있는 주체들 −미국의 문화로부터 무언가를 물려받았다고 생각하는 우리 모두− 에게 삶의 조건으로 강제한다는 것이다. 그렇다면 우리는 이러한 인종주의가 상심의 경험에 어떠한 차이를 만들어내는지에 대해 질문할 수 있다. 듀보이스에게 있어 상심은 애도되는 아이의 삶에 새겨진 것이다.

그 아이는 베일 속에서 태어났다고 나는 이야기했다. 그리고 그곳−흑인(Negro), 흑인의 아들−에서 그는 살게 될 것이다. 그 작은 머리를 받쳐(아, 비통하다!) 쫓기는 듯한 경주에서 굴하지 않는 자존심을 억누르고, 보조개처럼 살이 옴폭 들어간 그 작은 혼을 잡고(아, 지친다!) 희망이 없는 것은 아니지만 그렇다고 희망찬 것도 아닌 희망에 매달리며, 원하는 대로 할 수 있는 자유(freedom)는 있지만 노예상태에서 벗어날 자유(liberty)는 거짓일 뿐인 나의 영혼의 땅을 바라보는 호기심 가득한 그 밝은 눈을 바라보며 나는 내 아기를 스쳐 지나가는 베일의 그림자를 보았다. 나는 핏빛 땅 위에 우뚝 솟은 차가운 도시를 보았다.note18

듀보이스는 아들이 태어나자마자 상심에 빠진다! 그는 구원의 전도(the inversion of a redemption)와 같은 무언가의 내러티브가 나타나는 것을 본다. 복잡하긴 하지만 모세(Moses)의 경험 및 출애굽기의 메아리가 분명하다. 이 아이 위로 그림자가 지나가고 베일이 이제 막 태어난 첫 아이에게 죽음과 같은 삶을 운명 짓는다. 비행일이 머지않은데 사람들은 어디로 가려 하는가?

  에머슨의 영향 또한 분명하다. "희망이 없진 않지만 희망차지 않은 희망"이라는 말은 "상심이 나에게 아무런 가르침도 줄 수 없다는 사실에 슬픔을 느낀다."는 말이 반향을 불러일으킨다. 꼭 붙잡은 손은 특정한 진실을 구하는 자에게는 어울리지 않는 조건이다. 희망차지 않은 희망은 듀보이스가 현명한 아버지로서 첫째 아들에게 물려주어야만 하는 유산이다. "나 또한 그의 작은 흰색 침대 위에서 생각했다. 세대를 거쳐 나에게 뻗어온 힘이 더 새로워진 그의 힘으로 뻗어가는 것을 보았다. 내 흑인 조상들의 꿈이 세상의 거친 환영 속에서 비틀거리며 한 걸음 앞으로 내딛는 것을 보았다. 그의 아기 목소리 속에서 베일(veil) 안에서 일어나려고 하는 예언자(the Prophet)의 목소리를 들었다."

  듀보이스가 상상하는 발걸음은 세대를 거쳐 교차된다. 에머슨이 우리에게 현재에서의 존재감을 강화하길 바란다면 듀보이스는 우리에게 과거의 유산으로 나타나게 될 대안적인 미래를 상상하라고, 미래를 향한 오프닝이 더러운 과거를 위해 세워진 현재의 감옥에서 도피하고자 하는 자들에게 이야기할 것이 무엇인지를 상상하라고 요구한다. 그의 역사 감각은, 사회에 대한 에머슨적 상상을 소외된 권위로 우리의 거부당한 사고를 우리에게 돌려주는 것으로 보충하고 확장하는 방식으로 회복의 여행을 사회화한다. 소외의 깊이는 비극이 되고 권위는 반(半)종교적이지만 여전히 역사의 구속을 받고 있다. 듀보이스의 발걸음은 비틀거리지만 그럼에도 불구하고 새로운 세상, 재탄생으로 나아간다. 듀보이스에게 이 새롭지만 접근할 수 없는 미국은 세상의 거친 환영이 된다. 에머슨의 인내심 연습은 매일매일이 앞으로 나아가는 최소한의 움직임에 따른 고난 속에 보존되는 동안 한 세대에서 다른 세대로 뻗어나간다. 그리고 삶이 죽음을 둘러싸고 가는 동안 죽음에 대해 심히 무관심하다는 것을 듀보이스가 알아채면서 에머슨의 겸손-"나의 그림을 위해 완벽함을 주장할 만큼 어리석지 않다. 나는 파편이고 이것은 나의 파편이다."- 또한 뻗어 나간다. 버가츠가 죽는 순간을 묘사하면서 듀보이스는 다음과 같이 쓰고 있다. "삶은 변하지 않았다. 키 큰 나무는 언제나 그랬듯 창밖에서 몰래 들여다보고 있었고, 초록색 잔디는 지는 태양 아래에서 언제나처럼 반짝거렸다." 이 비극적인 상황에서도 낮은 무관심하게 지속되었고 그가 가는 곳마다 똑같은 하늘이 있었다.

  듀보이스의 날들은 에머슨의 날들과 같지 않았다. 어떻게 그럴 수 있었겠는가? 그들 사이의 차이는 베일의 그림자를 구성하는 구분 속에 새겨져 있다. 색의 경계, 그것은 소년이 어린 시절에는 그를 괴롭히지 않았지만-"그의 작은 세상에서 영혼은 홀로 걸었다. 아무런 색이나 옷도 입지 않은 채"- 그에게 상처를 주기에 너무 늦은 순간인 죽음 이후에 그를 따라왔다. 하지만 그의 현명한 아버지에게는 항상 확고했다. 가족들이 죽은 아이를 그를 쉬게 해주려고 애틀랜타(Atlanta) 거리를 걷고 있을 때 그들은 창백한 남녀들이 베일 양 끝 사이의 거리, 그 무한히 벌어진 공간을 알게 해주는 말을 내뱉는 것을 들었다. "검둥이들(Niggers)!"

우리는 그를 조지아(Georgia)에 있는 그 땅에 뉘일 수 없었다. 그 땅은 이상할 정도로 붉은색이었기 때문이다. 그래서 우리는 그를 북쪽으로 옮겼다. 그의 꽃들과 그의 포개어진 작은 손과 함께. 부질없게, 부질없게! —오 하나님! 당신의 넓은 파란 하늘 아래 어느 곳에서 나의 검은 아기가 평화롭게 잠들까요?— 경외(Reverence)가 머무는 곳, 맙소사, 그리고 자유로운 자유?

말은 행위이고 행위는 말이다. 말은 가족이 어린 버가트를 북쪽에 묻게 했다. 하지만 듀보이스는 그가 그곳에서 위안을 얻을 것이라고 생각할 만큼 어리석지 않다. 그곳에는 자유다운 자유가 없다. 쉴 곳은 없다. 우리는 다시 이 차이를 계산해야 한다. 그리고 그렇게 함으로써 우리의 빚인 인종주의의 오점에 스스로 맞서고 그것이 우리로 하여금 듀보이스의 무한히 깊은 상심을 이해하게 해주길 희망해야 한다. 현대판 안티고네, 듀보이스는 그녀가 위엄 있게 죽을—그로써 살 수 있는— 권리를 위해 다른 형태의 친족관계를 만든다고 재해석한다.

이 복합적인 상심을 듀보이스를 어디에 남겨두는가? 그는 어디에서 자신을 발견하는가? 그에게 몸을 돌릴 곳이 있는가? 부모의 상투적인 소망을 표현하는("누군가가 가야 한다면 왜 내가 아닌가?") 장(章)의 마지막 문단은 에머슨이 그의 월도를 대신해 외우는 주문과는 거리가 있는 것처럼 보인다. 하지만 격려를 담은 그의 마지막 기록은 에머슨을 떠올리게 한다. 그것은 미국의 두 평면을 비교하는 메타포를 제시한다.

이 나라의 골목골목에 나와 같은 인종에 속하는 가엾은 사람들이 부모 없이 줄지어 앉아 있다. 하지만 사랑(Love)이 그의 요람 곁에 앉아있다. 그리고 지혜(Wisdom)가 그의 귀에서 말을 하려고 기다리고 있다. 아마도 이제 그는 그 모든 사랑(All-Love)을 알고 현명해질 필요가 없을 것이다. 그러면 자거라, 아이야-내가 잠들고 아기 목소리와 작은 발의 끊임없는 잔걸음에 깨어날 때까지 자거라-베일 위에서.

듀보이스는 지혜(Wisdom)이고 그의 아내는 사랑(Love)이다. 그리고 그들의 아들은 죽음 속에서 모든 사랑(All-Love)을 깨닫고 더 이상 현명해질 필요가 없다. 누구의 아기 목소리, 누구의 작은 발이 베일 위에서 잔걸음을 내딛을 것인가? 듀보이스 자신이 죽음을 통해 지혜라는 옷을 벗고 희망적으로 다시 태어날 것인가? 그가 이 미국, 아직 사후의 환상 밖에서는 그를 위해 존재하지 않는 미국에서 아이 같은 기쁨으로 박수를 칠 것인가?

"우리에게 남겨진 것은 죽음 외에는 아무것도 없다(nothing). 우리는 암울한 만족감으로 그것을 경계한다. 적어도 우리를 피해가지 않을 현실이라고 이야기하며"라고 에머슨은 상심에 관한 자신의 에세이에서 쓰고 있다. 우리가 죽으면서 준비하는 이 사후 사계는 무엇인가? 듀보이스에게 그것은 베일, 지나치게 불공정한 구분의 고통 위에 서는 방법이다. 에머슨에게는 희망 없는 상황에서 희망의 수단을 확보할 수 있는 무한한 가능성을 제공해주는 기초가 바로 유한성이다. 그들 모두는 그것을 하나님(God)이라고 부른다. 우리들 중 하나님을 불러내는 것이 세상의 매력을 이야기하는 유일한 방법이라고 생각하는 사람들에게 하나님이라는 그들의 공통적인 바람은 진정한 로맨스를 기대하게 한다.

에머슨에게 우리를 피하지 않을 현실, 기질의 예측 가능한 상례, 인생의 지배자 또한 하나를 제외하고 죽음, 우리 운명의 종료이다. "모든 지성에는 조물주가 지나갈 문이 있다." 이것은 영혼의 통로, 귀환의 순간, 영적 존재, 그 자신의 증거이다. 영혼의 통로는 우리로 하여금 죽어서 자연을 떠나게 하고 다시 태어나게 한다. 그리고 그것은 듀보이스에게도 마찬가지다. 그는 애상곡들 속에서 이야기와 노래의 선물, 달콤한 힘의 선물, 그리고 영혼의 선물을 본다. 그는 이렇게 묻는다. "흑인들 없이 미국이 미국으로서 존재해 왔을까?" 듀보이스는 아기 목소리를 가지고 새로 태어날 것이다. 미국인 본연의 모습으로 돌아올 것이다. 후에 생각한 것의 가능성이 다시 기도처럼 계속 되어가는 황무지 속에서 태어날 때.

여기 나의 울부짖음이, 오, 독자 하나님(God the Reader), 이 나의 책이 세상, 즉 황무지 속에 사산아로 전락하지 않게 하나니… 따라서 당신의 좋은 시간 속에 무한한 이성이 엉킨 것을 풀고 연약한 나뭇잎 위의 구부러진 표시가 실로 그러지 않게 하소서.

이것은 버가트와 우리들에게 끝이 정말 끝이 되지 않고, 앞을 향해 내딛는 비틀거리는 발걸음이 그의 유산이 되길 바라는 듀보이스의 기도이다. 그는 《흑인의 영혼》의 이 장을 마침표 없이 끝낸다. 그것은 더 많은 부호, 앞으로 향하는 움직임을 북돋우기 위함이다.

정치학으로 (다시) 돌아오기

우리는 독자(readers)다. 이 글을 읽어야 할 신들(gods)이다. 그리고 매일 우리는 새로운 장을 넘긴다. 월든의 장, 풀잎의 장, 캘리포니아의 포도 재배지, 듀보이스가 그의 책과 인생을 써내려 가는 동안 이상한 열매가 매달리는, 로프의 재료 삼. 아직은 접근하기 어렵지만 다시 태어날 새로운 미국에서, 끝없이 우리 자신에 대한 글을 쓰고, 우리의 비유(tropes)를 군대(troops)로, 우리의 막내아들(cadets)을 배신자(cads)로 만들고, 상심은 떨어져 나가고 영혼이 들어올 수 있도록 허락하는 새로운 미국에서 자유로워질 수 있는 가능성, 이것이 가장 어려운 작업이다. 이것은 우리가 우리에게 허용된 자유의 담론 속에서 구체적인 미국적 정치 사고의 유산으로 깨달을 수 있는 실용적인 힘이다. 그것은 언젠가 미국인들에게 그것이 중요하지 않게 만들겠지만 또한 우리가 기대해볼 수 있는 최선이기도 하다.

에머슨과 듀보이스가 떠받쳐 왔던 상실들은 심오할 정도로 평범하다. 그들의 노력의 흔적들-연약한 잎의 구부러진 표시들-로부터 우리가 어떤 감각을 얻게 되든지 우리는 그들이 최악을 볼 수 있는 능력을 어느 정도 지탱해 왔고 우리를 위해 그 이상을 제공한다는 사실을 인정할 수 있다. 우리가 그들을 신원 보증인이나 가이드로 이해하려면 놀라우리만큼 충격적인 생각을 하려고 노력할 필요가 있다. 지금도, 아우슈비츠(Auschwitz) 이후에도, 히로시마 원폭 투하 이후에도, 스탈린주의 이후에도, 천안문 사태 이후에도, 아프리카의 유혈 사태 이후에도, 우후죽순처럼 늘어나는 감옥이나 굶주린 아이들, 버려진 가족, 냉담한 자본, 선제적 전쟁, 미국의 고문, 다르푸르(Darfur), 팔레스타인(Palestine) 이후에도, 21세기가 더욱 잔인해질 것이란 위협이 가중되는 가운데 20세기가 역사상 가장 잔인했음을 보여주는 모든 재난들 이후에도, 색의 경계에 관한 듀보이스의 예언과 이 잔인함을 연계시키는 데 성공한 이후에도 최악은 여전히 그렇게 나쁘지는 않다. 적어도 아직까지는. "다른 모든 때와 마찬가지로 이번이 아주 좋은 때이다. 그것을 가지고 우리가 무엇을 할 수 있는지 알기만 한다면." 이 말은 노예제에 직면해 내전을 예상 혹은 예언하면서 에머슨이 쓴 것이다.note19

우리가 상실의 공산에서 세상으로 돌아올 때 우리는 반드시 구원적인 것은 아니지만 체념적인 그 돌아옴에 대해 알게 될 것이다. 타인과 함께 존재하겠다는 우리의 계약에 다시 서명하는 의미로서의 돌아옴을. 따라서 상실의 공간에서 세상으로 향하는 방향 전환은 정치학으로의 전환,

논쟁의 교환 및 의견 차이가 발생하고 드러냄과 구체화가 진행되는 흔하면서 흔하지 않은 공간들의 건설을 향한 전환이다. 흔하면서 흔하지 않은 그 공간은 드러냄과 구체화의 공간, 새로운 것의 주조 및 파괴, 부분적이며 파편적인 공간, 이상향적이지도 반이상향적이지도 않으면서 에머슨이 제안하는 것처럼 양자를 아우르는 공간이다. 그러한 목적을 위해 우리는 우리가 함께 행동할 때뿐 아니라 개별적으로 떨어져 행동할 때에도 정치학에 개입한다. 우리가 개선하고 고치려고 노력하는 부당함, 우리가 개발하고자 하는 연결 능력과 공개성, 되어감 속의 다양한 모험-누구에게나 허용되는 무한의 모험, 우리가 민주적 유산으로 직관할 수 있을 모험-에서 우리가 발견하는 즐거움은 정치적 제스처와 음호의 구성 요소들이다. 우리는 공모(共謀)할 때 함께 숨 쉬고 서로를, 그리고 우리 자신을 분발시킨다. 그렇게 함으로써 우리가 외로움을 극복하는 것은 아니다. 대신 우리는 외로운 자아로부터 이탈하는 것이 아니라 그 안에 긍정과 연결 관계를 주입한다. 우리는 우리 자아의 수단으로 외로움을 이용해야 할 필요를 인정한다.

매일 매일의 삶에 대한 참여는 문제의 핵심이자 민주적 삶의 끝없는 목적이라는 생각이 든다. 그리고 이런저런 위기 -월터 벤자민(Walter Benjamin)이 한때 '영원한 긴급 상태(permanent state of emergency)'라고 불렀던 것note20- 가 우리로 하여금 일상으로부터 벗어나 획기적인 주장으로 뛰어들도록 강요하는 결과로 우리가 긴급 상황에 쏟는 주의력이 흐트려져 긴급한 사실 자체가 위기에 처하는 만큼 민주적 삶도 위험에 처하게 된다. 우리는 자신으로 하여금 일시적으로나마 회피를 허용하여 자신을 당황하게 하는 조건들, 획기적인 사상가들의 통합적 의지에 대해 생각할 수 있다. 왜냐하면 우리의 당황스러움은 부분적으로 민주적 사고에 대한 가차 없이 적대적이고 흔히 일구이언의 성격을 지닌 공격에 반응해 많은 민주주의자들이 경험했던 무감각의 결과이지만 그것은 또한 우리가 비유적 구매의 상실이라고 부를 수 있는 것의 결과이기도 하기 때문이다. 이러한 상실은 생각 자체의 실패로서가 아니라 마틴 하이데거(Maritin Heidegger)가 기술에 대한 자신의 고찰에서 확인했던 '위험'의 표시로, 우리의 생각이 계속해서 가차 없는 확신으로 전락하는 방법으로 등록된다.

1966년 토마스 핀천(Thomas Pynchon)은 그러한 비유적 구매의 상실에 깔려 있는 끔찍한 감각을 강력한 말투로 묘사했다. 그의 소설 《제49호 품목의 경매(The Crying of Lot 49)》에서 여주인공 오이디파 마아스(Oedipa Maas)는 존 네파스티스(John Nefastis)와 엔트로피에 대해 이야기한다. 존 네파스티스는 멕스웰의 도깨비(Maxwell's Demon) 역할을 할 수 있다고 주장하는 기계를 가진 사람이다. 그 기계는 정보를 모으고 엔트로피를 떨어뜨리는데, 그 모든 것은 에너지 손실의 방정식과 정보 손실의 방정식이 거의 유사하기 때문이다.

"그러면 엔트로피는 언어의 상징이지요." 네파스티스가 탄식했다. "메타포. 그것은 열역학의 세계를 정보 흐름의 세계로 연결합니다. 기계는 둘 다 이용합니다. 도깨비는 메타포를 언어적으로 품위 있게 만들 뿐 아니라 객관적으로 진실하게 하죠."

그녀는 다소 이단자 같다고 느껴졌다. "하지만 도깨비가 단지 그 두 개의 방정식이 유사하기 때문에 존재하는 것이라면요? 메타포 때문이라고요?"

네파스티스가 미소를 지었다. 헤아릴 수 없는, 조용한, 신봉자. "그는 메타포의 날들 훨씬 전에 클라크 맥스웰(Clark Maxwell)을 위해 존재했죠."note21

우리를 위해 존재하는 그런 것들은—관련된 메타포가 평행하지만 연결되지 않은 경험을 통해 존재하게 되기 전— 아직 우리에게 허용되지 않는다. 그리고 그것들이 우리에게 허용될 때—메타포 이후— 그것들은 우리를 위해 이용가능해지지 않게 된다. 이 역설은 적극적인 사고의 임무를 위험하게 한다. 그것은 존재한다는 것을 그만두려고 마음먹기 직전으로, 즉 존재 가능성의 막다른 지점으로 우리를 데려간다. 우리는 과거와 미래 사이에서 길을 잃고 우리의 현재가 그로 인해 얼마나 축소되었는지 알 수 없는 상태에 이른 우리 자신을 발견하게 될지도 모른다. 하지만 이것은 우리가 우리의 영혼 앞에, 우리가 사랑하고 두려워하는 사람들 옆에 있는 우리 삶의 유령 앞에 진실하고자 한다면 이겨내야만 하는 긴장이다.

남겨진 우리에게 사랑하는 사람의 죽음이라는 사실은 맥스웰의 도깨비에 대한 엔트로피의 메타포에 전도된 평행선을 그리며 흐른다. 죽음은 객관적인 사실, 최종적 소멸이라는 사실이다. 나의 아내는 물질적으로는 더 이상 존재하지 않는다. 따라서 다시는 나를 위해 허용되지 않는다. 하지만 그녀의 돌이킬 수 없는 부재라는 사실을 통해 그녀는 끈덕지게, 가끔은 압도적으로 나에게 다가온다. 계속되는 나의 인생에서 상심은 그녀에게 심오한 실재(presence)를 부여한다. 그녀의 유령은 소진된 상태에서조차 나를 편안하게 하고 나를 두렵게 한다. 이것이 나에게 그녀가 진짜가 되는 방법이다. 나의 긴 밤에 그녀는 침묵한다. 나는 그녀를 위해 울고 기묘한 꿈같은 정경을 통해 그녀를 따른다. 그리고 나 자신이 그녀를 그리워하도록 허락한다. 그녀의 부재로서의 실재가 나의 삶에 녹아들게 되면서 나는 그녀를 다시 잃기 시작한다. 그녀의 진정한 부재 속에서 그녀는 나의 진정한 상실에 대한 메타포가 된다. 그녀는 에머슨이 이야기하는 것처럼 내 재산의 일부가 된다. 이런 방식으로 그녀는 떨어지기 쉬워지고 나로부터 떨어져 돌이킬 수 없이 내 기억에 놓인다. 나의 지극히 개인적인 과거의 고정되고 분리된 조각으로서. 그 기억 속에 삶의 순간들이 있을 것이다. 하지만 이상하게도 나의 어린 시절의 기억들만큼 생생하지는 않을 것이다.

나는 그녀의 기억을 항상 기억할 것이다.

이것은 너무 가혹한 평가인가? 죽은 내 아내의 재산에 의지해 사는 것, 내가 너무 차갑고 계산적인 사람인가? 그러지 않길 바란다. 나는 그렇게 생각하지 않는다. 나의 수많은 결점들에도 불구하고. 하지만 이것이 그녀를 외면하고 세상으로 돌아오도록 하는 데 실패한다면 내가 누구인지 내가 어떻게 알겠는가? 불완전하게나마 그녀에 대한 애도를 멈추지 않는다면 내가 무엇을 하겠는가? 다른 한 편 나는 결코 이 애도를 끝내지 않을 것이다. 그리고 이 재난이 나에게 준 선물을 깨닫지 못하는 것은 바보 같은 일이 될 것이다. 아내의 상실을 통해 나는 세상을 얻었다. 그것을 부정하는 것은 내 삶에 있는 그녀의 실재, 영혼으로서의 그녀의 실재, 내가 경의를 표해야 할 진실을 부정하는 것이다.

이 질문들이 나에게 적용된다면 그것들은 또한 슬퍼하는 모든 이들에게 적용되어야만 한다. 냉소적인 전쟁의 시기에, 이 나라를 이끌어가는 사람들 사이에 상심이 부인되는 시기에 버틀러의 기준을 바탕으로 애도를 잘 하는 사람과 애도하지 않는 사람을 구분하는 것은 가능하다. 완전한 애도를 거부하는 사람들은 정치적으로 파괴적인 행위를 하고 있는 것이다. 관을 숨기는, 죽은 이들의 장례식장에 가기를 거부하는, 기쁨과 원기로 적으로 선언했던 자들의 죽음을 경축하는, 우리에게 소비를 장려하고 우리를 정직한 희생으로 이끌기를 거부하는, 전쟁에서 졌을 때 단순히 자신의 개인적인 당황스러움을 회피하기 위해 전쟁을 확대하는 대통령은 슬픔이 봉쇄된 정치를 추구하는 사람이다. 자신의 고립, 자신의 주권적 광기, 자신의 어리석음 속에서 그는 국민들을 앞으로 나아가지도 뒤로 돌아오지도, 역사에 다시 들어가지도 못하게 하고 우리로 하여금 우리의 상실을 진창으로 처넣는 과정을 시작하도록 한 사람들에게 욕설을 퍼붓는 것 이외에 아무것도 하지 못하게 하는 나라로 이끌어 가고 있다. 이것은 우리가 직면한 트라우마이다. 패자, 애도하는 자가 될 수 없는 혹은 될 의사가 없는 정치 지도자들. 이것은 사실 뉴 밀레니엄

이 펼쳐지면서 우리에게 주어진 가장 심각한 위험이다. 우리의 지도자들은 여전히 스스로에 대해 인간이라고 생각할 의사가 없고 그럴 수도 없다. 그들은 그 대신 스스로가 자족적으로 고립된 사람, 우리의 가장 대표적인 외로운 사람이 되어야 한다고 생각한다.

하지만 우리 주변은 온통 인생의 신호들이 둘러싸고 있다. 우리가 이 해악에 대해 더 잘 알게 되면서 우리는 우리에게 항상 허용되는 변화의 조건을 제시받는다. 우리의 놀라우리만치 수축하는 과거와 미래는 우리가 사고의 작업을 절망을 희망으로 전환하려는 노력의 작업으로 이해하도록 도울 것이다. 왜냐하면 언제나 부분적이고 불완전한 이 과정은 비유적 확실성의 상실에 대한 기억을 보유하면서 과거와 미래에 대한 확신의 상실 자체가 가지는 회의주의를 이겨내며 살아갈 수 있는 의지의 발견(기초)을 수반하기 때문이다. 만약 회의주의를 이겨내고 살아가는 것을 향한 이 전환이 우리에게 가능하지 않다면 틀림없이 –존재하지 않았던 것이 최선이었을– 실레노스(Silenus, 그리스 신화에 등장하는 반인반수로서 괴물의 일종)의 지혜가 유행하게 될 것이다. 핀천이 이야기한 것처럼 회의주의를 이겨내고 살아가는 것(엔트로피의 극복)은 우리가 사상가로서 –생각하는 것이 우리의 행위이므로– 보유하고 있을 악마적 희망의 형태를 취한다. 그것은 회의주의의 힘을 해치우고, 새로운 하나님의 왕국(a new Kingdom of God)에 나타나는 것이 아니라 다시 노력하고 다시 실패하고 더 열심히 노력하는 것, 사무엘 베게트(Samuel Beckett)를 차용하는 것이다.

다시 실패하라. '잃다(lose)'라는 단어는 대대적 손상, 파괴, 처참한 고통의 경험을 표현한다. 하지만 그것은 또한 칭찬, 명성, 평판의 조건이 되는 것으로도 알려져 있다. "상실(loss)"은 용해(dissolution)를 나타내는데 —dissolution과 solution, dissolving과 solving이 어원적으로 같은 의미를 지닌다는 점에서 모호한 부분이 있다— 그것은 또한 군에서의 손실(the breaking up of the ranks of and army)을 표현하기도 한다. 상실(loss)의 의미에서 우리는 생각의 일단(army)을 깨버리는 것(break up), 생각의 뼈대(cadre)를 녹여버리는 것(dissolve)에 대한 유혹을 느낄 수 있다. 하지만 그 대신 우리의 비유(tropes)와 메타포의 일단(army)이 재배치될 것이다. 우리는 만족의 범죄의 장면으로 돌아올 때, 우리의 실패에 대한 진술에서 그것이 거짓임을 보이려고 할 때 상실로부터 회복하려는 다양한 시도를 통해 우리의 비유를 재배치한다. [우리는 우리의 군대(troops)를 지원한다.] note22 다시 노력하라.

다시 노력하고 다시 실패하고 더 열심히 노력하라. 상심에 빠진 사람들, 죽음을 통해서든 아니면 죽음의 수많은 대용물을 통해서든 사랑하는 사람의 상실이라는 경험을 한 사람들에게 이보다 더 나은 모토가 뭐가 있겠는가? 우리의 노력 속에서 우리는 무언가 다른 것, 우리의 가장 외로운 순간들이 지나가게 마련이라는 사실을 또한 깨닫게 될 것이다.

에필로그(Epilogue)

절망과 상실감은 정지 조건이 아니라 노동의 자극제이다.
−스탠리 카벨(Stanley Cavell)

글쓰기

 2005년 6월, 형이 아프리카에서 만나자고 나를 설득했다. 형은 자신이 감독하고 있던 비정부기구 활동으로 아프리카의 에티오피아(Ethiopia)와 케냐(Kenya)에 있는 미국 사무소와 다른 기업들을 방문 중이었다. 나는 그 학년도의 강의를 막 마치고 일 년간 주어지는 안식 휴가에 들어간 상황이었다. 나는 2년 전 세상을 떠난 아내의 빈자리로 인해 여전히 상심에 빠져 있었고 형은 그 여행이 나의 우울증 극복에 도움이 되는 좋은 방법이라고 생각했던 모양이다. 나 역시 그런 여행이 나 자신으로부터 벗어날 수 있는 좋은 방법이 될 것이라고 생각했다.

 나는 특별히 여행을 즐기는 사람이 아니어서 겨우 최근에 유럽에 처음 가보고 호주 여행을 한 번 한 것이 전부였다. 게다가 두 번의 여행 모두 학술대회에 참가하기 위한 것이었다. 하지만 이 여행은 달랐다.

 보스턴(Boston)에서 암스테르담(Amsterdam)까지 가서 하르툼(Khartoum)을 거쳐 토요일 밤 늦게 최종적으로 아디스아바바(Addis

Ababa)에 도착하게 되었다. 아프리카로 가는 그 여정은 스릴이 넘쳤다. 기묘한 우연의 일치로 나의 세속적인 감각은 도를 더하게 되었다. 아디스아바바대학교(University of Addis Ababa)의 부원장 중 한 사람은 몇 년 전 윌리엄 칼리지(William College)에서 교편을 잡았던 정치철학자로 나와는 오랫동안 알고 지낸 사이였다. 나의 형은 에티오피아 대표에게 그와 접촉하도록 했고 나를 위해 월요일 아침 대학에서 강의할 수 있도록 자리를 만들어 주었다. 나는 9·11 이후 미국의 정치 분위기에 대해 논의할 참이었다.

여전히 시차 적응을 하지 못하고 있던 일요일, 나는 형과 형이 동반한 국가 대표의 에티오피아 국립 박물관(Ethiopian National Museum) 방문에 동행했다. 그곳에 있는 동안 우리는 지하방으로 내려가 지구상에서 가장 오래된 인류의 화석인 루시(Lucy)의 뼈를 보았다. 그 후에는 에티오피아의 마지막 황제 하일리 셀라시에(Haile Selassie)의 구 궁전(궁전은 박물관 및 대학교 행정실로 전환되었다)을 방문해 그의 개인 공간을 돌아보았다. 나는 또한 대학교의 주최자로부터 나의 강연이 취소되었다는 이야기를 듣게 되었다. 그는 청중이 그만큼 많지 않고 학교가 방학 중이라고 설명해 주었다. 그는 대신 월요일 아침 자신과 대학교 총장이 만나는 자리에 나를 초대하였다.

미팅은 성사되지 않았다. 일요일 저녁 나는 호텔방에서 텔레비전을 통해 방학 중에 있어야 할 학생들이 사실은 봄 선거 결과를 인정하지 않는 정부에 맞서 시위를 하고 있는 중이라는 사실을 알게 되었다. 루머에 따르면 현직 수상의 소속 정당이 봄 선거에서 패배했다고 했다. 그날 저녁 군대가 대학교에 진입하여 수백 명의 학생들을 체포했다. 월요일 아침 이른 시각에 나의 오랜 친구가 호텔방으로 전화를 걸어 왔다. 그는 나에게 대학교가 문을 닫았으며 학생들이 '버릇없이 굴고 있는 중'이라고 설명했다. 그는 우리가 그 주 후반에 만날 수 있을 것이며 이것이 단순히 몇몇 불만을 품은 반정부 정치인들이 개입해 학생들 사이에 불안을 조장하고 있는 사소한 문제라고 확언을 했다.

하지만 월요일 밤 군대가 항의 군중에게 총격을 가했고 이로 인해 거의 2백 명이 사망했다. 화요일에는 아디스아바바의 택시 운전자들이 파업에 들어갔고 그 날 늦게 계엄령이 선포되었다. 나와 형은 다음날 아침 그 도시를 떠났고 에리트레아(Eritrea)와 분쟁을 겪고 있는 국경 근처의 작은 고대 도시 아크숨(Aksum)으로 날아갔다가 다시 블루 나일(Blue Nile)의 원천인 에티오피아의 중세 수도 곤도르(Gondor)로 갔다. 우리는 지방을 여행하면서 의료계 종사자들을 만나고 수도에서 멀리 떨어진 시골에 살고 있는 가정을 방문하였다. 그러면서 탄압의 실체에 대해 더 많이 알게 되었고 국가 전역에서 반체제 인사들이 체포되고 있다는 소식을 듣게 되었다. 우리는 그 주 말에 아디스아바바의 전환된 정치 풍경으로 돌아왔다.

나는 윌리엄스의 예전 교수와 한 번의 만남도 가지지 못한 채 에티오피아를 떠났다. 마지막으로 그와 전화 통화를 하면서 나는 미국에 있는 오랜 친구로부터의 안부를 전했고 폭력 사태, 그와 그의 가족의 안전에 대한 우려를 표명했다. 그는 웃으며 이 사태가 금세 끝날 것이라고 장담했다. 하지만 그렇지 않았다. 이어지는 몇 주에서 몇 달 동안 나는 그 주에 무슨 일이 일어났는지에 대해 더 많이 알게 되었고 더 많은 슬픔을 느꼈다. 그 해 6월에 자행되었던 대학살은 현재 에티오피아의 천안문 사태로 얘기되고 있다. 그곳은 우리가 처음 방문했던 때보다 훨씬 더 가혹한 곳이 되었고 아프리카에서 가장 규모가 큰 그 군대는 부시 행정부를 대리해 소말리아(Somalia)에 대항해 싸우고 있고 에리트레아와의 전쟁에 대한 위협을 하고 있으며 남동부 지역의 수많은 반정부 정치인들에 맞서 싸우고 있다. 수많은 반대 정치인들은 투옥되고 여전히 자유 선거는 인정되지 않고 있다. 그리고 내가 오래 알고 지낸 그 친구는 그 이후 에티오피아 정부의 최고 지위에 오르게 되었다.

나는 아프리카로 떠나기 전 그 여행의 결과 나에게 어떤 일이 생길 것이라는 상상을 했었다. 나는 내 삶이 다소간 확장될 것이며 그 경험이 나를 변화시킬 것이라고 생각했다. 그리고 되돌아보면 그 여행은 굉장했다. 오직 비유를 위해서 소로 식으로 이야기하자면 다음과 같다. 시바의 여왕(the Queen of Sheba)의 신화적인 궁전 터를 방문한 것, 밤낮으로 한 명의 수도사가 지키고 있는, 전설에 의하면 계약의 궤(the Ark of the Covenant)가 매장되어 있다고 하는 콥트 교회(the Coptic church) 외부를 산책했던 것, 아크숨의 오벨리스크를 바라본 것, 아디스아바바에 있는 궁전에서 솔로몬(Solomon)으로 계보가 이어지는 것으로 알려진 마지막 황제의 침실을 관통해 지나갔던 것, 지구상에 존재하는 가장 오래된 국가 중 하나의 시골을 돌아다닌 것, 끔찍한 정치 소동의 현장에 있었던 것 등 이러한 경험들은 분명 내 안에 있는 무언가를 자극하였을 것이다.

하지만 집으로 돌아왔을 때 나의 아내는 여전히 떠나버린 상태였고 나의 아이들은 여전히 나를 필요로 했으며 나의 존재의 기본적인 조건들은 상당 부분 동일한 상태로 남아 있었다.

그럼에도 불구하고 한 가지 변화가 있었다. 그 변화는 당시에도 중요했고 지금도 여전히 그러하다. 집으로 돌아오자마자 수년간의 준비와 시작 단계에서의 실패를 거친 이 책을 쓰기 시작했다. 나의 글쓰기로의 귀환이 내 안에서 일어났던 그 모든 변화의 유인이 되었다는 사실이 분명해졌다. 아내가 암 진단을 받고 아직 사망하기 전 내 친한 친구가 나에게 더 이상 개인적인 경험을 이용해 글을 쓸 수 없을 것이라고 이야기했다. 그리고 이러한 종류의 고통은 일상의 정치학에 초점을 맞추는 글쓰기의 종류에는 이용 가능하지 않으며 그러한 논의, 그러한 형태의 비판적 사고는 그러한 주제에 적합하지 않다고 이야기하였다. 하지만 그에 따라 무언가가 일어났다. 글을 쓰려는 나의 시도가 글쓰기의 포인트가 되었고 살아가는 방법으로서의 외로움에 대한 더 나은 감각에 닿을 수 있는 방법이 되었다. 나는 머리로 수년간 배워왔으면서도 여전히 완전하게 이해하지 못했던 무언가를 마음으로 배웠다. 그것은 이 발견 과정을 통해, 우리 언어의 사용을 통해 우리에게 가능하다. 그리고 나는 계속해서 되어가는 또 다른 전환을 향한 길을 상상하는 것이 가능하다는 것을 마음으로 배웠다.

  나에게 가장 문제가 되었던 그 사상가들은 항상 변화, 그들 언어의 대화를 통한 일종의 전환 혹은 변환의 가능성을 우리에게 열어 두었다. 그들 모두는 그 자신의 방식으로 나아갔고 항상 존재하는 자신의 한계 뿐 아니라 가능성을 정확하게 알고 그들 자신의 자아에 의해 추월당할 수 있다는 것을 정확히 알고 있다. 하지만 그들 중 어느 누구도 내가 있어온 장소에서 지내왔거나 내가 가고 있는 길을 가고 있지 않다. 우리의 마지막 목적지를 제외하고 말이다. 나의 동료들-그리고 독자 여러분들은 다양한 정도로 그들 중에 있음이 분명하다-은 이 단계가 아무데도 없는 곳(nowhere)로 가는 우리 모두의 공통의 길 위에 내딛는 또 다른 발걸음이라고 자신 있게 주장할 수 있을 것이다. 그리고 우리는 글을 쓰고 읽으며 어떻게 우리가 함께 외로워지는지 이야기한다.

  앞으로 나아가는 길의 대부분은 말(words)을 읽고 쓰는 것과 관계되어 있다. 그 이유가 무엇인지에 대해서는 설명이 조금 필요하다. 소로는 그의 저서 《월든(Walden)》의 '소리'라는 장에서 "많은 것이 출판되지만 프린트되는 것은 거의 없다."라고 쓰고 있다.note1 소로에게 말(words) 자체가 중요성을 지니고 있다고 논평하면서 스탠리 카벨은 다음과 같이 이야기한다. "발언(remark)은… 말(words)의 존재론적 상황을 묘사한다. 말의 생성은 대상의 생성이며 대상의 배치(placement)는 항상 목적이 있다. 그리고 그 목적은 항상 그것의 전(before) 그리고 넘어(beyond)에 있다. '우리의 말의 변하기 쉬운 진실은 계속해서 나머지 상태의 부적절함을 드러낸다. 그것들의 진실은 즉각적으로 해석되고 문자 그대로의 기록만 홀로 남는다.'"note2 문장에서 말의 배치는 글쓰기에서 현재의 존재를 나타낸다. 그것은 그 자체로 시간을 압축하는 방법이다. 따라서 소로가 자신의 글쓰기에서 2년을 1년으로 압축한 것이나 그가 놀랍게도 《월든》 끝부분에서 "따라서 숲에서의 나의 첫 해의 삶은 끝났다. 그리고 두 번째 해는 첫 번째와 유사했다."라고 이야기하는 것이 우연은 아니다.

하지만 그러한 종류의 글쓰기의 강렬한 경제성은 시간을 압축하는 것 이상의 효과를 낸다. 소로의 되어감(becoming)의 정치학은 세상에서 존재하는 방식으로서의 글쓰기에 대한 그의 헌신을 통해 가장 강렬하게 표현된다. 어떻게 그러한가? 카벨은 다음과 같이 이야기한다.

《월든》에서 읽기는 단지 글쓰기의 다른 면, 그것의 궁극적인 운명이 아니다. 그것은 글쓰기 그 자체의 또 다른 메타포이다. 작가는 말을 '영구적인 제안이나 도발'로서 창작해낼 수 없다. 글로 써진 말은 이미 '최상의 유물'이다. 그의 부름은 말에 관한 이러한 사실을 받아들인 것이다. 그래서 말을 그 고유의 영역에서 그에게로 오도록 하고 그 말들이 다른 시간과 장소가 아닌 그 방향으로 굴절되게 한 것이다. 땅을 풀이 아닌 콩으로 향하게 하거나 당신이 그곳에 있기 전의 모습대로 홀로 가만히 둘 수 있는 것처럼.

다시 말해 작가의 작업은 말에 대한 적절한 수준의 인식이 부여되었을 때 (이미 완성된 것이 아닌) 되어가는 과정의 작업(the work of becoming)을 수행하는 한 방법이 된다. 올바른 조건하에서 우리는 스스로 이해력, 말과 문장의 연결 및 우리가 글쓰기라는 수단을 통해 의미를 받아들이고 전달하는 복합적인 기록에 대한 이해력을 기른다. 글쓰기는 또한 손의 노동이기도 하다. "글쓰기에서 각각의 의미의 부호(mark)와 분배(portion), 그리고 문장(sentence)은 모두 최상의 상태로 완성될 것이다. 그것이 바로 글을 읽을 때 '우리가 모든 말과 문장의 의미를 공들여 찾고 좀 더 넓은 시각으로 판독(conjecture)해야 하는' 이유이다."

글쓰기의 노동이 읽기의 다른 면이라면 우리는 판독으로서의 읽기에 대해 좀 더 생각해야만 한다. 그리고 이 넓은 관점을 이용해 작가뿐 아니라 독자로서 현재(顯在)한다는 것이 무엇을 의미하는지에 대해서도 생각해야 한다. 판독하는 것은 결론이 나지 않고 불완전한 정보에 기초하여 판단을 내리는 것이다. 우리 모두는 판독의 삶을 살고 있다. 우리의 행동에 대해 실용적으로 균형을 맞추고 결론이 나지 않은 상태에서 조정을 하고 부분적인 증거에 근거하여 임시변통하면서. 이것이 우리 스스로 자기 자신이 되어가는 방법이다. 당신은 이 책이 판독으로 채워져 있을 것이라고 상상했는지도 모른다. 과거에 내가 어떤 사람이었는지 보다는 내가 어떤 사람이 되어가고 있는지에 대한 좀 더 큰 관점을 향한 노력이라고 생각했는지도 모른다. 모든 작가들이 그러하듯 나 역시 나의 생각을 표현하기 위해 고심하였고 그러한 생각들이 독자들의 판독에 투영되도록 풀어냈으며 내 생각이나 느낌을 말로 전환하면서 스스로 판독을 했다. 그리고 내가 쓴 것을 읽고 그것을 고쳐 써보는 작업을 거쳤다. 이러한 점에서 모든 글쓰기는 고쳐 쓰기이다. 글쓰기의 노동은 그것이 소로가 이야기하는 판독의 도약(conjectural leap)이 요구하는 숙고의 단계에 접어들 때 가장 완전하게 느껴진다.

　이런 방식으로 우리 자신을 표현하는 것은 에세이를 쓰게 하는 조건을 조명하려고 노력하는 것이다. 우리 자신에게 그리고 서로에게 우리의 일시적인 존재에 대해 무언가를 이야기하려는 시도인 것이다. 그러한 조건들은 우리의 사고, 우리의 삶, 우리가 삶과 대면하고 삶에 참여하는 조건들과 동의어인 것으로 판명된다. 소로는 글쓰기가 그러한 참여를 위한 수단, 그의 현재에 참여하는 그의 방식이라고 이해하였다. 그는 이에 대해 다음과 같이 표현하였다. "계절이나 밤낮을 막론하고 나는 때 맞춰 보다 나은 결과를 내기 위해, 과거와 미래, 엄밀하게 현재의 순간인 그 두 개의 영원이 만나는 지점에 서 있기 위해, 그 선을 지키기 위해 고심해 왔다." 그에게 시간을 빈틈없이 새긴다는 것은 현재하는 경험을 글로 쓰는 것이다. 그러한 글쓰기는 또한 생각의 연습이며 우리 자신을 회복하는 방법이다. 카벨은 소로가 자신의 글쓰기와 삶이 상호 명확해지도록 헌신했다고 이야기했다. 우리는 그것을 스스로 제정신으로 존재하기 위한 방법, 심각한 부재를 인정하는 방법이라고 부를 수 있다. 시간의 지속을 넘어선 그 어떤 예상도 하지 않은 채, 그것을 기록하고 그것에 대해 쓰고 있음을 인식하며, 우리 자신의 가능성의 조건 및 삶에 대한 글을 쓰고 있는 우리의 제정신의 조건을 자세히 들여다 보는 것, 다 같이 혼자서.

나는 언젠가 에티오피아에 다시 가볼 것이다. 그리고 내가 그곳에 있던 동안 무슨 일이 발생했었는지 (그리고 발생하지 않은 일은 무엇인지) 다시 생각해볼 것이다. 어쩌면 나의 새로운 경험들에 대해 글을 쓸 수 있을지도 모른다. 하지만 내가 그곳에 다시 가기 전에 여행에 관한 소로의 다음과 같은 충고를 더 잘 숙고하고 있길 희망한다.

어떤 사람이 기린을 쫓기 위해 남아프리카로 서둘러 간다. 하지만 그것은 그가 지속적으로 즐길 게임이 아님이 분명하다. 그는 얼마나 오랫동안 기린을 사냥할 수 있을까? 도요새와 누른도요 역시 희귀한 스포츠를 할 여유가 있다. 하지만 나는 자신의 자아를 겨냥하는 것이 더 고귀한 게임이 될 것이라고 믿는다.

"당신의 눈을 내부로 향하게 하라. 그러면 당신은 당신의 마음속에 있는 아직 발견되지 않은 천 개의 지역을 발견하게 될 것이다. 그것들을 여행하라. 그리고 마음의 우주 구조(home-cosmography) 분야에서 전문가가 되어라."

아프리카는 무엇을 나타내는가? 서구(the West)는 무엇을 나타내는가? 해도에서 우리 자신의 내부는 하얗게 나타나지 않는가? 발견되었을 때 해변처럼 검은색으로 판명될 수도 있다. 우리가 발견하게 될 그것은 나일 강(Nile)의 원천인가, 니제르(Niger)의 원천인가 아니면 미시시피

(Mississippi)의 원천인가 이 대륙을 둘러싸고 있는 북서 항로 (Northwest Passage)의 원천인가?… 만약 당신이 모든 언어를 배우고 모든 국가의 모든 문화에 따르게 된다면, 모든 여행자들보다 더 멀리 여행하게 된다면, 모든 기후에 순화되고 스핑크스(Sphinx)가 돌에 머리를 부딪치게 한다면 옛 철학자들의 가르침에도 복종하고 그대 자신을 탐구하라.

소로는 여행에 관해 충고하였다. 그것은 여행이 쓸모없는 것이라고 생각해서가 아니라 그것이 더 훌륭하고 더 중요한 것에 대한 탐구, 우리 자신의 원천, 결국에는 바닥이 드러나지만 바닥이 보이지 않는 연못의 탐구에 대한 방해가 될까 걱정했기 때문이다. 우리의 마음의 우주 구조(home-cosmography)-우리의 우주적 거주에 대한 이러한 글쓰기-는 우리가 더 넓은 세계에서 발견하게 될지도 모르는 다른 어떤 것들만큼이나 우리 자신들의 본질에 관하여 해줄 이야기가 많이 있다.

우리의 탐험은 때가 되어 종착지에 이를 때까지 끝이 없다. 그리고 우리 현대인들에게 있어 탐험은 우리의 유산이었던 위대한 외로움에 직면할 때 진전을 보인다. 우리의 외로움은 무(無)의 공포에 직면하는 순간에 항상 가장 깊어진다. 하지만 무(無)가 그 자체로 모습을 드러내는 일은 거의 없다. 대신 그것은 수많은 가면을 쓰고 나타난다. 그 가면은 대부분 궁극적인 무(無)의 상태인 죽음이나 부재(non-existence)의 빈 페이지와 연결된다. 우리는 외로움을 그 고통으로부터 오는 고독으로 받아들인다. 하지만 이러한 포용을 함으로써 우리는 영구적인 희생을 치러야 한다. 우리의 슬픔, 우리의 고통, 우리가 공통적으로 지니는 무(無)의 커뮤니티는 보이지 않고 우리는 우리의 존재에서 유령처럼 된다. 우리는 우리 자신을 탐험하기보다는 우리 자신에게 유령처럼 출몰한다. 소유에 얽매여 그것으로부터 도망치고자 분투하며 그 이전의 새벽을 보지 못하는 유령 같은 사람들을 수없이 보게 되는 것, 이것이 소로에게 최악으로 여겨졌던 것이다.

 우리는 상실에 직면하여 어떻게 행동할 것인가? 나는 모든 종류의 일상적인 상실에 부딪히며 이 책을 써왔다. 그것들 중에는 드라마틱한 것도 있었지만 작은 것들조차도 직면한 상황을 넘어서는 반향을 가지는 슬픔을 띠고 있었다. 가장 최근의 사례는 하나뿐인 딸아이가 집을 떠난 것이었다. 일상을 함께 해결해 나가기 위한 소통 방식을 채 터득하지 못한 나와 아들만을 남겨둔 채 말이다. 우리는 딸아이 없이 잘 해 나갈 것이다. 하지만 나는 삶, 즉 아이들이 세상에서 살아가기 위해 집을 떠나가는 현실이 벌어지는 그 삶을 포용하는 것이 무슨 의미인지에 대해 생각하게 될 것이다. 그녀가 머물렀던 가족은 그녀의 트라우마를 구성하는 불가결한 요소일 것이다. 그녀의 강점과 약점이 그녀의 존재라는 직물에 함께 짜여 있다. 아마도 그녀는 이 책을 읽으면서 무언가를 배우게 될 것이다. 그것은 엄마 없는 딸아이에게 내가 오직 이 책을 통해서만 전해줄 수 있는 충고의 말이다. 외로움에 맞서 강건하고 발랄할 것, 슬프지만 남의 이야기에 귀를 기울이고 부드럽게 미소 지으며 앞으로 나아갈 것, 침착한 유한함으로 무한을 만나고 스스로의 날개를 퍼덕이며 연못처럼 잔잔한 모습으로 마치 이전에 보지 못한 것을 처음 보는 듯 타인들의 눈을 바라볼 것, 그것이 바로 내가 하려는 말이다.

　이제 외로운 자아는 우리 인간의 본질적인 부분으로 항상 우리와 함께 있을 것이다. 이제 그 자명한 사실에 관한 한 도움을 받기에도 너무 늦어버렸다. 하지만 우리는 존재하는 동안 또한 혼자 있는 만큼 반드시 혼자서만 있는 것은 아니라는 사실을 깨닫게 될 것이다. 전환으로 가는 길을 아는 것, 우리의 삶에 대한 글을 쓰는 과정에서 만들어지는 변화의 길을 아는 것, 우리들 중 다수가 전환이라고 부르는 것의 혐오까지 나를 격려하고 고무한다. 우리가 공통으로 직면하고 있는 재난에도 불구하고. 우리가 다음 단계를 알지 못한다는 것이 우리가 길을 잃었다는 의미는 아니다. 그것은 단지 우리가 아직 우리 자신을 발견하지 못했다는 것을 의미할 뿐이다.

주(Notes)

프롤로그

1. 윌리엄 셰익스피어(William Shakespeare)의 〈리어 왕의 비극(The Tragedy of King Lear)〉에 관한 모든 인용문의 출처는 《리버사이드 셰익스피어(The Riverside Shakespeare)》(Boston: Houghton Mifflin, 1974)이다.

2. 《옥스퍼드 영어사전 컴팩트 에디션(The Compact Edition of the Oxford English Dictionary)》(New York: Oxford University Press, 1991)

3. 스탠리 카벨(Stanley Cavell), 《우리는 말하는 것대로 의미해야 하는가? 에세이 북(Must We Mean What We Say? A Book of Essays)》, 제10장, '사랑의 회피: 리어 왕 읽기(The Avoidance of Love: A Reading of King Lear)'(Cambridge: Cambridge University Press, 1976; 오리지널 출판사는 Charles Scribner's Sons, 1969).

4. 코딜리아가 우리에게 물려준 것이 무엇인지에 대해 생각하려면 리어 왕이나 그의 딸에 대해 생각하던 카벨의 상황이 계속되는 국가적 비극에 놓여있었다는 점을 또한 기억해야 한다. 당시 국가는 국가로 존재하지 않았고 내전이 아닌 혁명에 의해 탄생한 정치 조직의 형태로 혁명이 아닌 내전에 맞서 싸우고 그 자신의 힘에 대해 거의 알지 못한 채 무능력함을 두려워할 뿐인 국가였다. 1960년대 후반 《사랑의 회피》를 쓸 무렵 이 나라의 군인들은 그들을 구하기 위해 마을을 파괴하고 있었고 군대는 국가가 계속해서 스스로 존재할 수 있다는 사실을 입증하기 위해 젊은이들을 살해하고 있었다. 30여 년이 지나 이 책을 쓰는 시점에는 이상하게 양극화된 세계라고 불리던 분열 상태는 파괴된 제국의 그림자에 고개를 숙였고, 세계화의 빈 중심에는 최고의 메타 파워로서 부재의 존재로 분투 중인 미합중국(The United States of America)이라는 네트워크 파워가 자리하고 있다. 다시 한 번 말해 우리는 구하기 위해 파괴하고 있으며 다시 한 번 분열되었다.

제1장. 존재

1. 데이비드 리즈만(David Riesman)과 동료들의 《외로운 군중(The Lonely Crowd)》에서부터 필립 슬레이터(Philip Slater)의 《외로움의 추구(The Pursuit of Loneliness)》, 크리스토퍼 래시(Christopher Lasch)의 관련 연구인 《냉혹한 세상의 하늘(Heaven in a Heartless World)》과 《나르시시즘의 문화(The Culture of Narcissism)》, 로버트 벨라(Robert Bellah)와 동료들의 연구 《마음의 습관(Habits of the Heart)》에 제시된 미국의 태도에 대한 조사, 로버트 퍼트넘(Robert Putnam)의 《혼자 볼링하기(Bowling Alone)》[조사 연구 작업의 가면을 쓰고 마음으로부터 소리치는 네오-토크빌(neo-Tocquevillian)의 외침] 속의 특정 숭배에 이르기까지 좋든 싫든 '미국적 성격(the American character)'이라 조건지어진 것의 유감스러운 상태에 관한 지속적이고 강력한 주장이 등장하고 있다.

2. 미셸 푸코(Michel Foucault), 《감시와 처벌: 감옥의 탄생(Discipline and Punish: The Birth of the Prison)》, 알란 쉐리단(Alan Sheridan) 역(譯)(New York: Pantheon, 1977).

3. 외로움의 정치학(the politics of loneliness)에 관심을 가진 사람은 내가 처음이 아니다. 이 주제는 정치적 사고나 사회적 사고에 관한 최근 역사에 강한 뿌리를 두고 있어 그에 관한 참고 문헌을 만드는 것은 사실상 쓸데없는 일이라고 할 수 있다. 그것은 정치적, 사회적 사고 자체에 관계된 서적들을 쉽게 늘어놓는 것이 될 수 있기 때문이다. 그럼에도 이제 막 지난 세기의 가장 주요한 작업들 중 정치체제 내의 외로움의 결과와 관련되는 것들이 있다는 사실에 주목하는 것은 의미 있는 일이 될 것이다. 그 주제는 막스 베버(Max Weber)나 마틴 하이데거(Martin Heidegger), 한나 아렌트(Hannah Arendt), 장 폴 사르트르(Jean-Paul Sartre), 테오도르 아도르노(Theodor Adorno), 월터 벤자민(Walter Benjamin), 이자이어 벌린(Isaiah Berlin), 미셸 푸코(Michel Foucault)와 같이 다양한 주제에 깊은 관심을 갖고 있던 사상가들의 핵심적인 관심사라 할 수 있을

것이다. 이들에 버금가는 현대의 사상가로는 찰스 테일러(Charles Taylor), 위르겐 하버마스(Jurgen Habermas), 윌리엄 코널리(William Connolly), 셸던 월린(Sheldon Wolin), 주디스 버틀러(Judith Butler), 조지 카텝(George Kateb), 스탠리 카벨(Stanley Cavell), 존 롤스(Joh Rawls)가 있으며, 이들은 현대 정치사상이라는 주제의 틀을 다잡으려고 노력한 사상가들이다. 이들은 정치 인생의 문제에 관한 자신들의 구체적인 주장들이 외로움, 특히 19세기의 강력한 두 개의 주제인 원한(resentiment)과 소외(alienation)라는 하나의 쌍을 이루는 현상에 대해 이야기한 칼 막스(Karl Marx)와 프리드리히 니체(Friedrich Nietzsche)의 사상에 강력한 영향력을 행사할 수 있도록 해야 했다.

4. 일레인 스캐리(Elaine Scarry)의 《고통 속의 육체: 세상 만들기와 세상 허물기(The Body in Pain: The Making and Unmaking of the World)》(New York: Oxford University Press, 1985), 제1장을 보라.

5. 에머슨(Emerson), 소로(Thoreau), 비트겐슈타인(Wittgenstein), 오스틴(Austin), 카벨(Cavell)은 하나의 전통으로부터 이것을 주장하지만 푸코(Foucault), 들뢰즈(Deleuze), 버틀러(Butler), 코널리(Connolly)는 관련되지 않은 또 다른 전통으로부터 그것을 제안한다.

6. 이 관계에 관한 그의 철학적 주제에 대한 최근의 요약적 진술을 확인하고 싶다면 스탠리 카벨(Stanley Cavell), 《말의 도시들(Cities of Words)》(Cambridge, Mass.: Harvard University Press, 2004)을 보라. 사퇴(resignation)에 관한 소로의 말은 《월든(Walden)》에서 확인할 수 있다. 사퇴에 관한 나의 관점을 확인하려면 Critical Inquiry, vol.25, no.1(Fall 1998), 56-76에 게재된 토마스 덤(Thomas L. Dumm), 'Resignation'을 보라.

7. 한나 아렌트(Hannah Arendt), 《전체주의의 기원(The Origins of Totalitarianism)》(New York: Harcourt, Brace, 1952).

8. 한나 아렌트(Hannah Arendt), 《우리 피난민들(We Refugees)》, The Menorah Jourhal, vol. 22, No. 3(1943), 69-77. 이 에세이는 최근 제롬 콘

(Jerome Kohn)과 론 펠드만(Ron H. Feldman)이 편집한 한나 아렌트의 《유대인의 글(The Jewish Writings)》(New York: Shocken Books, 2007) 재판되었다. 텍스트상의 추가적인 인용문은 Shocken판에 따른 것이다.

9. 조지오 아감벤(Giorgio Agamben), 《호모 사케르(Homo Sacer)》, 다니엘 헬러-로젠(Daniel Heller-Roazen) 역(譯)(Stanford: Stanford University Press, 1998).

10. 한나 아렌트(Hannah Arendt), 《인간의 조건(The Human Condition)》(Chicago: University of Chicago Press, 1958).

제2장. 소유

1. 자기소유권(self-ownership)의 개념 전반이나 행동적 자아(behavioral self)의 개념에 대해 좀 더 구체적으로 알고 싶다면 존 윅스(John Wikse), 《소유에 관하여: 사유재산으로서의 자아(About Possession: The Self as Private Property)》(University Park: Pennsylvania State University Press, 1977)을 보라.

2. 〈사랑의 블랙홀(Groundhog Day)〉[감독 해롤드 래미스(Harold Ramis), 대본 대니 루빈(Danny Rubin) & 해롤드 래미스(Harold Ramis), 1993].

3. 아서 밀러(Arthur Miller), 〈세일즈맨의 죽음: 두 장과 진혼곡 속의 사적인 대화(Death of a Salesman: Certain Private Conversations in Two Acts and a Requiem)〉, 서문 크리스토퍼 빅스비(Christopher Bigsby)(New York: Penguin Books, 1998). 로버트 마틴(Robert A. Martin)과 스티븐 켄톨라(Steven R. Centola) 편집의 《아서 밀러의 극 에세이(The Theatre Essays of Arthur Miller)》(New York: Da Capo Press, 1996), 423에 따르면 이 말은 서문에 인용되어 있다. 연극은 1949년 2월 10일 뉴욕(New York) 모로스코 극장(Morosco Theatre)에서 초연되었다.

4. 하지만 우리 자아의 형성에 다른 요소들이 작용하고 있을 것이다. 가령 주

디스 버틀러(Judith Butler)는 우리 자아들 각각이 우리를 결정하는 조건들 속으로 사라지는 데 공헌하는 요소 즉, 그녀 스스로 자아(selfhood)의 '기술 불가능한(non-narrativizable)' 요소라고 부르는 것의 전체 그룹을 규명하였다. 주디스 버틀러(Judith Butler), 《자신에 대해 설명하기(Giving an Account of Oneself)》(New York: Fordham University Press, 2005).

그녀가 언급하는 요소들로는 신체적 노출, 타인과의 주요 관계, 부분적일 수밖에 없는 속성으로 인해 자신에게 불분명해질 수밖에 없는 심리적 역사, 단일성(singularity)을 훼손하는 규범들, 그러한 규범들이 표현되는 연설의 구조가 있다. 이 모든 것들이 복합적으로 작용하여 단일한 자아가 그 내면 속으로 사라지도록 하는 원인이 만들어진다.

5. 들뢰즈(Deleuze), 《순수 내재성: 삶에 관한 에세이(Pure Immanence: Essays on a Life)》, 앤 보이만(Ann Boyman) 역(譯)(New York: Zone Books, 2001), 18. 질 들뢰즈(Gilles Deleuze)에 대한 서문에서 존 라이크만(John Rajchman)이 인용함.

6. 에얄 페레츠(Eyal Peretz), 《문학, 재난, 그리고 힘의 수수께끼: 모비딕 읽기(Literature, Disaster, and the Enigma of Power: A Reading of Moby-Dick)》(Stanford: Stanford University Press, 2003).

7. 〈백경(Moby-Dock)〉의 내용을 직접 인용했다. 나는 Arion Press의 1979년 한정판인 캘리포니아대학교(University of California)판을 사용하였다(Berkeley: University of California Press, 1979). 이 판본은 해리슨 해이포드(Harrison Hayford), 허셸 파커(Hershel Parker), 토마스 탄셀(T. Thomas Tanselle)의 노스웨스턴대학교 출판사(Northwestern University Press)의 〈백경〉개정판에 기초한다. 나는 또한 배리 모저(Barry Moser)의 고래잡이 선박에 관한 구체적인 일러스트레이션을 사용하였다. 그것은 이스마엘(Ishmael)의 정체에 관해 내가 주장하려는 바를 묘사하는 데 도움이 되었다.

8. 랜돌프(Randolph) 가(家)의 역사에 대한 고견을 나누어준 것과 특히 이 중

요한 문단을 지적해준 데 대해 테스 테일러(Tess Taylor)에게 감사를 표한다.

9. 헨리 데이비드 소로(Henry David Thoreau), 《월든(Walden)》, '소로(Thoreau)'(New York: Library of America, 1985).

제3장. 사랑

1. 헨리 데이비드 소로(Henry David Thoreau), 《월든(Walden)》, 제3장, '읽기(Reading)', The Protable Thoreau, ed. Carl Bode(New York: Penguin Books, 1947).

2. 존 로크(John Locke), Second Treatise of Government, ed. 맥퍼슨(C. B. Macpherson)(Hackett Publishing Company, 1980; 초판, 1690), Ⅵ,《아버지의 힘에 관하여(Of Paternal Power)

3. 현대의 삶에서 가족의 역할에 대하여 자아 형성의 기초, 시민의 인큐베이터 등 여러 가지 주장을 하지만 현대의 가족에 대한 임상적 용어를 쓰는 사람들 대개가 깊은 외로움의 공간으로서의 가족에 대해서는 인식하지 못하거나 숙고하지 않는 것처럼 보인다. 크리스토퍼 래시(Christopher Lasch)와 같이 사회 내 가족의 역할에 대해 신중하게 고려한 사람들은 그들의 절망을 만들어낸 상황을 이해하려고 분투하는 사람들의 판단에 대해 지나치게 가혹한 입장이다. 임상적 진단에서 시작해 도덕적 비난으로 끝이 나는 나르시시즘에 대한 비난은 특히 자기 발견으로의 여정이 성 정체성이나 사회적 지위에 관련된 어려운 문제와 맞물리게 된 사람들의 영향에 의해 서서히 퍼져나간 것이다. 단도직입적으로 말하자면 말해서 동성애자가 되는 것은 나르시시스트가 되는 것이 아니다. 물론 이것이 래시의 작업의 결론인 것처럼 보이긴 하지만 말이다. 크리스토퍼 래시(Christopher Lasch)의 《비정한 세상의 안식처(Haven in a Heartless World: The Family Besieged)》(New York: Basic Books, 1977) 및 《나르시시즘의 문화(The Culture of Narcissism)》(New York: Basic Books, 1979)를 보라.

4. 미셸 푸코(Michel Foucault), 《성의 역사(The History of Sexuality)》,

Volume 1, '서문(An introduction)', 로버트 헐리(Robert Hurley) 역(譯)(New York: Pantheon, 1978).

5. 〈파리 텍사스(Paris Texas)〉(감독 빔 벤더스(Wim Wenders), 대본 샘 셰퍼드(Sam Shepherd), 각색 키트 카슨(L. M. Kit Carson), 1984, Road Movies Film Produktion, GmbH, DVD 2004, Twentieth Century Fox Home Entertainment). 이 장의 인용문은 DVD를 전사한 것이다.

6. 앤 카슨(Anne Carson), 《달콤 씁쓸한 에로스(Eros the Bittersweet)》(Normal, Ill.: Dalkey Archive Press, 1998; 오리지널 출판은 Princeton University Press, 1986).

7. 월터 벤자민(Walter Benjamin), 《베를린의 어린 시절(A Berlin Childhood)》(Cambridge, Mass.: Harvard University Press, 2006).

제4장. 상심

1. 알폰소 링기스(Alphonso Lingis), 《아무것도 공유하지 않은 자들의 공동체(The Community of Those Who Have Nothing in Common)》(Bloomington: Indiana University Press, 1994).

2. 이 비현실성에 관한 예리한 관찰에 가장 강력한 요소가 된 것은 남편의 죽음에 대한 존 디디온(Joan Didion)의 회고록 《상실(The Year of Magical Thinking)》(New York: Knopf, 2005)이다.

3. 지그문트 프로이드(Sigmund Freud), 《애도와 우울(Mourning and Melancholia)》, Collected Papers, Volume Ⅳ, 존 리비에(Joan Riviere) 역(譯)(London: Hogarth Press, 1949),

4. 프로이드(Freud), 《본능과 그것의 변천(Instincts and Their Vicissitudes)》, Collected Papers, Volume Ⅳ.

이 에세이는 1915년에 처음 출간되었다.

5. 주디스 버틀러(Judith Butler), 《불안정한 인생: 애도와 폭력의 힘

(Precarious Life: The Powers of Mourning and Violence)》(New York: Verso, 2004).

6. 지그문트 프로이드(Sigmund Freud), 《전쟁과 죽음의 시간들에 대한 생각들(Thoughts for the Times on War and Death)》, Collected Papers, Volume Ⅳ. 310.

7. Ibid., 311.

8. 주디스 버틀러(Judith Butler), 《불안정한 인생(Precarious Life)》

9. 앤 노튼(Anne Norton), 《말의 공화국(Republic of Words)》(Chicago: University of Chicago Press, 1996).

10. 주디스 버틀러(Judith Butler), 《안티고네의 주장: 삶과 죽음 사이의 친족관계(Antigone's Claim: Kinship Between Life and Death)》(New York: Columbia University Press, 2000).

11. 랄프 왈도 에머슨(Ralph Waldo Emerson), 《에세이와 강연(Essays and Lectures)》(New York: Library of America, 1983), '에세이: 두 번째 시리즈(Essays: Second Series)', '경험(Experience)'

12. 스탠리 카벨(Stanley Cavell)의 《이 새롭고도 접근 불가능한 미국(This New Yet Unapproachable America: Lectures after Emerson after Wittgenstein)》(Albuquerque, N. M.: Living Batch Press, 1989)에서 특히 89페이지를 보라.

13. 랄프 왈도 에머슨(Ralph Waldo Emerson), 《에세이와 강연(Essays and Lectures)》. '에세이: 첫 번째 시리즈(Essays: First Series)', '원(Circles)'

14. 랄프 왈도 에머슨(Ralph Waldo Emerson), 《에세이와 강연(Essays and Lectures)》, 《미국의 철학자(The American Scholar)》

15. 원문은 다음과 같다: "I take this evanescence and lubricity of all objects, which lets them slip through our fingers when we clutch hardest, to be the most unhandsome part of our condition."

16. 랄프 왈도 에머슨(Ralph Waldo Emerson), 《미국의 철학자(The American Scholar)》

17. 랄프 왈도 에머슨(Ralph Waldo Emerson), 《에세이와 강연(Essays and Lectures)》. '에세이: 두 번째 시리즈(Essays: Second Series)", '시인들(The Poet)'

18. 듀 보이스(W. E. B. Du Bois), 《흑인의 영혼(The Souls of Black Folk)》, 데이비드 블라이트(David Blight) & 로버트 구딩 윌리엄스(Robert Gooding-Williams) 편집(Boston: Bedford Books, 1997; 오리지널 출판 1903), 제11장, 'Of the Passing of the First Born'

19. 랄프 왈도 에머슨(Ralph Waldo Emerson), 《미국의 철학자(The American Scholar)》

20. 피터 데메츠(Peter Demetz)가 편집한 월터 벤자민(Walter Benjamin)의 《리플렉션(Reflections)》(New York: Harcourt, Brace, Jovanovich, 1978)의 '초현실주의: 유럽 인텔리겐치아의 마지막 스냅샷(Surrealism: The Last Snapshot of the European Intelligentsia)' 및 '폭력의 비판(Critique of Violence)' 을 보라.

21. 토마스 핀천(Thomas Pynchon), 《제49호 품목의 경매(The Crying of Lot 49)》(New York: Bentam, 1966; Harper Perennial edition, 2006)

22. 아비타 로넬(Avital Ronell)의 《Finitude's Score: Essays for the End of the Millennium》(Lincoln: University of Nebraska Press, 1994) 중 특히 'Support Our Tropes' 및 'Activist Supplement, I' 를 보라.

에필로그

1. 헨리 데이비드 소로(Henry David Thoreau), 《월든(Walden)》, The Protable Thoreau, ed. Carl Bode(New York: Penguin, 1957)

2. 스탠리 카벨(Stanley Cavell), 《월든의 감각들: 확장판(The Senses of

Walden: An Expanded Edition》(San Francisco: North Point Press, 1981)
카벨은 《월든》에서 인용한 문구를 챕터와 페이지 번호로 표시하였으나, 나는 그 인용문들을 The Portable Thoreau에서 기초하였다.

토마스 덤 지음
애머스트대학교(Amherst College)의 정치과학 교수이며 최근 정치윤리학을 대표하는 교수로 선정되었다.
《평범한 사람들의 정치학(A Politics of the Ordinary)》의 저자이다.

이동은 옮김
이화여대 영어영문과를 졸업하고 현재 전문 번역가로 활동하고 있다.
역서로는 《포트폴리오 라이프》등이 있다.

외로운 인생 어떻게 살 것인가

2013년 12월 15일 1판 1쇄 인쇄
2013년 12월 20일 1판 1쇄 발행

펴낸곳 | 파주북
펴낸이 | 하명호
지은이 | 토마스 덤
옮긴이 | 이동은
주　소 | 경기도 고양시 일산동구 장항1동 621-32호 (410-380)
전화 | (031)906-3426
팩스 | (031)906-3427
e-Mail | dhbooks96@hanmail.net
출판등록 제2013-000177호
ISBN 979-11-951713-0-9　(03190)
값 13,000원

- **파주북**은 **동해출판**의 자회사입니다.
- 값은 뒷표지에 있습니다.
- 잘못 만들어진 책은 구입하신 서점에서 바꿔 드립니다.